히말라야를 걷는다

안나푸르나 라운드 · 랑탕·고사인쿤드·헬람부 · 에베레스트 그랜드 라운드
마나슬루 라운드 · 어퍼무스탕

히말라야를 걷는다

김동규 지음

한솜미디어

| 들어가는 글 |

"마치 에베레스트라도 등정하고 온 사람 같아요."

두 달 만에 까만 얼굴로 돌아온 나를 보더니 아내가 말했다. 그랬다. 나로서는 에베레스트 등정뿐 아니라 8,000m 14좌를 등정한 듯한 희열을 느낀 시간이었다. 행복했던 60일, 최고의 자유를 맛보았다. 얼굴 가득히 덥수룩하게 덮은 수염과 네팔 현지인보다도 더 시커메진 얼굴이 증명해 주었다. 일상으로 돌아와서도 그동안 행로의 상징인 수염을 선뜻 깎을 수 없었다.

언제부터 내 속에 히말라야가 들어와 있었던 걸까. 퇴직을 하고 생존의 짐을 덜어냈지만, 우리 시대 보통 아버지에게 히말라야는 멀고도 먼 길이었다. 다른 세계 이야기라고 생각하고 평생을 살아왔다. 그런데 무엇이 초로의 사내를 가슴 뛰게 만들었을까. 등산 장비를 점검하고, 하나 둘씩 챙기고, 배낭을 싸면서 두려움이 사라졌다. 나를 바라보는 시선도, 늘 의식했던 이목도 다 희미해졌다. 내게도 히말라야는 꿈이 아니었다.

고향 집 앞에 커다란 산이 있었다. 봉우리가 둥실둥실하여 두둥산이라고 불렀다. 고도 444m밖에 안 되었지만 평야지대에서 솟아오른 산은 높았고 해가 떠오르는 동쪽 끝이었다. 날씨가 흐린 날에는 기차의 기적 소리가 봉우리를 넘어왔다. 어린아이의 귀는 산을 향해 쫑긋했다. 그 너머가 궁금했다. 어느 날엔가 형이 내 손을 이끌고 산 위로 데려다주었다. 봉우리에서 끝없는 지평선을 바라보면서 건너편에서 불어오는 바람 소리를 들었다.

내 안의 큰 산은 두등산이었다. 그곳은 언제나 높고 하늘에 가까웠다. 아침이면 태양을 가득 품고 있었다. 산을 보고 산을 느끼고 자라서일까. 인생의 전환점이나, 굴곡진 시간에는 산으로 향하곤 했다. 그 안에 들어가야 마음이 가라앉았다. 그리고 호흡을 가다듬을 수 있었다. 그래서일까. 직장을 퇴직하던 날, 내 의식의 동쪽에서 두등산이 다시 떠올랐다. 초로가 되어 다시 찾은 그 산은 낮고 야트막했다. 그래도 내겐 크고 무한의 세계였다. 바람이 불어오는, 하염없이 멀어져 가는 풍경을 보면서 히말라야를 생각했다.

바로 짐을 꾸려 히말라야 여정을 떠났다. 네팔의 카트만두를 베이스 캠프로 하여 안나푸르나, 랑탕, 에베레스트 지역을 혼자 걸었다. 지도가 다 닳아 너덜너덜해진 만큼 큰 희열이 있었다.

"네팔병이라고 있습니다. 네팔에 한 번 온 사람은 반드시 다시 찾는다는 이야기입니다."

첫 번째 여행의 일정표를 짜준 후배의 말이었다. 그때는 몰랐지만 정말 그랬다. 나왈 마을의 아름다운 여인, 아이스레이크에서 겁을 주던 커다란 야크, '토롱라'를 넘기 전에 배낭을 멘 상태에서 고개를 넘는 것이 가능할까 갈등했던 시간, 종 마을에서 무릎이 아프다고 약을 요구하던 할머니, 따토파니에서 아쉬움에 돌아보며 헤어지던 가이드 '디카'. 이러한 기억들이 시간이 갈수록 생생해졌다.

첫번째 트레킹 6개월 만인 다음 해 봄, 다시 배낭을 꾸렸다. 이번에는 마나슬루 라운드, 안나푸르나 라운드, 그리고 어퍼무스탕을 쉬지 않고 걸었다.

이 책은 60일간의 단독 트레킹과 다음 해 봄 30일간 쉬지 않고 걸은 이야기이다.

태어난 것은 죽지 않을 수 없고
죽을 때는 정해져 있지 않으니

내게는 지체할 시간이 없다네
누이여, 그대 또한 윤회의 굴레에서
세속 욕망을 모두 버리고
나와 함께 히말라야로 가자.

티베트의 성인 밀라레파가 왜 고생길을 자초하느냐며 출가를 만류하는 누이에게 들려준 노래이다. 누구에게나 마음속에 담아둔 그리운 공간, 길이 있을 것이다. 그 길을 나서는 데 주저하지 말기를 바란다. 두려움은 떠나는 순간 사라질 것이다. 인생은 예비하지 않아도 늘 새로울 수 있다는 깨달음을 나누고 싶어 그리 길지 않은 여정을 기록으로 남긴다.

일산 백석도서관에서

차례

들어가는 글 _ 004

제1부 나 홀로 걷기 60일

1. 안나푸르나 라운드
불불불 불불불, 눈의 거처로 들어가다 _ 015
한 줄기 바람이 행복감을 몰고 오다 _ 021
벽(자가트)과 호수(탈) _ 026
'네팔병'을 아시나요? _ 032
내 안의 신이 당신의 신에게 인사합니다 _ 039
깊은 계곡을 벗어나고, 마술처럼 나타난 나왈 마을 _ 045
하늘은 말끔히 걷히고 _ 052
아이스레이크를 오르면서 만난 밀라레파 _ 058
낯선 느낌의 고소증 _ 064
천상으로 떠오른 바다 틸리초레이크 _ 071
타르초의 경전을 읽은 바람 토롱라를 넘다 _ 077
히말라야 만년설이 모래바람이 되다 _ 086
사람이 길을 만들고 길은 사람을 만든다 _ 094
샹그릴라를 여행한 빠제 _ 099
가엾은 여인아, 날 따라오지 마, 난 널 좋아하지 않아 _ 105

2. 랑탕·고사인쿤드·헬람부
히말라야에서는 초이스 게임에서 첫 카드를 선택하라 _ 113
걱정이 기대로 바뀌고, 환희의 캰진 _ 119
랑탕의 지배자 강첸포, 랑탕의 자궁 체르고리 _ 125
단야밧, 보이니, 순다리 _ 132
시바 신이 삼지창을 내리쳐 만든 호수, 고사인쿤드 _ 138
양산박 주막의 빠빠지 _ 145
아름다운 이름들아, 잊지 않을게 _ 151

3. 에베레스트 그랜드 라운드

옴마니밧메홈, 깨달음으로 가는 길 _ 157
손이 가려우면 돈이 들어오고,
　　　　발이 가려우면 여행을 가야 한다 _ 160
예고 없이 나타난 에베레스트와 아마다블람 _ 167
초르텐의 눈이 내 눈을 뜨게 하다 _ 173
추쿵리를 초등정하다 _ 178
그녀와 나는 두 봉우리의 한 몸인 캉테가 _ 186
혼자 걸은 것이 아니었네 _ 194
촐라패스에서 타르초가 되어 버린 당신 _ 200
발걸음을 붙잡는 몽라 고개 _ 207

제2부 마나슬루·무스탕 이어 걷기 30일

1. 마나슬루 라운드

또다시 거울 속으로 _ 215
온몸을 감싸듯 빨아들이는 부디간다키 강 _ 221
룽다는 바람이 타고 가는 말 _ 226
싸목싸목 걸어서 마나슬루 베이스캠프 _ 231
다르마살라에서 달밧따까리를 손으로 먹다 _ 238
마나슬루, 밤새 사자춤을 추고 숨을 고르다 _ 245

2. 어퍼무스탕

바람의 나라 _ 251
샴발라를 향하여 _ 257
정령들은 무얼 먹고 사나? _ 266
꿈의 평원 _ 273
국왕을 알현할 때는 존경의 표시로 혀를 내밀어라 _ 282
그레이트 히말라야 트레일(GHT)을 생각하며 _ 288

히말라야를 걷는다

제1부 나 홀로 걷기 60일
안나푸르나 라운드 · 랑탕 · 고사인쿤드 · 헬람부 · 에베레스트 그랜드 라운드

제2부 마나슬루 · 무스탕 이어 걷기 30일
마나슬루 라운드 · 어퍼무스탕

제1부

나 홀로 걷기 60일

1. 안나푸르나 라운드

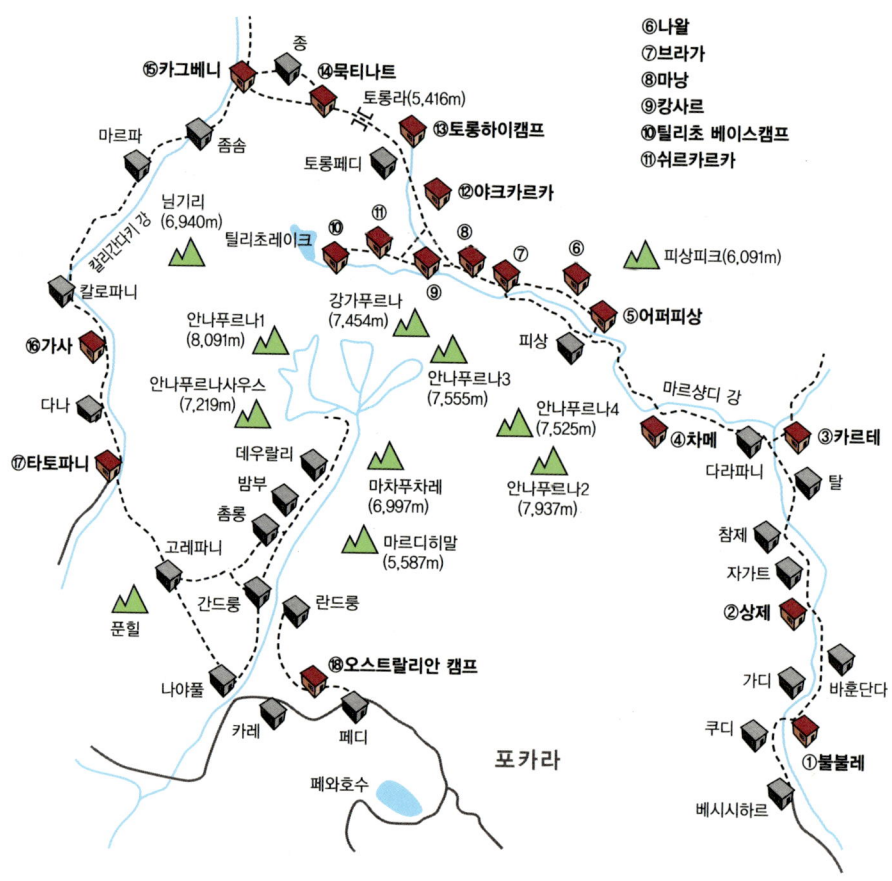

불불불 불불불, 눈의 거처로 들어가다

> **9월 13일(1일째)** 카트만두(7시 15분)-(버스)-베시사하르(760m, 15시)-(버스, 16시 출발)-불불레(840m, 17시 30분, 토롱라 게스트하우스)

이른 아침 도착한 뉴버스팍New Bus Park 터미널은 의외로 넓었다. 버스들 틈에서 내가 타야 할 버스를 찾기는 쉽지 않았다. 지나가는 차장에게 예약한 버스표를 보여주고 따라갔으나 거기에 있는 것은 다른 버스였다. 허둥대다 버스를 놓칠 것만 같았다. 그동안 열심히 계획하고 가족들을 설득하며 밟았던 절차들이 허사가 되는 것은 아닐까? 터미널에 늦게 도착하여 버스를 놓친 간밤의 꿈이 새삼 떠올라 초조감이 증폭되었다.

매표소 직원의 도움으로 베시사하르Besi Sahar행 버스를 찾아내 허겁지겁 올라탔으나 버스 안은 텅 비어 있었다. 시간이 너무 일렀던 것이다. 오늘 이 버스를 타지 않으면 직장상사한테 불호령이 떨어지는 출장길도 아닌데, 오늘 못하면 내일 하면 그만인 여행길인 것을, 예약한 버스를 놓치면 세상의 끝이라도 되는 듯 왜 초조해 했을까? 씁쓸한 미소가 입가에 번졌다.

30년 직장생활을 마치고 퇴직했다. 새로운 세계를 향하여 스스로 택한 명예퇴직이었다. 짜여진 틀을 벗어난다는 것은 자유를 의미했다. 틀이 없는 자유공간에서 새로운 나날을 살아가리라. 그러나 그동안의 생활에 철저하게 길들여져 있었던가 보다. 직장에서의 마지막 날, 짐을 정리하다가 왈칵 눈물이 돌았다. 나는 지금도 그 의미를 잘 모른다. 나를 먹여주고 아내와 아들을 갖게 해준 삶의 터전을 떠난다는 아쉬움이었을까? 새장을 박차고 나가며 그동안의 회한이 일시에 몰려온 것일까? 온실을 벗어나 허허벌판에 내던져질 두려움 때문이었을까?

버스는 승객들로 가득 찼다. 옆구리의 묵직한 살이 살짝 드러난 전통옷을 입은 아줌마들과 양장을 한 젊은 여자는 운전석 옆 보닛 위에 앉고 비좁은 통로에도 사람들이 넘쳤지만 나를 비롯해 몇몇 트레커들은 각자 자리를 차지했다. 두세 명의 조수들이 바쁘게 들락날락했고, 기사가 와서 운전석에 앉아 팔을 걷어붙였다.

출발하면 시원하게 달릴 줄 알았던 급행버스는 좀처럼 속도를 내지 못했다. 시내를 빠져나올 때까지 승객들이 연신 올라탔고 카트만두 분지를 벗어나는 나그둥가Nagdhunga 고개까지 오는데도 많은 시간이 걸렸다. 내리막에서는 구불구불 좁은 도로를 마주 오는 트럭과 교행하느라 많은 시간을 소비했다. 살점이 심히 떨어져 나가 포장도로라고 부르기엔 어색한 길이었지만, 그 때문에 내는 버스의 요란한 경적 소리, 안간힘을 쓰는 트럭들의 엔진 소리, 그리고 조수들이 차 옆구리를 땅땅 치는 소리가 하모니를 이루어 두 달간 전개될 여정의 서곡처럼 들렸다.

눈Hima : 雪들이 사는 곳Alaya, 눈의 나라 히말라야Himalaya는 어떤 모습으로 다가올까?

전쟁터 같은 고갯길을 내려가자 파란 들판이 보이면서 길은 강을 따라 평화롭게 이어졌다. 어려운 고비를 무사히 마친 버스는 다시 평정을 찾았다. 식당에 들르고 찻집에 들르고 도시가 나타나면 주유를 했다.

강을 건너면서부터 길은 오르막이었고, 웃통을 벗은 보조 운전사가 핸들을 교대했다. 다시 출발한 버스가 고개에 올라서고 황토색 사각의 기둥 문을 통과하면서 안나푸르나 라운드의 관문인 베시사하르에 도착했다. 시각은 오후 3시.

체크포스트에 가서 안나푸르나 보호구역ACAP : Annapuruna Conservation Area Project 트레킹 허가증Trekking Permit과 팀스TIMS: Trekkers Information Management System 카드를 내밀었다. 젊은 경찰은 팀스카드를 보고 내 얼굴을 쳐다보더니 "대단하십니다!"라고 정중하게 한마디했다.

두근거리는 가슴으로 안나푸르나 라운드 관문인 베시사하르의 체크포스트 앞에 섰다.

입산 허가증이라 할 수 있는 팀스카드는 가이드나 포터가 있는 경우 단체로, 그렇지 않은 경우에는 개인으로 구분하는데, 색상도 달라서 블루카드와 그린카드로 부르기도 한다. 단체는 여행사가 가이드와 포터에 대한 보험을 가입하고 발급 대행한다. 나는 개인이기 때문에 직접 네팔 여행국에 가서 절차를 마쳤었다.

젊은 경찰의 "대단하다"는 말은 그린카드 소지자가 나이가 많은 사람임을 보고 한 소리였다. 그는 "행운을 빈다"는 말과 함께 스탬프를 찍어 주었다.

　체크포스트 건너편 마을 불불레Bhulbule행 버스 정류장에는 노랑과 검정 줄무늬 사각형 모자를 쓴 노신사 한 분, 그의 손을 붙잡고 있는 손자뻘 남자아이, 그리고 젊은 여자 둘이 있었다. 내가 그들 틈에 가자 여자들은 주춤하며 자리를 비켜 주었고, 어린아이가 할아버지와 잡은 손을 팽팽히 하여 내 눈을 빤히 쳐다보며 건들거렸다.

　커다란 배낭을 메고 허옇고 말쑥한 얼굴이지만 체크포스트 통과는 내게 번잡한 도시를 뛰다시피 걷는 도회인이 아닌 눈의 나라 일원이라는 의식을 심어 주기에 충분했다. 그들의 호기심 어린 표정은 좋았지만 친밀함은 아쉬웠다. 나는 얼굴 근육을 최대한 이완시켜 그들의 긴장을 풀어주려고 했는데 효과가 있었는지, 거무죽죽한 노신사의 가지런하지 못한 치아 틈으로 나온 미소와 여자들의 홍조 띤 표정이 돌아왔다.

　정거장으로 들어온 마을버스는 급행EXPRESS이라고 이마에 커다랗게 붙이고 있었지만 소형이고 만원이었다. 차가 정지했을 때 어찌된 일이지 내가 맨 앞이었다. 버스 지붕에는 청바지를 입은 젊은 청년들이 염소를 밀쳐내며 나를 내려다봤고, 버스는 이미 계단까지 사람이 가득해서 올라설 틈이 없었다. 줄과 관계없이 어디든지 자유로운 꼬마아이는 그때 내 얼굴에 스친 당혹감과 난감함을 보았겠지만 나의 표정을 모르는 나머지 사람들은 미동도 않고 서 있는 자세에서 어떠한 상황에서도 여유로움을 잃지 않는 느긋함을 지녔다고 찬사를 보냈을 것이다.

　그러는 사이 버스 문에 매달려 있던 젊은 청년들은 뛰어내려 문 옆의 사다리를 타고 지붕으로 올라갔고 통로에 있던 사람들도 모두 내려서 내가 차 안으로 들어가도록 공간을 내주었다. 멋쩍게 올라서자 젊은이

한 사람이 자리까지 양보해 주었다. 뒤따라 올라온 네팔 모자 노신사도 양보받아 옆자리에 앉더니 여러 가지 질문을 해왔다.

"어디서 왔습니까? 혼자입니까?"

"예, 한국에서 왔습니다. 눈들의 거처인 히말라야를 제대로 느끼고자 기간을 넉넉히 잡고 혼자서 왔습니다."

"오늘 불불레에서 묵겠군요?"

"예, '불불레'란 이름 참 멋있어요."

"옛날엔 불불레 마을이 지금보다 높은 언덕에 있었는데, 그곳의 샘물이 '불불불' 하고 올라와서 그렇게 불렀답니다."

내가 이해하지 못하자 그가 입을 뾰족 내밀고 '불불불, 불불불' 하고 반복했다. 그의 다리 틈에서 몸을 비비고 있던 꼬마아이도 고개를 좌우로 흔들며 할아버지 흉내를 냈다. 나도 입을 뾰족 내밀고 그들을 따라 소리를 냈다.

"불불불, 불불불."

꼬마아이는 손자가 아닌 아들이었다. 그 사실에 유추해 볼 때 노신사라고 불러서는 안 될 장년의 아저씨였다. 잠시 동안의 친구였던 그는 중간에 쿠디Khudi 마을에서 내렸다. 내리면서도 자꾸 뒤돌아 나를 쳐다보았고 마을 사람들과 대화하는 중에도 연신 눈인사하기에 바빴다. 그는 차 안에서 나눈 몇 마디의 대화로 나에게 이 낯선 곳에서 처음으로 인연이 된 사람이었다. 그가 로지를 운영하고 있었다면 따라 내렸을 것이다. 이미 눈의 나라 사람이라고 강변하고 있지만 나는 오늘 밤 유숙할 곳을 걱정해야 할 여행객이었다.

불불레 버스 정류장 앞에는 다시 체크포스트가 있었는데, 이번에는 경찰이 아닌 안나푸르나 보호구역 사무소ACAP 직원이었다. 물론 무사 통과했다. 형식적인 체크포스트의 절차는 중요하지 않다. 어쩌면 나는 금방 내린 버스를 타고 오면서 이미 한 세계에서 새로운 세계로 완벽하게 넘어왔을지도 모른다. 말하자면 네팔 모자 아저씨가 손쉽게 옮겨가도록 도와준 것이고.

이제 잠잘 곳을 정하면 되었다. 들어선 로지Lodge는 아직 시즌이 아니어서인지 내가 유일한 숙박객이었는데, 나중에 젊은 이스라엘 커플이 들어왔다. 카트만두에서 같은 버스를 타고 왔고 불불레부터는 걸어서 온 사람이었다. 그들은 벌써 많은 감동을 받았다는 듯 양 입술 끝이 하늘로 올라가 있었다.

로지는 목조주택이어서 움직일 때마다 삐걱거렸고 방안의 침대 역시 흔들거렸으나 하얀 시트는 깨끗하고 주름 한 점 없었다. 창문 쪽 침

불불레 첫날 밤의 나의 방

대에 침낭을 깔아놓고 다른 하나의 침대에 나머지 짐을 가지런히 늘어놓았다.

식사가 준비되는 시간을 이용해 다리를 건너가 보았다. 건너편에는 검은 바탕에 노란색으로 '마낭'이라고 쓰인 이정표가 서 있었다. 마낭 Manang까지 가는 길목에서 계속 보게 될 것이다.

내가 가져온 침낭은 너무 두꺼워서 후끈후끈할 정도였다. 흐릿하던 베니어판 천장에 앞으로 전개될 두 달간의 일정이 손에 잡힐 듯 그려졌다. 불불불 불불불, 힘차게 굴러가던 강물 소리가 투닥투닥 지붕을 두드리는 빗방울 소리에 물러나더니 내 꿈도 빗방울 속으로 빨려들어가 탱탱 튀었다.

한 줄기 바람이 행복감을 몰고 오다

> 9월 14일(2일째) 불불레(840m, 7시 20분) - 바훈단다(1,310m, 12시, 점심) - 샹제(1,095m, 16시, 서미트 게스트하우스)

불불레에서 샹제까지 하루 몇 차례 지프가 운행된다는 사실을 알았지만 마을 사람이 아닌 트레커들이 이용할 이유는 없었다. 더욱이 찻길은 트레일의 건너편인 마르샹디 강 좌측으로 나 있어 아무런 의식도 할 필요가 없었다.

간밤에 비가 내려서 철제 현수교 밑으로 흘러가는 마르샹디 강물은 힘찼다. 마을을 지나자 이내 길은 강물에 유실되어 끊겼다. 강물에 잠긴 길을 신발을 벗고 건널 수도 없고 난감했다. 설마 길 때문에 트레킹을 포기하고 뒤돌아가라는 뜻은 아닐 터이고. 한참 망설이다가 오른쪽

절벽을 보니 희미한 발자국이 보였다. 약간 위험했지만 양손을 이용해 올라서니 별도의 안전한 길이 있었다. 길을 건너자 드디어 트레킹 초입을 무사히 들어섰다는 생각이 들어 제법 흐뭇하기까지 했다. 이렇게 관문에서 시험에 들게 하는 걸 보니 무사히 통과한 사람에게만 허용되는 별천지가 전개될 거라는 확신도 생겼다. 되돌아보니 같은 로지에서 묵었던 이스라엘 젊은 커플이 또 그 자리에서 쩔쩔매고 있었다. 나는 트레킹 10분 선배로서 그들에게 손을 흔들어 '뒤돌아 가서 우측 언덕으로 오르라'는 신호를 보냈다.

불불레를 출발하여 1시간 후 가디Ngadi 마을. 넓은 초지는 푹신한 양탄자를 연상케 하고 그 위로 옹기종기 마을 집들이 마치 아이들 장난감 블록처럼 서 있었다. 블록 사이에는 간간이 찻집이 있어 사우니들이 손짓을 했다.

사우니는 여자 주인을, 사우지는 남자 주인을 말한다. 로지를 이용해야 하는 트레커의 입장에서 나는 일찌감치 이 용어를 익혀 두었다. 다행히 우리말 어머니와 아버지의 끝 자가 같아서 금방 외울 수 있었다. 그냥 지나치기에는 아까운 동네여서 잠시 사우니의 부름에 응하고도 싶었지만 아직은 이른 시간이었다.

앞서 가던 이스라엘 커플이 멈춰 서서 앞에 펼쳐진 마을을 바라보고 있었다. 마을 전체의 세세한 모양과 색상도 절대 잊지 않고 머릿속에 꾹꾹 집어넣겠다는 자세였다. 파란 벽, 초록의 마당, 밤새 빗방울에 붉게 멍든 양철 지붕, 마당 한켠에 무리 지은 병아리 같은 노란 화초들, 오막살이 옆을 지날 때 있을 법한 하얗고 듬성듬성한 칸막이의 기찻길을 장난스럽게 옆으로 그대로 들어 올려 만든 듯한 울타리, 초록의 길에 가끔씩 드러난 소 잔등처럼 생긴 사랑스런 돌멩이들, 마을을 향해 굽어보고 있는 하얀 보닛 모자를 쓴 노란 얼굴의 해바라기. 몇몇 집 사이로 난 길에는 빨갛고 노란색 계열의 옷을 입은 아이들이 있고, 할머니가 있고, 아이를 안은 아주머니가 있었다. 나도 이스라엘 커플 옆에 서서 마을을 조망했다.

그때 한 줄기 바람이 뺨을 스쳤다. 행복감이 폭풍처럼 몰려왔다. 그 순간 톡톡 치는 소리가 없었다면 우리는 그 폭풍 속에서 영영 빠져나오지 못했을 것이다. 마을 주민이 끌고 가던 긴 대나무가 길바닥에 부딪혀 내는 소리였다. 달려가 그 끝을 살짝 들어 주었다. 가벼움을 느낀 그가 힐끗 돌아보고 싱긋 웃었다. 그의 집 평상에 앉아 차도 대접 받고 어린 아이의 웃음도 선사 받았다. 잠시 나의 집이고 나의 마을이었다.

몇 걸음 더 걸어가니 한 무리의 아낙들이 빨래를 하고 있었고 아이들이 그 주위를 맴돌고 있었다. 초록 양탄자가 훼손되지 않도록 조심스럽게 앉았다. 새로운 꽃을 찾은 벌떼처럼 아이들이 몰려와 윙윙거렸고 아낙들도 내 주위에 둘러앉았다. 사진을 함께 찍고 배낭을 열어 간식도 나누어 먹었다.

그중 11세인 여자아이 쎄리타가 내 손을 잡아끌었다. 이마에는 아침에 기도했음을 나타내는 빨간 자국 띠까가 보였다. 자기도 바훈단다 Bahundanda로 간다면서 길 안내를 자청했다. 좀 전의 두통약을 요구하던 아줌마는 쎄리타의 이모로 갓난아이를 업고 있었다. 그들 일행은 쿠디에 가서 생필품을 사오는 중이었는데 이제 내가 합세하여 넷이 길을 걷게 되었다.

쎄리타 이모는 마주치는 사람과는 반드시 한참을 인사해야 하는 인동

가디 마을 개울가 빨래터에서. 지나가는 트레커들이 많은데도 주민들은 여전히 반가워한다.

에서 발이 넓은 사람이었다. 그때마다 나도 인사하게 되어서 등에 멘 큰 배낭만 아니라면 나는 모처럼 찾아온 그녀의 먼 친척이었다.

파란 풀섶의 한적한 길가에 빨간색 가게 하나가 마술사의 손놀림으로 금방 튀어나온 것처럼 서 있었다. 들어가 써리타에게 머리핀을 사주었다. 소녀는 그 대가로 나의 가이드 노릇을 한답시고 연신 많은 설명을 해주었다. 간간이 보이는 오색의 만국기 같은 깃발은 '타르초', 장대에 길게 걸린 깃발은 '룽다'라고 가르쳐 주었다. 아직 우기가 완전히 끝나지 않아서 군데군데 산사태로 유실된 지역이 많았는데 언제 돌이 굴러 내려올지 모르니 위를 한번 올려다보고 신속히 건너라고 주의를 주기도 했다.

이렇게 도착한 바훈단다는 뒤편의 피라미드 같은 봉우리와 잘 어울리는 마을이었다. 아름드리 느티나무가 서 있는 광장에는 많은 트레커들로 붐볐다. 마침 점심시간이어서 써리타 아줌마에게 식사를 대접하겠다 하니 거절하지 않았다. 많은 트레커가 지나가는 마을인데도 동네 사람들은 현지 아줌마와 식사를 함께하는 사람이 누군가 궁금했던가 보다. 동네 사람들이 몽땅 나와서 우리를 구경하는 바람에 레스토랑 창문은 주렁주렁 포도송이가 되어 버렸다. 마침내 써리타 이모의 젊은 딸이 달려와서 수줍게 내 옆에 앉았고 그동안 아줌마의 등에서 잠자고 있던 젖먹이도 깨어나서 서툴게 고사리 손을 마주쳤다. 나는 그때 결코 여행객일 수 없었다. 식사 자리는 오랜만에 돌아온 남편을 자랑하기 위해 일부러 동네 레스토랑에서 하는 한 가족의 외식 자리였다.

오늘의 목적지는 샹제Syangje. 벌써 계곡 밑으로 어두운 빛이 드리우고, 강 건너편의 높은 산꼭대기에서 거의 직선으로 흐르는 폭포가 어둠발 속에서도 기세 좋게 흰 줄기를 그리고 있었다. 설악산 토왕성 폭포가 형님으로 삼으면 좋을 폭포였다. 바로 그 앞에 안성맞춤 격인 로지가 있어 마당에 들어서자 사우니가 쫓아 나와 내 손을 붙들었다.

폭포를 바라보고 맥주 한잔을 마셨다. 서울의 어느 고급 호텔도 흉내 내지 못할 분위기였다. 내 발로 하루 걸어온 대가로 고급 호텔 이상의 호사를 누리고 있는 셈이었다. 사우지가 다가와서 같이 사진도 찍고 나의 들뜬 기분을 공유해 주었다. 폭포 이름을 물으니 선뜻 대답을 못하다가 '샹제콜라'라고 했다. 콜라는 강의 지류라는 뜻으로 절벽에서 떨어지는 물줄기도 해당되었다. 어쩌면 폭포는 그냥 콜라로만 통하다가 나의 물음에 그가 즉석에서 명명했는지도 모를 일이었다. 나중에 길을 가다 보니 그런 폭포는 수도 없이 많아서 일일이 이름이 있을 수 없다는 것을 이해하게 되었다.

그들 가족은 부엌에서 식사를 마치고 그 자리에서 잘 때까지 희미한 불빛 아래서 많은 대화를 나누었다. 아무리 아름다운 샹제 폭포도 나의 식사 파트너로서는 부족했다. 혼자 식사를 마친 나는 할 일 없어 자연스럽게 부엌에 들어가 대화에 합류했다.

사우지에게는 큰딸과 작은아들이 있었는데 로지는 아들에게 물려줄 계획이었다. 사우지는 딸을 한국에 취직시켜 줄 수 없느냐고 물었지만 한국에 오기 위해서는 먼저 취업비자가 있어야 한다는 사실을 그 자신도 잘 알고 있었다. 내 주변의 모든 아버지와 같이 사우지도 자식들의 장래를 걱정하는 아버지였다.

처음 희미했던 부엌의 불빛은 나의 눈길이 가는 곳마다 따라다니며 짓궂게 색칠을 했다. 딸의 둥그런 뺨을 빨갛게 하고, 아직 철모를 아들의 까만 눈에는 광택을 더하고, 사우니의 입술엔 더욱 진한 루주를 칠해 주었다. 사우지가 네팔 위스키 럭시를 내놓자 이제 불빛은 낯선 사람만 오면 간섭하는 우리 집 강아지 하치처럼 우리 둘 사이로 끼어들었다.

벽(자가트)과 호수(탈)

> **9월 15일(3일째)** 샹제(1,095m, 7시) - 자가트(1,300m, 8시 30분) - 참제(1,425m, 10시 40분) - 사탈레(11시 10분, 점심) - 탈(1,700m, 14시 30분) - 카르테(1,850m, 17시 40분, 뉴월드 게스트하우스)

자가트Jagat 마을은 깊게 파인 마르샹디 강 계곡에 묘기하듯 중턱에 걸터앉아 있었다. 계곡은 마을 위에도 병풍처럼 솟아 있어 마을을 받침대 위에 올려놓고 마치 사랑하는 여인을 감싸듯 애지중지하는 모습이었다. 이 아담한 여인에게 시선을 빼앗기고 있었는데 물끄러미 나를 바라보는 동그란 눈이 있었다. 까만 두 눈은 상고머리 밑에서 나란히 반짝였다.

두 시간 가까이 혼자였던 나는 브롱(10세, 남자)이 무척 반가웠다. 그는 샹제에서 심부름으로 문고리를 사가지고 오는 길이었다.

"앞에 보이는 마을 이름이 뭐니?"

"자가트예요. 같이 가요."

우리는 나란히 걸었다. 브롱의 집에 가서 차를 마시고 그의 간식인 김이 모락모락 나는 구운 감자도 먹었다. 그를 앞세워 학교 구경을 했다. 학교는 군대 막사 한 동 정도의 작은 규모였다. 휴일이라 문은 닫혀 있었지만 담은 얕았다. 교실은 조그맣고 마감이 잘 안 된 시멘트 바닥 위로 길다란 나무 의자와 책상이 놓여 있었다. 썰렁한 교실 벽에는 유일하게 커다란 알파벳이 부착되어 있었다.

학교 정문에 기부함이 있어서 20달러를 넣었다. 트레킹 허가 비용을 이미 지출했지만 이렇게 아름다운 마을이 행복감을 주고 있는데 별도의 성의 표시는 하나도 아깝지 않았다. 며칠 안 되는 기간이지만 어린이들의 초콜릿 요구를 거절하곤 했는데 트레킹 초입에서 이렇게 기부함으로써 미안한 마음을 덜 수 있다는 생각도 했다.

그 사이 선생님 한 분과 아이들이 우르르 몰려왔다. 선생님과 함께 브롱네 로지에서 차를 마셨다. 나는 먼저 자가트 마을에 대한 인상을 얘기했다.

"마을이 참으로 아름답습니다."

"자가트는 벽이란 뜻입니다. 그렇듯 깊은 강의 중턱에 걸려 있어 아름답지요."

운을 떼기 잘한 일이었다. 선생님은 마을의 특성을 이야기했다.

"보시다시피 지형상 이 마을을 거치지 않고는 계곡을 오르내릴 수 없습니다. 그 덕에 옛날 소금 무역상들로부터 세금을 징수하던 곳입니다."

"그렇다면 자가트는 람중 지역의 요충지였군요."

이 말에 신이 나서 마을의 더 많은 내력이 줄줄 흘러나왔다.

"세금 징수 요원은 이곳 출신의 구룽족이 아닌 솜솜이나 카그베니의 칼리간다키 강의 계곡에 사는 타카리Thakalis족이 담당했습니다. 그들은 일찍이 무스탕을 통해 티베트에서 소금과 양모를, 남쪽 지방으로부터는 곡물을 중개무역하고 있었습니다. 이러한 경력을 바탕으로 네팔 중앙 정부로부터 이곳의 세금 징수 관리로 임명받았습니다. 그런데 그들은 외지에서 오는 신부의 지참금에까지 세금을 매기는 것이었습니다. 당연히 화가 날 수밖에 없었고 중앙 정부에 강력히 건의하여 관리요원을 이 마을 사람들이 담당하게 되었습니다. 그 후 소금 무역상도 스스로 하게 되어 마을은 번성해 갈 수 있었습니다."

이 지역 사람들은 타카리족과 더불어 이렇게 일찍이 사업 수완을 키워왔으며, 최근에는 밀려드는 트레커들을 상대로 부를 축적하여 네팔의 주요 기업인도 많다는 것이었다. 어감만으로는 통과가 불가능한 벽이라는 자가트 마을이 세상과 교류하는 통로가 되었다는 것은 재미있는 일이었다.

선생님은 방문록을 기재하게 하더니 학생들을 위한 영어책을 요청했다. 네팔은 나이 든 분도 왜 그렇게 영어를 잘하는지 궁금했다. 핵심을 파악할 수는 없었지만 영어 수업 이외의 다른 과목이나 조회 시간에도 영어를 사용한다는 사실을 알았다.
 우리는 학교 정문에서 기념 촬영을 했다.

 강 건너 지프 길이 끝나는 참제Chamje에서부터는 운반수단이 말이었다. 말이 움직인 시간과 내가 길을 나선 시간이 비슷해서 한동안 이들 행렬을 관찰할 수 있었다.
 보통 마부 한 명이 거느리는 말은 8마리 정도이며 두 팀 정도가 같이 움직인다. 어쩌다 말 한 마리가 도로에서 이탈하면 협동작전이 필요하기 때문이리라. 마부는 한눈파는 말에게 돌멩이를 던지고 그것도 모자라 꼬챙이로 엉덩이를 찔러대기도 하면서 부지런히 앞뒤로 움직인다. 말이 지나갈 때는 혹시 부딪혀서 낭떠러지로 떨어질 수 있으므로 꼼짝 않고 길 안쪽에 딱 달라붙어 있어야 한다.
 정확히 말하면 이들은 말이 아닌 노새이다. 노새의 탄생 이유를 들어보면 감탄이 절로 난다. 말은 덩치가 커서 사람이 타기는 제격이나 산악지대에서 운반수단으로 길들이기가 어렵다. 당나귀는 운반용으로 적격이나 덩치가 작아 아쉬움이 크다. 이런 이유로 말(우)과 당나귀(웅) 사이에 이루어진 종간잡종 노새가 만들어진다. 노새의 덩치는 거의 말에 가깝고 구분이 힘들어서 '노새'보다는 선뜻 '말'이라는 말이 입 밖으로 나온다.
 좁은 길에서 비키느라 한동안 답답했지만 이들의 진군 속도가 훨씬 빨라서 어느새 앞서 가고 있었다.
 어디선가 굉음이 들렸다. 육중한 바위가 굴러서 쾅하고 부딪히면서 나는 그런 소리가 일정한 간격으로 계속되었다. 자세히 보니 건너편 깎아지른 바위산 중턱에서 하얀 연기가 피어올랐다. 샹제 이후 구름자락을 몇 가닥 가슴과 허리에 걸치고서 날 유혹하여 내 카메라 셔터를 연신 터지게 만든 바로 그 지점이었다. 도로 건설에 자연이 외치는 비명 소리였다. 뻥 뚫어져 상처가 난 산의 가슴자락을 보니 안타까웠다.

사탈레Sattale에서부터는 탈Tal 직전의 탈베시Talbesi 지역이 멀리 구름 속에서 환상적인 모습을 자아냈다. 구름은 자유자재로 모습을 달리하여 바위산과 계곡을 변화무쌍하게 만들었다. 나는 멀리서부터 빨리 다가가서 보고 싶은 조급증이 생겨서 한참 동안 가파른 계곡인데도 지칠 줄을 몰랐다.

급한 경사를 오르자 언덕 위에서 탈 마을을 알리는 마을 대문이 나타났다. 천천히 통과했다. 사각의 문 안으로 넓은 강이 유유자적 흐르고, 탈 마을이 강물에 둥실둥실 떠다니는 모습으로 나타났다.

대문의 위치는 S자형 강과 그 옆에 자리 잡고 있는 마을을 하나의 그림으로 감상할 수 있는 안성맞춤의 자리였다. 또 콘크리트로 된 사각의 대문은 치장도 없고 앙상했지만 멋진 풍경으로부터 시선을 분산시키지 않으려는 겸손함 때문으로 이해되었다.

문을 통과한 후 다시 돌아와 그것을 액자로 하여 감상하기를 몇 번 반복했다. 신선이 아니고서야 어찌 이렇게 만들 수 있을까? 강과 마을은 통째로 하나의 호수였다. 마을 이름도 호수라는 뜻의 '탈'이었다. 이 호수의 첫 대면 장소는 반드시 남쪽 케니게이트(사각문)여야 했다. 탈은 안나푸르나 라운드를 베시사하르 방향에서 시작해야 하는 또 하나의 이유이기도 했다.

웬만하면 이 마을에서 하룻밤 숙박도 의미가 있을 듯하여 기웃거렸으

탈 마을. 케니게이트에서 보는 모습이 가장 아름답다.

나 마을 안에서의 감동은 입구에서만 못했다.

마을을 거의 빠져나오려는 순간 마을 우측으로 빨간 지붕의 곰파(티베트 불교 사원)가 보였다. 그때 탈 마을에 대한 아쉬움을 달래줄 만한, 조금이라도 이 마을과 인연을 맺을지도 모를 사람을 만났다. 정말 초라한 집이었는데 젊은 남자 하나가 우물에서 설거지를 하고 있다가 인기척을 느끼고 뒤돌아보았다. 뒷모습만큼이나 여린 얼굴이었다. 그의 갸름한 얼굴 위로 빨간 곰파가 절벽으로 떨어지는 몇 가닥의 하얀 폭포 줄기와 대비를 이루고 있었다.

곰파를 안내해 줄 수 있느냐고 물으니 버드나무 가지같이 호릿한 남자는 손을 닦고 내 곁으로 왔다. 귀한 손님이라도 찾아온 줄 알고 뒤늦게 달려온 부인은 나를 보더니 곧 실망하는 듯했고 지나가는 객에게 베푸는 남편의 친절이 달갑지 않은 표정을 지었다.

부인의 표정을 무시했다가는 무사하지 못할 것 같은 이 남자는 나의 요구를 거절할 만한 용기도 없었다. 그의 안내로 곰파를 찾아가자 관리인이 와서 문을 열어 주었다. 히말라야에 와서 처음 내부를 보게 되는 기회여서 이것저것 호기심이 많았다. 여러 불상과 그 앞에는 사진이 양옆으로 있고, 바닥에는 불교 행사에 쓰이는 각종 용품들이 여기저기 놓여 있었다.

우리와 많이 다른 모습이었지만 어디서부터 어떻게 물어봐야 할지 몰라 포기하고 기도하는 모습을 보고 싶다고만 말했다. 관리인은 주저주저하더니 몇 번의 독촉에 절을 하기 시작했다. 나의 요청은 한 번의 시범이었는데 그는 마음을 가다듬고 중얼중얼 기도문이 끝날 때까지 한참을 그렇게 절을 했다. 절대자에게 향하는 마음은 그런 것. 형식적인 단순한 시범을 용납하지 않았다. 그는 관리인이 아니라 스님이었다. 티베트 불교의 성직자는 가정을 꾸리고 별도의 생업을 가진 재가 스님이었다.

당초 다라파니Dharapani까지 계획은 너무나 무모했다. 열심히 걸었지만 카르테Kharte에서 접어야 했다. 하얀 구름이 햇빛을 잃어 검은빛으로 변하고 길은 어스름이 깔리기 시작했다. 마침 나타난 현수교가 나를 유혹했다. 흔들거리는 다리를 조심스럽게 건너자 몇 개 안 되는 로지 중에서 애교스런 필체의 '김치 있어요'라는 한국어 간판이 보였다.

'네팔병'을 아시나요?

> **9월 16일(4일째)** 카르테(1,850m, 7시 30분)-다라파니(1,910m, 8시 20분)-다나규(2,285m, 9시 50분)-티망(2,590m, 12시, 점심)-차메(2,670m, 16시, 상고 게스트하우스)

네덜란드 환경 및 농업전문가인 피에트와 저녁 식사를 함께하게 된 것은 행운이었다. 그는 중국에서 몇 년간 생활한 적이 있고 우리나라 제주도에도 유네스코 일로 방문한 적이 있었다. 요즈음 히말라야 나비를 연구하고 있는 중인데 안나푸르나 라운드는 이번이 네 번째 여행이었다.

나는 그를 나비 박사라고 불렀다. 나비 박사는 안나푸르나 라운드에서 놓쳐서는 안 될 여러 곳의 정보를 알려주었다. 피상Pisang에서는 로우피상Lower Pisang이 아닌 어퍼피상Upper Pisang의 길을 선택할 것, 틸리초레이크에서 내려올 때 마낭까지 올 필요 없이 중간에 야크카르카Yak Kharka로 갈 수 있는 길이 생겼다는 것, 묵티나트Mukinath에서 종Jhong이라는 마을을 둘러볼 것. 내가 가진 가이드북에서 일일이 가르쳐 주지 않은 중

네덜란드 환경 및 농업전문가 피에트. 내가 가진 가이드북의 지도에도 없는 길을 표시해 주고 있다.

요한 정보였다.

어제저녁부터 내리던 비가 아침에도 그칠 줄 몰랐다. 나비 박사는 비가 개면 출발하겠다고 느긋했으나 나는 비옷으로 완전무장하고 길을 나섰다. 그는 나와 반대 방향인 샹제 쪽으로 가기 때문에 더 이상 만날 수는 없었다.

가는 길에는 군데군데 바위에 희미하게 빨간 글씨가 새겨져 있었다. 말로만 듣던 마오이스트(네팔 공산당)를 피부로 느낄 수 있는 현장이었다. 글씨는 그들의 슬로건이었을 것이다.

1989년 중국에서 민주정치를 요구하는 천안문 시위운동이 발발하자 네팔에서도 다당제 민주주의를 요구하는 인민운동이 발생한다. 300여 명이 목숨을 잃은 대규모 시위에서 1990년 입헌군주제를 획득하고, 1994년 말 네팔 공산당은 연정체제를 구축한다. 공산정부가 선거를 통해 집권한 유례없는 일이었지만 연정은 오래가지 못하고, 많은 기대를 가지고 있었던 네팔인 특히 젊은이들과 시골 지역 거주민들은 정치에 환멸을 느낀다. 1996년 공산당의 분파인 마오이스트들이 민주정의 이상이 실패로 끝난 현실에 분노하고 '인민전쟁'을 선포하고, 전 국토의 40%를 장악한다. 안나푸르나 지역 트레킹 코스도 포함되어서 수년 동안 마오이스트에게 '기부'해야 했다.

2008년 왕정은 폐지되고 권력은 공산 반군이 다수당인 의회로 넘어갔다. 따라서 트레커들의 걱정거리 '기부 이야기'는 옛날이야기가 되어 버렸다. 걱정거리라고 말했지만 기부 금액은 20달러 정도로 정찰제였으며 영수증까지 발급하여서 또다시 낼 염려도 없었다. 집권 후 돌려준다는 약속이 지켜질 수는 없었지만 추가로 납부하는 입산료라고 보면 아무 문제가 없었다. 실제로 공산 반군에게 맞닥트렸던 사람들의 증언은 원조元祖 트레커라는 자랑이 은근히 섞인 무용담이었다. 개혁이 미진하다는 평가도 있지만 절차를 중시하고 타협할 줄 아는 그들에게서 네팔의 밝은 앞날을 기대해 본다.

나는 재작년 말에 퇴직하고 트레킹 전문가인 후배를 따라 안나푸르나 베이스캠프ABC에 다녀왔었다. 재직 중에 중국 쓰구냥 산으로 고산 트레킹을 간 적이 있는데 그때 고소 적응을 못하고 밤중에 후퇴해 버렸다. 그래서 걱정을 많이 했지만 ABC에서의 밤은 무사히 보냈다. 쓰구냥 산에서의 고산병은 촉박한 일정이 원인이었다. 하루에 1천m를 올라 4천m에서 밤을 보낸다는 것은 적응 능력의 문제가 아니었던 것이다. 아무튼 ABC에서 고소에 문제가 없음을 확인했다. 로지가 어떤 곳인지 알게 되었고, 가이드 포터 없이 혼자서 올 자신도 그때 얻었다.

과거(2008년 이전) 마오이스트의 슬로건. 트레커들에게 기부금을 받기도 했다.

"네팔을 방문한 사람은 꼭 다시 오게 되어 있어요"라고 하던 후배의 말대로 이렇게 다시 찾았다. '네팔병'이 단 한 차례 추가 방문으로 끝날 것 같지 않아서 아예 두 달간의 기간을 잡았다.

나는 걷는 것이 좋았다. 어릴 적, 고향에는 커다란 산이 있었다. 고도 444m 정도밖에 안 되었지만 평야 지대에서 그 산은 높았다. 나의 세상에서 동쪽 끝이었고, 어린 나의 상상력을 마음껏 자극하던 산이었다. 두승산斗升山. 넓은 벌판에서 두둥실 떠다니는 모습을 하여 나는 두등산이라고 불렀다. 우리 집 앞에서 보이는 봉우리 뒤로 몇 개의 봉우리가 점점 커지면서 둥실둥실한 모습을 자아내고 있는 산이다.

두등산 한쪽 자락으로 신작로가 있었다. 신작로 너머에서 '새나라 자동차'가 깔크막을 내려왔다. 그 너머에 새들의 나라가 있는 것이 틀림없었다. 밤에 방에 누워 자노라면 거기서 내려오는 차들의 불빛으로 창호지 문이 하얗게 변했다가 다시 까매지곤 했다. 날씨가 흐린 날은 기적소리가 두등산 봉우리로 이어진 구름을 타고 내 귀까지 다다랐다. 그 너머가 궁금했다. 어느 날 형이 내 손을 이끌고 그 너머로 데려다 주었다. 두등산 너머로는 한없는 평야가 펼쳐져 있었다. 그날 나는 형과 함께 원 없이 걸었다.

이제 나는 학창시절과 30년 직장생활을 보내고 인생의 세 번째 지점에 와 있다. 머나먼 시간이 흐른 지금 내겐 아직 보아야 할 두등산 너머가 있다. 새로운 얼굴들과의 만남과 새로운 길에 대한 욕망이 살아남아 있다. 공부하고 일하고 자리를 지키느라 정신없이 바쁜 가운데도 오랫동안 죽지 않고 잘 숨어 지내다가 용케도 마중 나와 준 그놈이 고맙다.

두등산 정상에 올라 건너편에서 불어오는 느낌이 다른 한 줄기 바람을 쏘이고 송글송글 맺힌 땀방울을 닦은 다음, 그 너머의 바람을 마주하고 머나먼 초원을 걸어가서 흰 연기를 푹푹 내뿜는 기차의 소리를 직접 들어야 한다. 초원 위로 하염없이 멀어져 점점 작은 점이 되다가 사라지는 인생. 세 번째 인생은 책상 앞이 아닌 길에서 보냈으면 좋겠다. 어쩌면 나는 히말라야를 보기 위해 걷는 것이 아니라 걷기 위해 히말라야를 찾아왔을 것이다.

첫날은 쎄리타, 둘째 날은 브롱, 오늘의 어린 왕자는 순다르(16세, 남)였다. 순다르의 얼굴에는 잘 개간된 밭에 심어 놓은 곡식의 새싹처럼 구레나룻이 돋아나 있고, 그 위의 두 눈은 가을의 풍요를 기다리는 농부처럼 그윽했다. 탄초크Thanchok 다리 끝 포터들의 대기용 쉼터에 앉아 뒤뚱뒤뚱 건너오는 나를 바라보는 그 눈에는 오히려 내가 어린왕자였을 것이다. 무사히 강을 건너간 양 한 마리가 스스로 대견한 듯 꼬리를 흔들며 조심스런 눈으로 기다리던 목동의 옆자리에 앉았.

빠른 걸음이던 그는 이제 보폭을 나와 맞추었다. 그는 차메에 있는 로지의 쿡이었는데 토마토소스와 칠리소스를 사러 베시사하르까지 다녀오는 길이었다.

드디어 마을을 들어서는 대문이 나타났다. 흰색의 사각 문에는 빨간색으로 차메 마을을 알렸고 문 윗부분은 까망 하양 파랑의 조그만 초르텐이 나란히 있었다.

"케니게이트입니다."

"케니?"

"나쁜 귀신을 잡아먹는 좋은 귀신이지요. 여행자의 몸에는 자기도 모르는 새 악귀가 붙어 있기 마련입니다. 악귀가 마을에 들어오면 안 되겠지요. 케니게이트는 여행자의 지친 몸에 달라 붙은 악귀를 떨쳐 냅니다."

이 말을 들으니 탈 마을 입구의 사각 문이 케니게이트였음을 비로소 알게 되었다.

케니게이트를 통과하자 길 중앙에 길다란 벽이 있고 벽에는 종이 연이어 달려 있었다.

"마니벽이라고 부릅니다. 종을 마니라고 부르는데, 부처님의 진언 '옴마니밧메훔'이 새겨져 있습니다. 마니를 한 번 돌리면 경전을 한 번 읽는 효과가 있습니다."

설명을 마치자 그는 오른손으로 마니를 돌리면서 앞서 걸어갔다. 나도 마니를 돌리면서 그를 따라갔다.

이번에는 초르텐이 나타났다. 티베트 불교의 불탑이라는 것만 알고 있었을 뿐 더 이상의 개념은 없었다.

"초르텐을 지날 때는 초르텐을 오른쪽으로 두고 걸어야 합니다."

그는 앞서 가더니 초르텐을 세 바퀴나 돌고서야 길을 갔다. 나도 세 바퀴를 돌고 나서 초르텐을 살펴보았다. 우리의 사찰 삼층탑과 같은 이미지로 맨 윗단은 둥글둥글한 모양이 좁아지면서 황금빛 첨탑으로 마감되었고, 그 끝에는 해와 달로 장식되어 있었다. 해와 달은 별개인 것으로 보이지만 서로 연결되어 있는 것으로 세상의 모든 생명이 하나라는 불교 교리를 상징하는 것이었다.

순다르가 한참 앞에서 나를 기다렸다. 급한 발걸음으로 그의 앞에 서자 길 한켠의 볼품없는 조그만 돌무더기를 가리키며 말했다.

"아무리 작아도 엄연한 초르텐입니다."

금방 실수를 깨닫고 다시 돌아와 초르텐 왼편으로 돌아가니, 좁은 통로인데도 많은 사람들이 지나다닌 흔적이 역력했다.

차메Chame는 마낭 지역의 수도답게 마을이라기보다는 하나의 도시였다. 각종 관공서, 은행, 병원, 상점이 즐비했다. 순다르가 근무하는 상고 게스트하우스는 이들을 다 지나고 마지막 무렵의 다리를 건너서 나타났다.

순다르가 정성스럽게 준비한 식사는 맛있었다. 일부러 다이닝룸이 아닌 부엌 아궁이 옆에서 식사를 했다. 장작을 사용하는 아궁이는 우리나라 아파트 싱크대 크기에 불과했고 그 설치 높이도 조리하기 편리한 허리 높이였다. 가끔 장작의 상태를 살피면서 노련하게 움직이는 순다르가 도무지 16세로 보이지 않았다. 그는 조수 아가씨에게 위엄 있게 지시하여 네팔 김치를 나의 볶음밥에 곁들이도록 해주었다.

차메 위로는 소나무가 더 이상 자라지 않는다. 자신의 한계를 아는 소나무여! 나의 히말라야 걷기도 벌써 한 경계점을 지나고 있다.

내 안의 신이 당신의 신에게 인사합니다

> **9월 17일(5일째)** 차메(2,670m, 7시 40분) – 브라탕(2,860m, 9시 40분) – 두쿠레포카리(3,145m, 12시 10분, 점심) – 피상(3,200m, 14시 50분) – 어퍼피상(3,305m, 15시 40분, 호텔 마낭마르샹디)

어제 빗속에서 온천욕을 한 탓인지 미열이 있었다. 걸으면서 콧물이

나고 눈도 많이 따가웠다. 고소 증상일 수도 있지만 해마다 9월 한 달간 나를 고생시키는 비염 증상이 확실했다. 다행히 서울에서보다 훨씬 수월했다. 어쩌면 이대로 없어질지도 모르겠다. 몸 상태를 더 이야기하자면, 무거운 배낭 때문에 어깨 근육이 딱딱해져서 틈만 나면 팔 운동을 하여 풀어주었다. 또 엉덩이에서부터 허리 사이에 가려운 증상이 생겼다. 처음에는 무릎 연골 영양제의 부작용인가 아니면 간식으로 먹은 육포 때문인가 여러 가지 가능성을 생각해 보았는데 역시 배낭의 눌림 때문이라는 결론을 내렸다. 시간이 지나면서 적응도 되고 배낭 무게도 가벼워져서 이 증세도 상당히 완화되었다.

아침 다이닝룸에서 가이드 다야Daya는 나를 만나자 무척 반가워했다. 가이드 일을 하면서 한국어를 열심히 공부하여 경쟁률 50대 1이 넘는 취업비자를 땄다고 자랑했다. 연말쯤 부산에서 근무할 예정이었다.

그의 설명으로 몇 가지 사실을 알았다. 우리나라에는 네팔 사람이 육천 명 정도 일하고 있는데, 그들은 다른 어느 나라보다 한국을 선호했다. 급여도 좋고 잘만 하면 받은 돈을 고스란히 저축하여 돌아올 수 있기 때문이었다. 중동지역은 무섭고, 일본은 생활비가 비싸 남는 돈이 없다는 것도 이유였다.

머리 위의 구름은 다야의 얼굴처럼 새까맸다. 그가 차메에서는 마나슬루가 보인다고 알려주었지만 맑은 하늘은 그의 얼굴이 한국에서 하얀색으로 변할 때까지 걸릴 만큼 기대난망이었다.

마을을 벗어나는 곳, 길옆에 세워진 마니석의 '옴마니밧메훔' 글자 하나 하나마다 울긋불긋 오색의 색상이 빗물을 머금어 선명하다. 파란 풀과 사이좋게 공존하고 있는 돌계단 끝에는 도금을 한 케니게이트가 화

차메를 벗어나는 길의 마니석으로 된 마니벽과 돌계단 끝 부분의 황금빛 케니게이트

려하다.

시멘트 기둥에 불과했던 탈의 케니게이트가 떠올랐다. 탈의 것은 최고로 단조로운 반면, 이곳의 케니게이트는 품격으로는 히말라야 최고로 평가될 만했다. 짐작컨대 아무리 강력한 악귀라 할지라도 이 마을에는 감히 들어오지 못할 것이다. 이후 마을마다 케니게이트가 다르다는 것을 깨달았다. 악귀를 쫓아낸다는 목적은 같지만 마을의 다른 특성이 다양성을 만들어 낸 것이다. 더욱이 획일화는 결코 생각할 수 없는 예술가들 덕분에 마을마다 같으면서도 다른 케니게이트를 비교 감상하는 것도 길을 걷는 즐거움의 하나가 되었다.

만나는 사람과 나누는 인사.

"내 안의 신이 당신의 신에게 인사합니다."

"나마스테."

"나마스테."

며칠 사이에 발음이 어색하지 않다. 이렇게 간간이 인사를 나누며 도착한 브라탕Bhratang 마을은 신선이 살 듯해서 감히 나 같은 속인이 발을 들여놓아도 좋은지, 누군가의 허락이 필요할 것 같았다. '나마스테'의 인사를 자주 하여 내 안의 신이 확고히 자리 잡도록 하는 수밖에 없다.

사과밭 돌담 사이의 길은 비에 젖어 촉촉했고, 그 길 너머는 아스라히 구름 속에 가려져 있었다. 주춤주춤하며 들어선 브라탕은 사과밭으로 유명했다.

사과밭 끝나는 곳에서는 포터들이 쉬면서 사과를 하나씩 물고 있었다. 엉성한 사과밭 울타리를 넘어서 따온 것이었다. 곧이어 나타난 길은 당분간 공사 중으로 폐쇄하니 우회하라는 푯말과 봉쇄 울타리가 있었다. 네팔어라도 주변 상황으로 보아서 무슨 말인지는 알겠으나 편한 길을 두고 강 밑으로 내려가야 하니 선뜻 나서기가 쉽지 않았다.

조금 기다리니 사과를 먹던 포터들이 나타났다. 그들이 태연히 봉쇄용 울타리를 넘자 나도 뒤를 따랐다. 바위산 암벽 옆구리를 파서 만든 길은 굴착기 등으로 확장 공사 중이었지만 지금은 중단된 상태였다.

히말라야의 경이와 아름다움은 평범하지 않다는 데 있다. 깎아지른 절벽, 깊은 계곡과 하얀 실타래처럼 흘러내리는 폭포, 하늘에 걸친 설산, 막막한 곳에서 발견하게 되는 길. 이것들 때문에 우리가 트레킹을 하지만 감탄은 멀리 있을 때이지 막상 부딪히면 난감함으로 변하기 마련이다. 멀리서는 하얀 비단실처럼 아름답게 보이던 폭포수도 다가가서 앞에 서면 뚝뚝 침을 흘리는 흉측한 괴물로 변해 있는 것이다.

간밤에 내린 비가 절벽에서 폭포수를 쏟아 부으며 길을 가로막고 있었다. 어제 하루 종일 못 보았던 이스라엘 커플이 그 앞에서 안절부절못하고 있었다. 그들에게는 포터가 있었다. 포장마차 하나를 몽땅 진 듯한 포터는 먼저 건너가서 첫 비행을 유도하는 어미 새처럼 인내심을 가지고 이쪽을 바라보고 있었다. 하지만 새끼 새 두 마리는 엄두가 나지 않았다. 나중에 노새 무리까지 합세하여 둥지는 터질 듯했다. 결국 몰이꾼의 성화를 이기지 못한 선두의 노새가 태연히 괴물의 아가리를 빠져나가자 우리도 그 뒤를 따랐다.

건너고 나니 이미 비옷을 걸쳤으므로 신발만 젖을 각오를 했더라면 아무것도 아닌 일이었다. 뒤돌아보니 마지막 한 마리 노새가 엉뚱한 짓을 하고 있었다. 몰이꾼이 돌멩이를 던지자 그때서야 건너왔고 늦게 온 벌로 그 노새의 엉덩이는 심하게 꼬챙이질을 당해야 했다.

혹시 미국 그랜드캐년 계곡 트레킹을 해본 사람은 알 것이다. 나는 히말라야 트레킹 후 그곳을 갈 기회가 있었는데 우선 노새의 덩치가 이곳과는 다르게 말만큼이나 큰 데 놀랐다. 규정으로 정해진 짐도 괴나리봇짐 두 개에 불과했으며 일정 구간마다 휴식을 취하도록 되어 있었다. 트레커들이 그들과 마주칠 때는 네 마리 정도를 담당하는 몰이꾼의 지시에 의해 한쪽으로 피해 있어야 했다. 노새가 놀란다면 트레커들이 위험에 빠지기 때문이었는데 그들이 지나가기를 기다리는 동안 선진국 노새의 삶을 부러워하지 않을 수 없었다. 하루에 한 번 왕복으로 임무를 마치는 미국 노새들은 틀림없이 정기휴일도 있으리라. 이곳 네팔에서 노새는 물론이고 두 사람분의 짐을 지는 포터에게도 미국 노새의 삶은 꿈같을 것이다.

이스라엘 커플은 벌써 저만치 걸어가고 있었다. 오늘 하루 혼자 걸었던 나로서는 몇 번 마주친 그들이 반가웠다. 좀 전 그들을 처음 만나서 "헬로" 하고 소리쳐 부르기는 했지만 표현하고자 한 반가움은 아니었다. 아하, 그렇다. "안녕, 스티브!"라고 이름을 불러야 했는데, 여태 나는 그들의 이름을 몰랐던 것이다. 써리타, 브롱, 순다르와는 한 번 마주친 눈빛으로 친구가 되었다. 이름과 나이를 묻는 것은 어미가 둥지의 어린 새에게 먹이를 주듯 자연스럽고 행복한 일이었다. 그들은 나의 어린 왕자였다. 그래서 대뜸 "저, 양 한 마리 그려줘요!" 하고 요구하듯이 그 옆에 앉고, 나란히 걷고, 대화를 나누었다. 이스라엘 커플과는 이빈에도 통성명을 하지 못한 채 헤어져 다시 만나지 못했다.

다리를 건너고부터는 오랫동안 오르막이 시작되었다. 노새의 행렬은 어느새 시야를 벗어났다. 비가 다시 추적추적 내리기 시작하고, 마침 무인 대피소 하나가 나타났다. 들어가 간식을 먹으며 쉬고 있으니 사람들이 하나 둘 들어와 혼잡을 이루었다. 아침에 만났던 가이드 다야가 들어와서 간식을 나누어 주고 지명을 물어보니 '데우랄리'로 그 뜻은 큰 고개를 오르기 전에 쉬는 곳이었다. 우리나라 산은 보통 고개를 다 올라가 전망 좋은 곳에서 쉬는 법인데, 산이 높은 이곳에서는 고개를 오르기 전에 숨을 고르는 장소가 필요했던 것이다.

로우피상에서 다리를 건너자 나타난 어퍼피상 마을은 능선 위에서 양떼처럼 모여 있고 커다란 곰파는 이들을 지키는 목자牧者 모양이었다. 이렇게 멀리서는 목자 곁을 무리 지은 양떼들이 눈길을 돌리지 못하게 하더니 가까이 다가갈수록 붉은 메밀밭이 어서 오라고 손짓을 했다. 차메 마을부터 조금씩 보이기 시작한 메밀밭은 이곳에서 본격적인 들판

어퍼피상이 가까울수록 붉은 메밀밭이 들판을 물들인다.

을 형성하고 있었다. 봉평과 다른 것은 그 색깔이 '소금을 뿌린 듯한'이 아니라 '플라밍고의 군무'였다. 붉은 메밀밭은 달빛 아래가 아닌 회색빛 구름 밑에서 달콤하고 황홀한 신방을 만들어 냈다.

덕분에 궂은비도 내 발걸음을 독촉하지 못했다.

길은 계곡을 벗어나고, 마술처럼 나타난 나왈 마을

> **9월 18일(6일째)** 어퍼피상(3,305m, 7시 40분) – 갸루(3,670m, 10시) – 나왈(3,660m, 12시 30분, 피스풀 호텔, 점심)

골짜기를 벗어나면서 경치는 지금까지와 사뭇 달랐다. 줄곧 위만 보고 감탄하다가 계곡 아래쪽을 보는 맛은 새로웠다. 더구나 갸루Ghyaru로 올라가는 길은 몇 시간 동안 가파른 오르막이어서 또다시 나를 흥분시 컸다. 어떤 경치를 보여주려고 이렇게 힘들게 하는가? 나비 박사의 설명대로 점점 올라갈수록 대담한 경치가 기다리고 있었다.

오금을 저리게 할 정도로 아슬아슬한 길에서 말 한 마리가 나의 앞을 가로막고 건너갈 틈을 내주지 않았다. 방향을 바꿀 때마다 말도 신속히 내 앞으로 머리를 내밀었다. 무리해서 지나가다 머리에 치이기라도 하면 저 밑 천 길 낭떠러지로 떨어질 것이 뻔했다. 급히 달려온 말 주인의 도움으로 건너가서 보니 갓 태어난 새끼가 품에 있었다. 바로 코앞에서 어쩌면 감쪽같이 새끼를 감추고 있었을까.

나왈Ngwal은 직전까지도 모습을 보여주지 않다가 언덕을 돌자 갑자기 나타났다. 평온한 대지 위로 네모반듯한 집들이 이어지고 집집마다 지붕 위로 긴 장대에 매달린 기도 깃발인 룽다가 펄럭이고 있었다. 무수한 룽다는 사람들의 세상과 파란 하늘을 경계 짓는 또 하나의 지평선이었다. 그 흔들거리는 지평선은 인간과 절대자 사이의 경계를 모호하게 하여 두 세계를 연결시켜 주는 통로로 보였다.

나왈 광장의 식당에서 옷과 카메라를 말리며 점심을 먹었다. 카메라 렌즈에 뿌옇게 김이 서리고 작동이 되지 않았다. 한참을 기다려 문제가 해결되었지만 그 사이 초조한 마음은 이루 말할 수 없었다. 하필이면 이렇게 멋진 마을을 앞두고서.

오늘의 목적지 브라가로 가기 위해 배낭을 들쳐 메다가 광장의 초르텐에서 테이프 커팅 행사가 있음을 알았다. 마을 사람들 틈에 끼어 새로 단장한 초르텐 내부를 향하여 카메라 셔터를 누르고 있는데 한 촌로가 내 손을 잡아끌었다.

"한국 사람 아닙니까?"

"그렇습니다."

"전에 한국 사람을 알고 지낸 적 있었는데 한국 사람 좋습니다."

나는 발길을 되돌려 그를 따라갔다. 그날 그의 로지에 머물면서 그가 손님 한 사람을 붙들기 위해서 다가온 것이 아니라는 것을 알았다.

그는 피스풀 호텔의 사우지로 이름은 암바르였다. 마을을 유심히 둘러보면 다른 곳에서 느끼지 못하는 묘미를 발견할 것이라고 했다. 저녁 식사는 로지가 아닌 안채에서 가족과 함께하자고 초대를 했으며, 밤에는 마을 축제가 있으니 식사 후 거기도 함께 참석하자고 했다.

저녁 식사에는 암바르 부부, 암바르의 외아들, 그리고 카트만두에서 사업하는 손위 처남이 방문하여 자리를 함께했다. 암바르는 아들이 어렸을 때 재주가 탁월하여 인근 곰파에서 환생한 스님을 찾기 위해 주지 수색대가 찾아온 적도 있었으며 오늘밤 축제에서 중요한 역할을 맡는다고 자랑했다. 처남은 컴퓨터 노트북을 들고 바깥세상 돌아가는 모습을 보여주고 있었는데, 인도 국기 한가운데 동그라미에 강아지가 똥을

나왈 마을의 룽다는 하늘과 지상의 경계를 나타낸다.

누고 있는 모습이 재미있었다. 가장 가까운 나라에 대해서는 어디서나 이렇게 미묘한 감정이 교차하는 법이다.

부인이 만들어 준 버팔로 고기가 들어간 진한 국물의 툭바가 맛있었다. 손위 처남은 컴퓨터를 보면서도 럭시를 마시고 있었는데 나에게도 자꾸 권했다. 럭시는 쌀 또는 고도(Millet, 우리나라 기장과 흡사)로 빚은 순수 곡주로서 고량주와 같은 증류주인데 맛이 산뜻하여 내 입맛에 맞았다. 카트만두에서도 마셔본 적이 있었는데, 네와르족 전통복을 입은 레스토랑 종업원이 주전자로 작은 토기 잔에 위에서 긴 물줄기를 내며 따라주던 인상적인 모습이 다시 생각났다. 럭시는 암바르 부인이 직접 담근 술로 상당히 품격 있고 산뜻했다. 안타깝게도 이미 3,600m가 넘는 고지대여서 몇 잔으로 만족해야 했다.

젊은 청년이 부엌으로 불쑥 들어서더니 이미 취해서 약간 혀 꼬부라진 소리로 축제 장소로 가지 않고 뭐 하느냐고 다그쳤다. 아궁이 앞을 차지하고 있던 나를 발견하고는 관심을 보이기 시작했다. 암바르와 뭔가 즐겁게 다투는 듯한 말을 하는 중에도 나에게 말을 거느라 바빴다. 나는 암바르 가족과 함께 우산과 랜턴을 들고 그들 뒤를 따랐다.

축제 장소는 곰파의 아래층이었다. 위층은 부처님을 모신 사찰로 쓰고 아래의 넓은 공간은 마을의 집회 장소로 쓰고 있었다.

벌써 많은 사람이 모여서 축제 준비에 바빴다. 남자들은 많은 술병이 어지럽게 놓인 탁자를 둘러싸고 있었다. 술은 러시아산 보드카가 주종이었는데 네팔 전통 위스키 럭시는 상품화되지 않았기 때문이었다. 나는 대뜸 그쪽으로 안내되었다.

술은 마시지 않고 상석에 점잖게 앉아 있는 빅라마(큰 스님)는 중후한 모습에서 마을의 리더임을 알 수 있었다. 아라비아계로 보이는 서양인 얼굴의 사내는 또 다른 관광객인 줄 알았는데 그 동네 주민이었다. 다양한 얼굴 피부색을 가진 사람들이 서로 섞여서 흥겨운 모습이었다.

 마을 아낙들이 사방 벽 밑에 만들어진 기다란 플랫폼을 돌며 단순 반복적인 춤을 추었다. 두 발 앞으로 가고 한 발 주춤하고, 빅라마가 일어나 대열로 들어가 춤을 추자 보드카를 마시던 남자들도 합세했다. 몇 바퀴 돌아 흥이 상당히 날 무렵 춤은 멈추었고, 그동안 암바르의 부인이 주도하여 만든 네팔식 수제비인 텐툭을 들게 되었다. 금방 식사를 마치고 온 나는 그 맛있는 텐툭을 아주 조금밖에 먹지 못했는데, 하여간 그 많은 텐툭은 축제가 쉽게 끝나지 못할 거라고 예고했다.

 2부 순서는 마을 젊은이들의 공연이었다. 떠듬떠듬 무대를 준비하는 서툰 그들의 동작에서 공연 자체는 별거 없을 거라고 예상했는데 바로 수정해야 했다. 얼굴이 시커멓고 체구가 작은 중년의 남자가 사회를 보았는데 진행 방법이 프로 뺨치는 수준이었다. 더구나 그는 내가 좋아하는 미국 배우 로빈 윌리엄스의 인상을 풍기고 있어서 입술이 양쪽으로 살짝 올라간 코믹한 그의 표정만으로도 충분히 재미있었다. 그는 나를 위해서인지 가끔 영어로 말하기도 했다.

 암바르를 비롯한 젊은이들은 최신 가요나 팝을 불렀다. 무명의 큰 천 두 개로 지저분한 뒷면을 가린 것뿐인 무대에서 청바지를 입은 학생이 부르는 팝을 들으며 또 곧 후회할 생각을 했다. 우리나라 아이돌 그룹의 휘황찬란한 무대에서 현란한 안무를 곁들인 케이팝을 듣는다면 이들의 쇼크는 어떠할까? 하지만 노래가 끝날 때마다 엉덩이를 들썩들썩하며 박장대소가 이어졌고 그들의 확 퍼진 얼굴에는 세상에 이보다 좋은 공연은 결코 없어 보였다.

한 초로의 남자가, 적당히 술도 마셨겠다, 흥을 감추어야 진심이 알려진다는 생각이었을까? 겸손한 걸음으로 걸어나가 백 루피 정도의 지폐를 춤추는 아가씨에게 쥐어 주었다. 그녀는 백댄서일 뿐이었고, 진짜 열창을 한 남자아이가 심각하게 서운한 표정은 지어 보여 장내를 숙연하게 했다. 그런데 노래를 부른 남자아이가 농담이었다고 어깨를 들썩하자 잠시 얼어붙었던 웃음소리와 담배 연기가 해동되고 비등하여 공연장을 펄펄 끓어 김을 내뿜는 도가니로 돌아오게 했다. 모두들 무대에서 눈을 떼지 못했다.

무대 앞에 앉은 아줌마들은 평생 가장 크게 소리 내어 히말라야 너머로 자신들의 웃음소리를 날려 보낼 기회를 잡은 듯했다. 하얀 무명을 뒤로 걸쳐 묶어 놓은 전통 옷을 입고 춤추는 젊은이가 가장 인기 있어서 그가 나올 때면 공연장은 웃음소리로 터질 듯했다. 그는 앞에 앉

나왈 마을의 축제. 곰파 1층에 마련된 공회당에서 새벽까지 축제가 이어졌다.

은 아주머니의 손을 잡아끌어 무대에서 춤을 추게 했다. 아주머니는 처음에는 울긋불긋 분장한 젊은이의 쭉 내민 빨간 입술에 아주 쑥스러워하더니 이내 마음을 바꿔 먹었는지 그렇게 잘 출 수 없었다. 뿐만 아니라 아주머니의 춤은 우리의 어깨춤과 비슷해서 어린 시절 동네 잔칫집 마당에 온 듯했다.

축제의 목적은 오늘 초르텐 오프닝 행사 기념도 있었겠지만 새로운 사업을 위한 모금이었다. 노래가 끝날 때마다 사회자에 의해서 기부자와 액수가 소개되고 박수가 이어졌다. 유지석의 남자들은 한 움큼씩 루피화를 준비해 와 적당한 간격으로 기부했다.

특히 내 양쪽 남자는 비교적 젊은 사람이었는데 여유 있는 표정에서 돈 많은 사업가임을 알 수 있었다. 암바르가 저녁 식사 때 말한 포카라의 피시테일 호텔의 안주인이라든지 타라 항공 사장이 이 지역 출신이라는 말은 거짓이 아니었다. 같은 유지석의 그것도 한가운데 앉은 나는 미안하고 불안했지만 주머니에 있는 몇 푼의 돈밖에 낼 수가 없었다. 같은 노래와 춤이 반복되기도 했는데 그만큼 기부자가 많다는 뜻이기도 했다.

8시에 시작한 공연은 자정을 넘어서 끝나는 듯했는데 이번에는 전부 일어나 함께 춤을 추는 순서였다. 사회자는 돌아가려는 나를 얼른 붙잡아 춤판 한가운데로 밀어 넣었다. 덕분에 자꾸만 호감이 가던 젊은 여자와 마주보며 춤을 출 수 있었다.

어둠 속에서도 미소가 훤히 빛났던 그녀는 여느 여자들처럼 바닥이 아닌 의자에 앉았다. 그러다가 공연에 문제가 생기면 즉시 개입하여 해결하곤 했다. 빅라마의 딸인 그녀는 귀티가 나고 품격이 있었다. 가끔씩 내 옆자리에 앉기도 했는데 뜻밖에도 언어 및 청각장애자였다. 그녀가 내 손바닥에 써준 이름은 바우나, 글씨를 쓸 때 그녀의 머리칼이 내 뺨을 간질였다.

새벽 1시, 돌아가는 길은 별이 빛났다.

하늘은 말끔히 걷히고

> **9월 19일(7일째)** 나왈↔바르도제 곰파-나왈(3,660m, 전심, 14시 출발)-브라가(3,360m, 16시 30분, 뉴야크 호텔)

몬순Monsoon은 계절에 따라 일정한 방향으로 부는 바람을 말한다. 아라비아 말이 어원이다.

5월경 아라비아 해의 대기가 데워져 위로 올라가고 나면 아래쪽에 광대한 저기압대가 발달한다. 6월경 바다에서 잔뜩 습기를 머금은 바람은 인도 서쪽 해안에 부딪히고, 일부는 인도 반도를 돌아서 벵골 만을 통과하여 동쪽 해안을 강타한다. 이것이 북서쪽으로 방향을 바꾸어 내륙을 지나면서 비를 뿌리며 히말라야에 도달한다. 바람은 히말라야의 급경사면을 만나 상승하고 차가워져 남아 있던 수분을 쏟아 붓고, 히말라야 장벽에 부딪혀 일부는 서쪽으로 방향을 틀어 7월경 몬순은 서쪽 히말라야로 확대된다. 그 장벽이 없다면 몬순은 티베트 안쪽으로 들어갔을 것이다.

마르샹디 강에서 시작하는 안나푸르나 라운드, 부디간다키 강에서 시작하는 마나슬루 라운드가 북서쪽을 향하여 시계 반대방향으로 서서히 올라갔다가 패스를 넘으면 급격히 내리막길인 것도 이 남동풍의 몬순과 관련이 있다.

이러한 남동풍의 바람은 점점 수분을 잃어서 네팔 서부 지역에서는 더 이상 비가 오지 않는다. 그래서 안나푸르나 토롱라를 기준으로 서쪽은 강우량이 극히 적은 반 사막 지역을 형성한다. 자세히 설명하면 안나푸르나 남벽에 해당하는 ABC 루트는 몬순지역에 해당되고, 안나푸르나 라운드 지역 중 피상을 시작으로 슬슬 강수량이 적어지고 토롱라를 넘으면 사막 지역으로 변한다. 이는 무스탕, 돌포, 인도의 라다크, 파키스탄 히말라야로 이어진다.

피상에서 마낭 지역인 캉사르까지를 현지어로 '녜상' 마을이라고 부르는데, 이곳의 가옥 구조를 보면 몬순의 영향권에서 멀어지는 지역임을 알 수 있었다. 돌로 벽을 쌓은 사각형 구조 가옥의 지붕이나 옥상은 흙으로 마감했고, 가장자리는 장작더미를 늘어놓아 비가 벽으로 스며드는 것을 막았다. 강수량이 적고 이 지방에서 채취하는 흙은 약간의 시멘트 성분이 있어서 방수에 문제가 없었다.

그런데 최근 지구 온난화로 강수량이 점점 많아져 효용성이 떨어지고 있다는 것이 문제였다. 지금도 예전 같으면 벌써 우기가 끝났어야 하는 시기였다. 내 방도 벽에 물이 스며들어 벽지가 얼룩덜룩한 것을 보니 머지않아 녜상 특유의 가옥 구조는 더 이상 못 보게 될 것 같은 예감이 들었다.

암바르가 2층 계단으로 올라오는 급한 발걸음 소리를 내더니 나를 깨웠다. 그리고 옥상으로 손을 잡아끌었다. 급하게 그를 따라 가느라 옥상의 물컹물컹한 흙이 슬리퍼를 타고 발에 묻었다. 어제의 구부정한 날씨는 어디 가고 화창한 아침이었다. 누가 말하지 않더라도 우기가 말끔히 끝났다는 것을 알 수 있었다. 그동안은 비구름이 하늘이라는 유리창을 깨끗이 닦아내기 위한 작업 기간이었던 것이다.

우윳빛 하늘이 한없이 투명한 모습으로 바뀌자, 기다리고 있던 설산이 사방에서 모습을 드러냈다. 그중에서도 안나푸르나 3봉이 바로 앞 남쪽에서 커다란 모습으로 성큼 나를 내려다보고 있었고, 벌써 감탄했어야 할 안나푸르나 4봉과 2봉도 나란히 피상 마을 앞쪽에서 나를 뒤돌아보게 했다. 차메에서 탈에 이르는 동안 구름 속에서 간간이 모습을 드러내던 봉우리는 아무것도 아닌 람중히말의 한 줄기에 지나지 않았다. 갸루에서 나왈에 이르는 동안 카메라 셔터를 수없이 누르게 했던 경치는 피상피크 덕분이었다. 멀리 서쪽으로 사각형 모양의 틸리초피크$_{7,134m}$가 앞으로 넘어야 할 토롱라의 방향을 알려주었다.

범인은 왜 위험을 감수하고도 자신의 범행 현장을 다시 보고 싶어 할까? 현장에 자신의 흔적이 남아 있을 거라는 불안감 때문일까? 아니다. 두 가지 이유로 본다. 하나는 끔찍한 사건이 정말 존재했었는지 확인하기 위해서이다. 도저히 그런 일이 자신의 손으로 벌인 일인지 기억만으로는 판별이 불가하니 현장을 찾을 수밖에 없다. 또 하나는 아무에게도 터놓을 수 없는 혼자만의 비밀을 가슴에 간직한 채 두문불출하는 것은 공허하고 두렵기 때문이다. 거기서 벗어나는 방법으로는 소설『죄와 벌』에서 라스콜리니코프가 도끼 살인을 저지른 후 그러했듯이 열병에 걸려 의식을 잃고 잠을 자든지 현장을 찾는 것이다.

아침 식사 후 어제의 축제 장소를 찾아갔다. 사건 현장은 아직 무대가 철거되지 않았고 탁자 위에는 빈 양주병이 널브러져 있었다. 나는 저기서 술을 마시고 무대 앞에서 춤을 췄다. 어젯밤의 일이 꿈이 아닌 것

나왈 마을에서 본 안나푸르나 2봉

은 확실했다. 그러나 무대를 가득 메웠던 사람들은 온데간데없고 텅 빈 곰파 내부는 쓸쓸함마저 감돌았다. 공허함으로 돌아설 수밖에 없었다.

　그때 출입문에서 반투명의 그림자 하나를 발견했다. 아침 햇빛을 투과시키던 그림자의 윤곽이 점점 분명해지면서 실체를 갖추더니 아름다운 여인으로 바뀌었다. 어제 나와 춤을 함께 추었던 빅라마의 딸 바우나? 그녀도 끔찍한 사건의 주역으로 현장을 다시 찾은 것인가? 아니 현지 주민인 그녀가 사건 현장을 의심할 리는 없을 터이고 사건의 공모자를 찾았음이 분명했다. 적어도 나는 그렇게 믿고 싶었다.

　가까이 다가가자 실망스럽게도(?) 내 상상 속의 바우나가 아니라 어젯밤 인기가 많았던 젊은 춤꾼이었다. 그의 안내로 2층으로 올라갔다. 방 여기저기 부처님을 즐겁게 해드리는 법고, 나팔 등 신기한 것들이 많았고, 제단에는 부처님께 드리는 제물들이 놓여 있고, 그 앞에는 여러 가지 방법으로 중생들을 구제하는 부처님들로 가득했다. 어젯밤 우리는 부처님의 가호 아래 있었던 것이다. 그가 절을 올리자 당연히 나도 그 옆에 무릎을 꿇지 않을 수 없었다.

'감사합니다. 부처님. 어젯밤의 놀라운 경험은 모두 부처님 은덕 때문이었군요. 앞으로도 부디 굽어살펴 주십시오.'

그는 행사장을 정리하기 위해 남고 나는 바르도제 곰파를 다녀오기로 했다. 나왈을 쉽게 떠나기 싫었다. 바우나와의 만남을 오랫동안 지속시킬 수 있는 방법이기도 했다. 말을 못하고 듣지도 못하는 그녀지만 우리에게 결코 장애일 수 없었다. 오히려 고마운 일이었다. 눈을 자주 맞추어야 한다는 것, 서로의 이름은 입과 귀 사이의 허공을 통하지 않고 손가락과 손바닥으로 직접 전달되는 것, 그리고 입으로 하는 대화가 아닌 눈빛과 미소만으로 모든 것을 다 표현하고 상대방의 그 복잡한 의도를 이해한다는 것을 생각해 보라. 놀라운 일 아닌가? 영어의 단어를 찾아내고 문법을 맞추는 노력도 필요 없다. 내 언어는 너무나 자유로웠다.

바르도제 곰파로 향하는 길은 끝없는 평원이었다. 산등성이로 펄럭이는 긴 타르초가 내 마음을 펄펄 하늘로 치솟게 했다. 선명한 색상의 타르초는 거룩한 경전을 빼곡히 담아 내 가슴에 노랑, 파랑, 빨강, 하양, 초록을 그려 넣었다. 고지대의 희박한 공기 때문이겠지만 멀리 보이는 모든 풍경이 어른거려 마치 꿈속 같았다.

나는 바우나와 상상의 데이트를 했다. 경쾌한 발걸음의 그녀는 잔잔한 호수를 스르르 미끄러지는 한 마리 백조였다. 블루쉽Blue sheep 몇 마리가 성큼성큼 걷던 걸음을 멈추고 우리를 향해 고개를 갸웃했다. 사실상 염소인 블루쉽은 그 빼어남으로 인해 이곳에서 양으로 불리는데 자랑일까? 수치일까? 블루쉽의 산책로도 되는 넓은 평원에서 내 마음은 더없는 극락이었다.

  아쉬운 작별이었다. 하루 더 머무르고도 싶었지만 상상 속의 바우나와 보냈던 오전 한나절을 영원히 간직하고 싶었다. 그녀의 부처님 같은 미소, 평원에서 보았던 블루쉽의 갸웃한 눈빛, 타르초의 펄럭임, 색동옷의 초르텐은 내 의식 속에서 오래도록 멈추어 있으리라. 더 이상 시간의 전개는 필요 없다.

  점심 식사 후 브라가로 향했다. 아침에 나를 깨우고 브라탕으로 사과를 사러 갔던 암바르는 아직 돌아오지 못했다. 지난밤 꿈같은 마을 축제에 참가하고 나왈에서 설산을 맞이한 것은 모두가 그의 덕분이었다. 그가 어제 광장에서 나에게 인사를 건네지 않았더라면 가장 아름다운 추억으로 남을 그 순간은 없었을 것이다. 나왈은 지금도 두고두고 특별하게 떠오르는 마을이다.

문지 마을과 어린이

하늘은 구름 한 점 없었다. 덕분에 나의 분신인 그림자가 길동무가 되었다. 모처럼 만난 기념으로 함께 사진도 찍었다. 아무리 온난화라고는 하지만 초반에 비가 와서 걱정했는데 비구름이 만들어 내는 변화무쌍한 경치도 보았으니 더없는 행운이었다.

간밤에 새로운 사람으로 태어난 듯 에델바이스도 눈에 띄었다. 평화롭게 이어지는 꿈같은 길이 지난밤의 일도 꿈인 듯 모호하게 했다. 문지Munji에서 어린아이가 스쳐 지나가다가 자꾸 뒤돌아보았다. 아이 등 뒤의 길이 꿈속인 듯 아른거렸다.

아이스레이크를 오르면서 만난 밀라레파

9월 20일(8일째) 브라가(5시 30분 출발) ↔ 아이스레이크(4,600m, 9시 40분 호수)-브라가(3,360m, 14시 출발)-마낭(3,540m, 15시 30분, 토롱라 호텔)

전날 미리 주문한 도시락을 들고 새벽에 아이스레이크를 향해 출발했다. 허물어질 듯한 벼랑에 붙어 있는 곰파도 아직 잠을 깨지 않은 시각, 낯선 발걸음에 마을의 강아지들이 여기저기서 정적을 깨뜨렸다. 마을 뒤로 난 길은 하염없이 오르막이었다.

이내 동이 터 오른쪽으로 마낭이 보였다. 내려다보는 조감도는 강가푸르나7,454m에서 흘러내리는 빙하를 담아내는 둥그런 호수 때문에 여느 마을하고는 다른 포근함이 있었다. 흙벽에 용케도 붙어 있는 집들, 거친 벌판에 형성된 마을은 황량한 느낌이어야 당연했으나 오랫동안 바라본 결과 호수는 다산한 어미 돼지이고, 근처에 자리 잡은 마을의 집들은 어미젖을 물고 있는 행복한 아기돼지였다.

흄대 비행장 건너편으로 안나푸르나 3봉에서 내려오는 하얀 빙하가 흐름을 끊고 중턱에서 넓게 파인 흔적만을 남긴 계곡 옆으로 곰파와 밀라레파 케이브Milarepa's cave가 보였다. 12세기에 한 스님이 초근목피하며 수도하던 동굴이다.

일곱 살의 한 소년이 있었다. 아버지는 장사로 큰 돈을 벌어 무엇 하나 부러울 것이 없었다. 좋은 일에는 시기가 따르는 법. 아버지가 죽자 가족을 돌보겠다던 백부에게 오히려 전 재산을 빼앗기고 어머니와 여동생과 함께 종살이를 하게 된다. 갑자기 변한 환경에 놓인 어린 소년은 원한만 가득할 뿐 갈피를 잡지 못했다. 그런 그에게 어머니는 흑주술黑呪術을 배우게 했다. 마침내 흑주술이 완성되고, 백부 장남의 결혼식 날 백부 가족은 물론 마을 사람까지 모두 날려버렸다.

인고의 시간을 다짐하며 삶의 목표로 삼았던 일이 달성되었을 때 어떤 마음이 들었을까? 만족감이었을까? 아니었다. 그는 불문에 들어가 오랜 수행 끝에 티베트에서 가장 존경받는 수행자가 되었다.

밀라레파(1040~1123)는 밀라레파 케이브에서 9년간 수행하여 깨달음을 얻었다. 그에 관하여는 그의 법손法孫에 의해 쓰여진 두 권의 저서가 있다. 그중 한 권인『밀라레파의 생애』는 전기를 담고 있다. 복수 후 그는 큰 스승들을 찾아 헤맨 끝에 티베트의 성인 마르파(1012~1099)의 제자가 된다. 마르파는 티베트 불교의 한 종파인 카규파의 창시자이다. 티베트 불교에서는 스승과 제자 사이의 신뢰를 강조하기 때문에 그 둘의 오랜 관계는 그의 전기에서 중요한 요소이다. 마르파와 6년간의 공부를 마친 밀라레파는 이 동굴에서 혹독한 명상 수련에 들어갔다. 그는 많은 제자들을 개종시키고 가르치면서 카규파 종파를 계승한다. 또 한 권의 책 『밀라레파의 십만송』에서는 부처가 주는 가르침의 본질을 노래하고 있다. 그 노래들은 수도자의 삶에 있어서의 고된 노동과 한없는 기쁨을 표현하고 있다.

인간의 마음은 무엇이길래 악마의 화신이 담겨져 있는 것인가? 어떤 타자에 대한 복수와 미움이 한 가족을 몰살하고 마을 전체를 도륙할 수 있을 정도로 클 수 있을까?

2001년 6월 1일 저녁, 네팔 왕궁의 나라얀히티 궁전에서는 왕실 가족모임이 열리고 있었다. 언제나 그렇듯 왕족들은 술과 여흥을 즐기며 도란도란 얘기를 나눴다. 구레나룻이 돋아난 통통한 얼굴의 황태자 디펜드라도 홀짝홀짝 위스키를 마셨다. 그가 빨개진 얼굴로 살그머니 자리를 빠져나가 군복으로 갈아입고 다시 파티장에 나타난 시각은 밤 9시. 뜻밖에도 그의 손에는 M-16 소총과 기관총이 들려 있었다. 사람들은 새로운 게임을 하는 줄 알았다. 그는 다짜고짜 아버지 비렌드라 국왕을 정조준해 소총을 쏘았고, 응접실에 있던 왕족들을 향해 총을 난사했다. 살려달라는 숙모와 여자 사촌에게도 총을 쐈다. 자동소총의 총구는 제멋대로 방향을 틀며 천장과 바닥 양탄자에도 총알이 박혔다. 그가 정원으로 나가자, 어머니와 남동생이 뒤따라가 말을 걸었지만 그들에게 돌아온 것도 역시 총알이었다. 그는 다시 방으로 돌아와서 총질을 한 뒤 자신의 머리를 쏴 자결했다. 총을 난사하는 15분 동안 한마디도 하지 않고 표정에도 전혀 변화가 없었다.

그는 영국 이튼 칼리지와 미국 하버드 대학을 나온 엘리트로 개방적 사고와 언행으로 국민의 사랑을 받고 있었는데 사람들은 결혼을 놓고 부모와 왕세자 사이의 갈등 때문이라고 말하기도 했다. 또 국민들은 어부지리로 왕위를 계승한 갸넨드라를 의심하기도 했다.

디펜드라 왕세자는 죽고, 밀라레파는 살아남았다. 왕세자는 숨을 거두기 전 사흘간 혼수상태에서 왕위 자리에 있었다. 그가 정상적인 상태로 계속 살았더라면 그의 다음 삶은 어떠했을까? 티베트 불교는 아무리 엉터리 같은 사람이라도 한생에 성불에 이를 수 있다는 가장 좋은 예로 밀라레파를 들고 있다. 그가 35명이나 죽인 살인귀였음에도 참회해 성불을 이루었기 때문이다. 몸 안에 가득 마귀를 채우는 마음의 그 너머에는 믿기지 않지만 사랑의 화신인 천사가 기다리고 있었던 것이다.

밀라레파 케이브를 전망하고 있는 길은 구름 위를 걷듯 지상의 세계가 발아래로 펼쳐져서 천상의 세계에서나 있음직한 '하늘길'이었다. 밀라레파는 하늘길을 올라와 봤을까? 경치는 깨달음을 얻은 그의 마음만큼이나 깨끗하고 숨김없었다. 덕분에 트레킹 초입의 피상피크가 선명하게 보이고, 브라탕 오른편의 파운다단다Paunda Danda가 단순한 절벽이 아니라 그 자체가 커다란 산봉우리의 한 면임을 알 수 있었고, 내일 가는 마낭이 어떤 모습을 하고 있는지, 토롱피크와 틸리초레이크의 방향도 알 수 있었다. 궁극적으로 토롱라가 어느 골짜기로 가야 하는지를 구체적으로 알게 되면서 드디어 토롱라의 두려움도 가까이 다가왔다.

초원지대에서는 여름 내내 심한 노동을 한 말들이 한가로이 살을 찌우고 있었다. 능선 위에서 파란 하늘을 배경으로 서 있는 말들을 보니 '하늘 목장'이라고 해야 했다.

커다란 야크 한 마리가 떠억 버티고 있었다. 이곳에 와서 처음 보는 야크라서 가까이 가서 보고 싶었다. 조금씩 다가가며 카메라로 일부러 찰칵찰칵 소리를 내어 적의가 없음을 알렸다. 그 넓은 평원에 약간 움푹

파인 곳을 집으로 삼은 야크는 긴장했는지 나에게서 눈을 떼지 않았다. 10m 이내로 접근했을까? 갑자기 발을 구르더니 그 큰 뿔을 들이밀었다. 혼비백산하여 뒷걸음쳤지만 시늉만 하여 겁을 주었을 뿐 그 이상의 행동은 없었다. 서로 외로운 처지에 교감을 나눌 수 있다면 얼마나 좋았겠는가? 야크 역시 고된 여름을 보내고 이제는 휴식 중이었다.

하늘길은 한참 계속되었다. 모퉁이를 돌아서자 다시 분지가 이어지고 작은 호수가 나타나더니 시집가는 새색시가 하얀 분을 바르고 색동옷을 입은 듯 산뜻한 초르텐이 능선 위에서 실루엣처럼 나타났다. 오늘의 목표인 아이스레이크에 도달했다. 하늘길과 하늘 목장이 안내하고 색동옷 초르텐이 지키고 있는 커다란 호수는 나를 에베레스트 정상 등정 못지않은 감격에 젖게 했다. 감동은 경외로 바뀌고, 이를 표현한 오색의 타르초와 룽다가 호수를 감쌌다. 하늘과 맞닿은 에메랄드의 호수, 이곳 사람들은 호수를 신이라고 부르는데 무슨 이의가 있을까? 나는 만세 삼창으로 감격을 표현했다.

호수를 보며 도시락 점심을 하고 나서도 아쉬운 마음에 서성이는데 서양 여성 한 명이 올라왔다. 그녀는 외로움에 단련되고 이방인을 경계해야 하는 야크가 아니라 올라오면서 표현해야 할 감격을 잔뜩 가슴에 쌓아 놓고 있던 여행자였다. 그녀와 나는 교대로 사진을 찍어 주다가 둘이서 함께 포옹하는 장면을 연출했다. 이렇게 멋진 곳에 와서 함께 나눌 사람이 없다면 이 또한 얼마나 안타까운 일인가? 서로 교감하고 증거도 되고, 그런 기분이 만들어 낸 장면이었다.

다시 내려가는 길 건너편에 안나푸르나 산군은 마르샹디 강물부터 층층이 봄, 여름, 가을, 겨울이 한꺼번에 이어졌다. 하늘 목장의 말 한 마

아이스레이크

브라가 마을

리가 쏜살같이 내달리다 급제동을 하여 다른 말 앞에 섰다. 암놈을 찾은 수놈이리라.

  환한 낮에 보는 브라가 마을은 어미 닭이 병아리를 품고 있는 형상이었다. 과거에는 순백의 흐름과 교감했을 밀라레파 동굴이 바짝 마른 빙하 옆에서 다시 모습을 드러냈다. 밖으로 향했던 화가 복수를 결행한 후에는 자기 가슴으로 옮겨 따리를 틀었겠지? 밀라레파는 바람을 쐬러 가끔은 저 밖으로 나왔을 것이다. 그가 이쪽을 바라보며 크게 심호흡을 하는 모습이 그려졌다.

낯선 느낌의 고소증

> **9월 21일(9일째)** 마낭(3,540m, 10시 30분) – 캉사르(3,735m, 13시 30분, 호텔 온하이, 점심)

> **9월 22일(10일째)** 캉사르(3,735m, 8시 20분) – 쉬르카르카(4,070m, 10시, 점심) – 틸리초 베이스캠프(4,150m, 14시 30분, 틸리초레이크 호텔)

마낭은 고소 적응을 위하여 하루 더 머물러야 하는 곳이다. 나는 이미 고도가 마낭보다 높은 나왈을 거쳐 왔고, 바로 토롱라를 향하지 않고 틸리초레이크로 가기 때문에 그럴 필요는 없었다. 그런데 아침에 일어나니 뒷머리가 아팠다. 마낭보다 높은 나왈에서도 고소에 문제없었는데 이상한 일이었다. 아마 어제 아이스레이크 다녀오느라 체력 소진이 많았던 탓일 것이다.

혹시 하룻밤 더 숙박을 할지 몰라 시설이 좋고 깨끗하다는 히말라얀 싱기 호텔을 구경했다. 암바르가 알려준 곳인데 어제 내가 도착했을 때는 빈 방이 없어서 묵지 못했던 곳이다.

어젯밤의 로지는 썰렁하고 어두웠는데 이곳은 따스한 온기가 느껴졌다. 다이닝룸은 프랑스, 이스라엘, 캐나다, 아일랜드, 호주 등 세계 각처에서 온 젊은이들이 하나가 되어 왁자지껄했다. 젊은이들 무리는 길을 가면서 한 사람 한 사람 만날 때마다 눈덩이가 불어나듯 점점 커졌던

여러 나라에서 온 젊은 나 홀로 트레커들. 모두 친구가 되었다.

것이다. 이렇게 뭉친 눈덩이들이 하루 휴식 기간 동안 자유롭게 합체와 분리를 하면서 비디오방에도 가고 저녁에는 바에도 갈 것이다.

그들과 헤어지고 나와서 그 앞의 부타키친을 들렀다. 나왈의 암바르가 적극 추천한 곳으로, 그의 말대로 음식 가격도 싸고 창가에는 강가 푸르나가 조망되니 더없이 좋은 곳이었다. 많은 사람들이 지나다니는 길가에 있는 곳이지만 아는 사람이 많지 않았다. 트레커들이 잘 모르는 현지인의 레스토랑을 발견했을 때의 기쁨, 현지인들을 비집고 몇 푼의 돈으로 도넛을 받아들 때 내 입도 쟁반만큼 벌어졌다. 앞으로 다른 트레커들에게 큰 자랑거리이자 그들의 야코를 죽이는 무기가 될 것이다. 고소에 좋다는 생강차 한 잔이 금방 효과를 발휘하여 머리가 맑아졌다.

마을을 돌아다니다가 가이드 디카를 만났다. 그와는 어제 안나푸르나 보호구역 사무소ACAP 앞에서 만나 몇 마디 나눈 적이 있었는데 나이

든 고객과 어슬렁거리고 있었다. 고소 걱정을 하니 다이아막스 하나 먹으면 별 문제 없을 거라며 다정스럽게 답변했다. 나이는 48세였지만 왠지 또래 친구로 생각되었다.

디카 일행은 여기서 하루 더 머물 예정이었다. 그의 고객 영국인은 벤치에 앉아서 멀리 산만 바라볼 뿐 별 움직임이 없었다. 얼굴은 금방 도끼를 내려놓은 나무꾼처럼 빨갛고 아무런 표정도 없었다. 용기를 내어 이곳까지 왔지만 고소를 이기지 못해 상심해 있는 노인이었다.

무료하기도 해서 3시간 거리인 캉사르Khangsar까지만 가기로 했다.

다시 시작한 발걸음. 걷는 것이 왜 이렇게 좋을까? 숨 쉬기와 심장의 박동을 편하게 해주기 때문으로 본다. 나는 그것을 우리에게 생명을 불어준 어머니의 자궁이라고 생각한다. 까마득한 태고의 숨결과 심장의 고동이 있었다. 그것들로 우리의 살과 뼈가 생기고 피가 돌기 시작했고, 그것들은 아직 빛이 없던 시대에 우리를 지배하는 시간과 공간이

마낭. 좌측이 현지 음식점 부타키친. 창가에 앉아 강가푸르나를 조망할 수 있다.

었다. 숨결과 고동은 태곳적 우리의 세계 전부였고 삶이었다. 그것들이 만들어 내는 규칙적인 떨림은 요람이고 일정한 리듬을 가진 자장가였다. 가끔 리듬을 벗어나면, 그리고 소리가 예상하지 못한 곳으로 치솟으면 그것은 우리를 불안하게 하는 번개와 천둥이었다.

걷는 것은 원초적 아늑함이다. 한 발 한 발 태곳적 시간과 공간에 맞출 때 나에게 돋아난 숨결과 고동은 다시 평화를 맛본다. 무아지경은 발걸음, 고동, 숨결이 일체가 되었을 때이다. 그런데 왜 걷느냐고 물으면 난처해진다. 산이 거기 있기 때문이라고 대답하듯 나에게는 두 다리가 있기 때문이라고 할 수밖에 없다. 무엇보다 다리가 우리 신체에서 차지하는 비중이 제일 크지 않은가? 다만 걸으면 발걸음이 가벼워지며 가슴이 뻥 뚫린다. 머리가 맑아진다. 걸으면 외롭지 않다. 아무것도 남아 있지 않은 백지에 과거 희미했던 그림이 떠오르기도 한다.

먹이를 찾아 일상으로 돌아온 후 다시 걷기를 동경하는 것은 바로 거기에서 자유를 느끼기 때문일 것이다.

자신의 앞으로의 삶에 대한 답을 얻고자 지구의 반 바퀴를 열심히 걸어온 한국 학생을 만났다. 동남아와 인도를 거쳐 이곳까지 온 그는 걸음이 무척 빨랐다. 포카라에서 장비를 빌려서 왔는데 신발이 맞지 않아 물집이 생기고 살갗이 떨어져 나가 발 일부가 뼈얼건 속살을 드러내고 있었다. 이름을 안민수라고 밝힌 그는 고등학교를 졸업하고 대학에 꼭 들어가야 하는지 자신의 장래에 대해 고민하고 있는 학생이었다. 바라는 답이 보이지 않을 때 답의 영역을 넓히기 위해서 인내의 한계를 추구하듯이, 그의 빠른 걸음과 속살이 드러난 발바닥은 그 간절함을 말해 주고 있었다. 당장 답을 얻긴 어렵겠지만 그런 자세 자체가 답이 아닐까? 그의 걸음의 끝에는 분명 자신이 얻고자 하는 세상으로의 문이 기다리고 있을 것이다.

캉사르와 틸리초 베이스캠프Tilicho Base Camp는 혼자서는 방 잡기도 힘들어서 그와 같은 방을 썼다. 그가 빠른 걸음으로 방을 미리 잡아 놓으니 여러모로 편리했다. 나는 그의 사고를 방해하지 않도록 최소한의 질문만 했다. 잠자리에 들자 부단히 움직인 발걸음의 에너지가 어디로 갔는지 숨소리마저 고요했다.

나와 안민수 학생은 로지 데크에서 밀크티 한 컵씩 손에 들고 아침 햇살을 즐기는 트레커들 사이를 빠져나와 서둘러 출발했다.

마을을 벗어나자 빨간 곰파와 돌무더기의 형태를 간신히 벗어난 정도의 초르텐이 험난함을 예고하듯 서 있었다. 그 뒤로 커다랗게 파여 옆구리를 드러낸 초대형 산사태 지역이 눈에 들어왔다.

쉬르카르카Shree Kharka에서 쉬고 있으니 디카가 영국인 고객을 앞세우고 지나갔다. 그 힘들어 하던 영국인은 의외로 걸음이 빨랐다. 그들은 오늘 마낭을 출발해 하루 만에 틸리초 베이스캠프까지 갈 예정이었다.

산사태 지역이 가까이 다가오고 현수교를 건너자 표지판이 나타났다. 윗길과 아랫길. 마낭의 안나푸르나 보호구역 사무소ACAP에서는 아랫길이 아닌 윗길을 이용하도록 당부했는데 그 길을 이용하는 사람은 아무도 없었다. 산사태 지역을 벗어나 한참 위의 길을 이용한다는 것은 시간이 두 배도 훨씬 더 걸리는 일이었다.

산사태 지역 중간에 교묘하게 난 길은 매우 위험스러웠다. 모래가 흐르는 비탈면에 발자국으로 생긴 길에서 자칫 삐끗했다가는 저 아래 낭떠러지로 곤두박질칠 것이 뻔했다. 우기는 말할 것도 없고 동절기에는 절대 와서는 안 되는 곳이었다. 발밑을 보면 까마득한 낭떠러지이고, 머리 위를 보면 방금 거대한 바윗덩어리들이 구르다가 시간이 정지되어 멈추어 선 듯 보였다. 누군가가 시간을 흐르게 한다면 언제든 다시 굴러 내려올 태세였다. 다행히 내가 건너가는 동안에는 아무 일 없어서 그 기나긴 산사태 지역을 무사히 통과했다.

통과 후 ACAP에서 세워 놓은 '땡큐'라는 입간판을 한참 바라보았다. 무엇이 고마울까? 우리의 '수고하셨습니다'로 표현해야 할 경우도 서양인은 '땡큐'라고 말한다. 마낭 쪽으로 난 계곡과 그 너머의 설산들, 방금 건너온 험난한 길, 어느 것 하나 감사하지 않은 것 있으리. 무사히 건너게 해준 길이 고맙고 무사히 건너가 준 당신도 고맙다.

'땡큐' 하면 '유아웰컴You are welcome'이라고 해야 하거늘 습관이 안 되어 빼먹고 나중에 후회한다. "고맙긴요. 제가 더 감사하죠."

위험구간이 막 끝난 평평한 곳에서 아이 셋이 길가에서 담소를 나누고 있었다. 햇살은 푸근했다. 해맑은 표정이 나를 그냥 지나치지 못하게 했다. 그중 장녀인 여자아이의 스카프 밑으로 드러난 검은 머리와 건강한 표정은 캉사르캉7,485m을 배경으로 눈부셨다. 그들은 미처 따라오지 못하는 부모를 기다리고 있는 중이었다. 이스라엘에서 온 가족으로, 연휴가 많은 10월을 이용해 며칠간의 휴가를 보태어 한 달 일정으로 온 여행이었다. 뒤늦게 도착한 아버지는 이번 여행이 평생 추억이 될 거라며 싱글벙글했다.

틸리초 베이스캠프는 산사태 지역을 통과하고도 산모퉁이를 한참 돌아서 나타났다. 마을 입구에 건설 중인 로지를 통과하여 나타난 두 개

틸리초 베이스캠프 가는 길의 초대형 산사태 지역

산사태 지역을 통과하면 나타나는 '고맙습니다' 표지판

의 로지는 서로 마주보고 있었다. 윗집의 로지에서 안민수 학생이 방을 잡아놓고 기다리고 있었다.

거기서 바라보는 틸리초피크$_{7,134m}$와 캉사르캉과 강가푸르나로 이어지는 하얀 장벽은 장관이었다. 특히 만리장성을 연상시키는 대 장벽의 살짝 꼬부라진 지점에 놓인 캉사르캉은 그 뒤로는 안나푸르나$_{8,091m}$로 이어지는 능선이므로 대 장벽은 북방을 지키는 만리장성이고, 안나푸르나는 이곳을 총지휘하는 천수각이며, 캉사르캉은 만리장성의 망루라 하면 틀림없었다. 임무가 막중한 캉사르캉은 해 질 무렵에는 **빨간 등불**을 켜놓아 경계를 늦추지 않았다.

천상으로 떠오른 바다 틸리초레이크

9월 23일(11일째) 틸리초 베이스캠프(6시 출발) ↔ 틸리초레이크(4,790m, 9시 30분) - 틸리초 베이스캠프(4,150m, 점심, 13시 30분 출발) - 쉬르카르카(4,070m, 16시, 호텔 블루쉽)

9월 24일(12일째) 쉬르카르카(4,070m, 7시 30분 출발) - 야크카르카(4,020m, 토롱피크 호텔, 12시 30분, 점심)

아침 식사로 티베트 빵과 밀크티(수유차, 티베티언티)를 먹었다. 화덕에 바싹 구워서 고소한 티베트 빵은 입맛이 나지 않는 이른 아침에 찻잎을 우려낸 물과 버터를 끓여서 만든 밀크티와 함께 먹으면 거뜬한 한 끼 식사가 된다.

아직 해가 뜨지 않은 시각, 티베트 빵 두 개 중 하나는 배낭에 넣고 서둘러 출발했다. 두툼한 방한 장갑 속의 손가락이 어젯밤에 복용한 다이아목스 탓인지 찌릿찌릿 저려왔다. 당일로 다시 호수를 내려와서 쉬르카르카까지 가야 하는 일정이므로 마음은 급했지만 발걸음은 나 몰라라 했다. 뒤따라오는 사람들에게 계속 추월당하면서 이내 발걸음에 마음을 맞추기로 했다. 걸린 시간만큼 기대도 커지고, 틸리초레이크에 도착했다.

틸리초레이크는 세계에서 가장 높은 곳에 위치한 호수답게 살아서 움직이는 빙하를 보여주었다.

이렇게 높은 곳에 넓은 호수가 있다니? 안나푸르나를 초등한 에르조그Herzog는 틸리초피크가 가로막아서 보여주지 않았을 터인데 어떻게 호수를 발견했을까? 나왈 가는 길에서 나는 말 주인의 도움을 받고 건너가서야 갓 태어난 새끼의 존재를 알지 않았던가. 분명히 그의 기도를 어여삐 여긴 호수의 주인인 절대자의 도움이 있었으리라.

호수는 넓었다. 트레커들이 티하우스에서 마련해 놓은 벤치에 앉아 하염없이 호수를 감상했다. 찬란히 빛나는 다이아몬드의 하얀 벽에 안겨서 고고하게 빛나는 호수는 맑고 연한 초록빛이 도는 남옥藍玉, 아쿠아마린이었다.

1억2천만 년 전 아프리카에 붙어 있던 인도 대륙이 이동하여 고요한 테티스 해를 서서히 밀어 올린다. 이제 바다는 티베트 고원으로 떠올랐고 인도 대륙과 만나는 가장자리는 세계에서 가장 높은 히말라야 산맥이 되었다.

당시 바닷속 암모나이트가 화석으로 남아 유일하게 테티스의 잃어버린 영광을 말해준다고 생각했다. 아니었다. 테티스 바다는 가장 신비로운 색깔로 응집하여 이렇게 천상으로 떠올랐다.

에르조그가 발견하기 전까지 틸리초레이크는 남몰래 자만의 웃음을

틸리초 베이스캠프에서 석양에 본 캉사르캉과 대 장벽

터트렸겠지? 바다가 없어졌다고 생각하겠지만 스스로 고고하게 존재하고 있다고. 틸리초레이크여! 이제 사람들의 방문을 받고 찬사를 들으니 어떻든가? 그동안 괜히 고고한 척했지? 아하! 어제 위험 구역의 땡큐 표지판은 당신이 걸어 놓은 것이었군요. 그 험난한 구간을 통과해서 당신을 만나러 온 사람들이 너무도 고맙다고.

 호수에서는 1시간 20분을 머물렀다. 내려오는 길에 포터와 쿡을 대동한 일행을 보았다. 그들은 호수에서 캠핑하고 내일 좀솜으로 넘어갈 것이 분명했다. 호수의 동쪽을 돌아 이스턴패스Eastern와 메소칸토패스 Meso kanto를 넘어 좀솜으로 갈 수 있는 길이 있다. 로지가 없으므로 텐트 등 장비를 갖추어야 한다. 틸리초레이크 티하우스에서 좀솜까지는 약 18시간 소요되어 2박 3일이 필요하다. 중간 숙박지는 틸리초 이스트 캠프사이트4,820m와 메소칸토패스 직전 지점이다. 체력이 좋은 사람은 새벽 2시에 틸리초레이크 티하우스를 출발하면 밤 8시에 좀솜에 도

틸리초레이크. 세계에서 가장 높은 곳에 위치한 호수

착한다. 내가 이곳에 오기 전에 자료를 조사하며 동경했던 길을 그들이 가고 있었다.

쉬르카르카에 도착하니 역시 안민수 학생이 방을 잡아놓고 있었다. 틸리초레이크에서 내려오던 길에 인사를 나누었던 네팔인 트레커 네 명이 뒤늦게 들어와 인사를 했다. 그들 중 바랏(40세)이 나에게 많은 관심을 보였는데 유엔 식량기구에서 일하고 있었다. 큰 카메라를 들고 있는 쓰실은 네팔에서 대표적인 사진작가였다.

다음 날, 바랏 일행은 아침 식사도 하지 않고 벌써 출발하고 없었다.
지도에는 쉬르카르카란 지명도 찾을 수 없고 거기서 야크카르카로 넘어가는 길도 없었지만 나비 박사의 말대로 길은 분명히 있었다. 길이 확실치 않으면 과연 찾을 수 있을까 싶어서 그동안 걱정되던 부분이었다. 표지판이 있어서인지 다른 트레커들도 아무 망설임 없이 쉬르카르카를 벗어나자 척척 왼편 언덕길로 접어들었다.

  다시 한참을 내려와 마르샹디 강을 건너고 마낭에서 올라오는 길과 만나자 출루센트럴6,584m에서 흘러나오는 지류Chyanchang Khola가 만들어놓은 광활한 초지로 들어섰다. 야크와 말들이 군데군데 푸른 들판에서 풀을 뜯고 있고, 틸리초레이크라는 1차 관문을 통과한 트레커들의 발걸음은 경쾌했다.

  야크카르카의 호텔 강가푸르나는 야크스테이크 등 여러 가지 다양한 음식으로 인기 있는 곳이어서 디카도 가능한 한 거기에 머물 것이라 했지만 내가 도착했을 때는 벌써 방은 다 차고 군대 침상처럼 함께 쓰는 도미토리만 남아 있었다. 몇 걸음 더 가니 먼저 도착한 영국인이 로지 마당의 양지바른 곳에서 먼 산을 바라보고 있었다. 태엽을 돌려야만 간신히 입을 열어 몇 마디 하고 팔의 관절을 꺾어 어떤 동작을 할 것 같은 영국인에게 그것을 돌려줄 손이 필요했던지 디카가 항상 그의 곁을 지켰다. 안민수 학생도 그 옆에 있었다. 그는 디카 곁에 있고 싶은 나의 맘을 알고 있었다.

  영국인에 대한 나의 판단은 완전히 잘못이었다. 보기와는 다르게 발걸음이 빠른 베테랑급 트레커였다. 포터가 없는데도 마치 주말에 북한산에 가듯 가벼운 배낭이었다. 그 이유는 침낭을 소지하지 않았기 때문이었다. 안나푸르나는 로지마다 이불이 있어서 9월 중에 트레킹한다면 침낭이 필요 없다는 것을 알고 있었다. 역시 안나푸르나 라운드를 몇 번 온 경력의 소유자였다. 다만 아직껏 ABC를 가보지 않아서 이번에 따토파니에서 고라파니로 올라갈 예정이었다. 디카가 알려준 그의 나이는 58세.

'야크카르카'란 이름은 고지대 야크의 목초지란 뜻이다.

이제 토롱라가 이틀 앞으로 다가왔다. 무거운 배낭을 메고 고개를 넘을 수 있을까 걱정했더니, 디카는 체력에 아무 문제 없어 보인다며 날 안심시켰다. 포터를 구한다 하더라도 턱없이 비싸고, 최악의 경우에는 자기가 나누어 지겠다고까지 했다.

내 짐은 꼭 필요한 것만 소지한 경우였다. 동계 침낭 대신 카트만두에 맡겨 놓은 가벼운 내피용을 가져왔더라면 좋았겠지만 그 외에는 필요한 것이 없었다. 가장 중요하다고 생각한 상하 분리된 우의가 다목적용으로 쓰였다. 비 올 때 이외에도 추운 곳에서 이것을 덧입으면 보온용으로 충분했다. 이미 틸리초 베이스캠프에서 그렇게 했다. 가볍게 입은 옷 이외에 이렇게 우의와 반바지, 폴라텍 티셔츠를 하나의 주머니에 넣고 또 하나의 주머니에는 셔츠 및 반팔 셔츠, 팬티, 양말, 털모자, 동계용 장갑, 면장갑, 소형 수건, 넥게이트 2개를 넣었다. 다이아막스, 지사제, 감기약, 진통제, 상처 치료용 연고, 응급약 등의 약품 주머니와 헤드랜턴, 세면도구, 핸드폰, 전자사전, 카메라 및 핸드폰 충전기를 담은 주머니로 분류했다. 기온이 낮은 새벽에는 넥게이트가 많은 역할을 해 주었다. 서양인의 배낭을 들여다보면 반드시 책이 몇 권씩 있는데 나는 영문 가이드북 한 권만 준비했다. 간식 무게가 만만치 않았는데 목에 건 카메라를 포함해도 15kg을 넘지 않았다.

토롱라를 넘기 전에 남은 간식은 모두 소진키로 했다.

타르초의 경전을 읽은 바람 토롱라를 넘다

> **9월 25일(13일째)** 야크카르카(4,020m, 7시 30분)-토롱패디(4,430m, 12시, 점심)-토롱하이캠프(4,860m, 15시)

> **9월 26일(14일째)** 토롱하이캠프(4,860m, 5시 30분)-티하우스(6시 30분)-토롱라(5,416m, 9시 10분)-차르바부(4,210m, 12시 40분, 점심)-묵티나트(3,800m, 14시 30분, 노스폴 호텔)

2차 대전 중에도 영국과 독일, 오스트리아는 알프스 산군에서 국력을 과시하는 수단으로서 등반 경쟁이 이루어진다. 대전 후에는 알프스의 샤모니에서 활동하던 프랑스 등반대들이 두각을 나타낸다. 그 결과 프랑스 등반대가 인류 최초로 8,000미터급 봉우리에 발을 내딛게 된다.

알프스 산군을 배경으로 실력을 유감없이 발휘하던 프랑스 대원들은 자존심과 자신감을 가지고 히말라야 등반대를 구성하지만 정작 8,000미터급 봉우리인 다울라기리나 안나푸르나로 가는 길조차 제대로 모른다. 그 전에 몇몇 팀들로부터 히말라야 산군의 정찰 정보는 가지고 있지만 실제로는 오류투성이이고 정작 히말라야에 도착해서는 거대한 스케일에 압도되어 접근로조차 찾지 못한다.

처음엔 다울라기리봉의 등반 가능성과 접근로를 정찰하다가 그들은 도저히 등반 불가능한 산이라고 판단하고 대신에 안나푸르나봉을 찾아

나선다. 일사분란한 팀웍과 역할 분담으로 그들은 결국 안나푸르나에 이르는 접근로를 찾아내고 등반을 개시한다. 안나푸르나를 등반 개시하는 것보다 어쩌면 더 안나푸르나봉 입구를 찾기 위한 노력이 더 컸을지도 모른다. 폭설과 눈사태 그리고 돌풍과 머리 위에서 떨어지는 얼음 덩어리를 무사히 이겨 내고 1950년 6월 3일 모리스 에르조그와 루이 랴쇼날이 안나푸르나 정상에 선다. 8,000미터급 등정 세계 최초의 일이다.

우리나라는 1994년이 되어서야 등정할 수 있었지만 이제는 네팔과 스페인을 이어 세 번째로 등정자를 많이 배출한 나라가 되었다.

알고 보니 안나푸르나는 등정이 가장 까다로운 산이었다. 지금까지 등정은 팀 별로 30% 정도 성공하였고 등정자 세 명이 배출될 때마다 한 명의 목숨을 잃는 8,000미터 14좌 중에서 사망 확률이 가장 높았다. 이렇듯 '풍요의 여신' 안나푸르나는 산 이름의 뜻과 같이 세계 산악인들뿐만 아니라 한국 산악인에게도 풍요로운 영광을 안겨 준 반면 쓰라린 아픔도 많이 줬다. 그중에서도 박영석 대장이 안나푸르나 코리안 루트를 개척하다 사망한 것은 2011년 10월 바로 엊그제의 일이다. 그는 8,000미터 14좌 등정과 남극과 북극을 도보 탐험한 산악인으로 2009년에는 에베레스트 남서벽 신루트를 개척하고 코리안루트로 명명하였다. 그는 우리나라 산악계의 양적인 성장뿐 아니라 질적으로도 결코 뒤지지 않는다는 우리의 자부심이었다.

에베레스트 등정보다 훨씬 어렵다는 안나푸르나를 생각하다가 토롱라 고개가 에베레스트 베이스캠프보다 더 높은 곳이라는 사실을 깨달았다. 토롱라가 하루 앞으로 다가오면서 부담감이 큰 것은 당연했다.

함께 가기로 한 디카 일행은 보이지 않아 네팔인 트레커 네 명과 출발했다. 쓰실은 나를 향해서도 셔터를 누르기 시작했다. 함께 기념사진도 찍고 레트다르Letdar에서는 사과를 사서 하나씩 나누어 주고 상당히 친해졌다.

데우랄리의 티하우스에서는 트레커들이 모두 한 식구나 다름없었다. 간식을 나누어 먹고 대화도 스스럼없었다. 그동안 거의 같은 일정이어서 구면이고 앞으로 토롱라를 함께 넘을 공동 운명체라는 인식이 그렇게 만들었다.

점심 때 들어간 토롱패디Thorong Phedy의 로지 호텔 마운틴뷰는 카운터가 웨스턴 카우보이 모자를 쓰고 있었다. 다이닝룸에는 '황야의 무법자' 음악이 흘렀다. 그러고 보니 이곳은 완전 황무지였다. 햇살마저 쓸쓸했다.

토롱하이캠프Thorong High Camp는 로지가 하나밖에 없어서 많은 사람들로 붐볐다. 먼저 도착한 디카 일행은 양지바른 곳에서 햇살을 즐기고 있었다. 방은 2~4명이 사용하는 도미토리 형식이었다. 방을 배정받고 뒷동산을 올랐다. 주위는 풀 한 포기 찾아볼 수 없는 사막이었다. 여기저기 그늘이 져서 더 이상 따사롭지 않아 아직 햇볕이 남아 있는 뒷동산으로 오르는 사람이 많았다. 좁은 봉우리에는 많은 사람들이 앉아 있었으나 나에게도 자리를 내주었다. 츌루웨스트$_{6,410m}$가 바로 앞에 펼쳐져 있었다.

저녁을 먹은 후에도 사람들은 다이닝룸을 떠나지 않았다. 창밖으로는 흰 눈이 흩날렸다. 다음 날은 새벽에 출발하므로 주인의 요청에 의해 미리 정산을 마쳤다. 합석할 수밖에 없는 사람들은 서로 대화를 나누었다. 어차피 방도 함께 쓰는 처지이기도 했다. 내일 아침 몇 시에 출발하느냐, 정말 떨린다, 대충 이런 내용이었다. 사실 토롱라는 아름다운 안나푸르나 라운드를 제공한 대가로 1년에 두 명씩의 제물을 요구하고 있다. 누가 제물이 될지는 모르지만 누구도 그것을 두려워하지는 않았다. 누가 되든 행복한 일이다.

역시 밖은 힘들었다. 거의 가면 상태였다. 내 방의 나머지 세 명도 거의 똑같았다. 여기저기서 뒤척이고 교대로 화장실을 드나들고 중간중간 휴대용 산소를 마시는 사람도 있었다.

옷을 있는 대로 다 꺼내 입고 방한 장갑을 단단히 끼고 어스름하게 동트기 시작한 길을 출발했다. 헤드랜턴 불빛이 고도 5,416m의 고개를 향해 굽이굽이 이어졌다. 안나푸르나 라운드의 마지막 관문이자 클라이맥스인 토롱라를 향한 진군이 시작된 것이다.

어느덧 바랏과 쓰실이 옆에 있었다. 쓰실은 그 육중한 사진기를 메고 아주 작은 보폭으로 나아갔다. 그 발걸음이 맘에 들었다. 커다란 배가 살랑살랑 작은 물결을 그리듯 나아갔다. 그 뒤를 같은 보폭으로 따라갔다.

1시간 후 나타난 티하우스는 어둠 속에서 급한 마음으로 출발한 트레커들이 한숨을 돌리는 장소였다. 예상보다 힘들지 않아 안심하는 표정이 역력했다. 티하우스를 지나자 토롱라는 손에 잡힐 듯 가까웠다. 눈 덮인 토롱피크 $_{6,201m}$가 보였다. 토롱피크를 배경으로 만세를 불렀다. 준비해 온 플래카드를 꺼냈다. '여보! 사랑한다'라고 적은 작은 그림엽서였다. 바랏에게 사진을 찍게 했다.

정작 토롱라는 거기서도 40분이나 지나서야 나타났다. 도착한 시간은 9시 10분. 감격스러운 순간이었다. 지나온 길이 주마등처럼 뇌리를 스쳤다. 짧지 않은 2주일이 흘렀다. 내내 마낭의 이정표를 보고 걸었고 또 토롱라를 향해 걸었다. 많은 사람을 만났고, 많은 일들이 있었다. 안나푸르나 라운드의 최고 고도에 섰다.

세상에서 가장 높은 고개 토롱라5,416m는 수많은 사람들이 걸고 걸었을 타르초가 빼곡했다. 저마다의 기원들은 고개를 통과하는 바람의 은총을 받기 위해 어깨를 비비며 경쟁하고 있었다.

내 옆을 떠나지 않던 바랏이 이런 나의 감상에 통쾌한 웃음을 터트렸다.

"하하하, 그럴 수도 있겠네요. 하지만 여기 사람들은 스스로의 기원을 이루기 바라며 타르초를 걸은 것이 아닙니다. 바람을 위한 것이죠.

토롱라. 앞에 앉은 사람은 바랏. 토롱라를 오르면서 친하게 되었다.

바람이 지나가면서 경전을 읽을 수 있도록 내걸은 것입니다."

그 순간 타르초에 빼곡히 적힌 경전의 의미가 이해되었다. 그러자 트레킹 첫날 가디 마을에서 한 줄기 바람으로 행복감을 느낀 이유도 알 수 있을 것 같았다. 이곳 바람은 히말라야 구석구석 타르초의 경전을 읽은 바람이었던 것이다. 어쩌면 그 바람은 토롱라의 이 많은 타르초의 경전을 읽고 온 바람이었을 것이다.

비랏과 토롱라 티하우스에서 오랜 시간 함께 차를 마시며 펄럭이는 타르초를 바라보았다.

타르초에서 눈을 돌려 토롱라 너머의 경치는 황량한 사막의 모습이었다. 그 황야 위로 검푸른 하늘이 있고, 그 하늘 끝에 하얀 산 다울라기리 8,167m가 길게 뻗어 있었다.

지금으로부터 반세기 전 한 젊은 산악인이 문교부 회의실에 안절부절못하고 앉아 있었다. 다울라기리 등반 허가를 받기 위해 백방으로 뛴 끝에 겨우 산악인들을 모아 열린 연석회의였다. 1953년 에베레스트가 영국 등반대에 의해 등정된 이래 8천m 14개 봉우리가 하나하나 강대국에 의해 자리를 내주고 있었다.

1956년 일본이 마나슬루 정상에 오른 사실이 그에게 큰 충격을 주었다. 어렵지만 우리도 그 한자리를 차지한다면 얼마나 좋을까? 마지막 남은 한 봉우리 다울라기리를 목표로 자료를 모으고 훈련을 거듭했다. 그러나 이마저도 1960년 스위스 팀에게 자리를 내주고 말았다. 이제 목표는 다울라기리 2봉 7,714m. 남들이 오른 봉우리보다 낮더라도 초등이 중요했다. 이제 남은 것은 정부의 허가였다. 하지만 너무 위험한 일이라며 히말라야 원정 등반에 찬성하는 사람은 없었다. 세계여행 선

구자인 김찬삼 선생만이 '젊은이의 기상을 꺾어서는 나라의 미래도 없다'는 평소 신념으로 심의위원회 참석자들을 설득했다. 문교부는 등반대가 아닌 '정찰대'라는 조건으로 허가를 내주었다.

경희대 산악부 다울라기리 2봉 정찰대는 1962년 광복절 날 설산으로 향하는 배에 올랐고, 맨 앞엔 박철암(38세) 대장이 있었다. 그가 원정 비용 충당을 위해 집을 팔았으므로 부인과 어린아이들은 기도원에 기거해야 했다. 대장과 주정극(38세), 송윤일(27세), 김정섭(27세) 대원은 일본에서 고산 장비와 식량을 구입하고 방콕을 거쳐 8월 22일 인도 캘커타에 도착했다. 다시 카트만두를 거치고 포카라에서 캐러번을 시작한 지 19일째 다울라기리 2봉 남쪽 산록 4,600m 지점에 베이스캠프를 설치했다.

이렇게 다울라기리는 우리나라 히말라야 원정 역사의 시발점이 되는 봉우리이다. 당시 등정하지 못했지만 저 너머 먼 길을 걸었을 그들을 생각하니 다울라기리는 다른 봉우리와는 다른 감회로 다가왔다.

다울라기리에서 눈을 아래로 돌려 내려다보는 묵티나트는 사막의 오아시스였다. 주변은 온통 뼈얼건 사막인데 양 능선 사이에서 무성한 숲으로 왕성한 생명의 힘을 발산하고 있었다. 두툼한 숲 사이로 깊게 패인 계곡이 지나가고 있었다. 마치 여체의 중요 부분과도 흡사했다. 묵티나트를 바라보며 내려가는 길은 거친 풍파를 겪은 나그네가 아늑한 여체에 안기기 위한 길이었다.

티베트 아줌마들이 기념품을 팔면서 뜨개질도 하고 베틀에 직물도 짜고 있는 묵티나트 거리의 햇살은 뜨거웠다. 겨울이 끝나고 갑자기 따뜻한 봄이 찾아온 것이다. 나른함이 느껴지고, 안나푸르나 라운드 트레킹도 파장 분위기로 접어들었다. 마을 끝에 있는 지프 정류장에는 점심도

토롱라 내려가는 길에 본 묵티나트.
사막의 '오아시스'다.

제1부 나홀로 걷기 60일

먹지 않은 트레커들로 붐볐다.

안민수 학생은 오늘 아침 미리 작별인사를 하고 빠른 걸음으로 앞서 갔으므로 이미 버스를 탔을 것이다. 근처 레스토랑에서 점심을 마친 바랏이 지프 정류장으로 향하면서 약속한 바 있는 카트만두에서의 만남을 잊지 말라며 다시 한 번 신신당부했다. 럭시도 한잔 걸쳐서 모두들 얼큰한 얼굴이었는데 그들의 점심은 안나푸르나 라운드의 종파티까지 겸한 듯했다.

디카가 체크포스트에서 기다리다 나를 보더니 자기 고객이 워낙 빨라 챙겨주지 못했다고 미안해했다. 그를 따라가 마을 끝 로지에 들어갔다. 노스폴 호텔은 양변기가 있고 무엇보다 뜨거운 물이 콸콸 나오는 이름 그대로 호텔이었다. 오랜만에 시원하게 목욕을 마친 나는 디카 일행과 함께 닭볶음에 럭시를 몇 잔 들었다. 따뜻한 물을 탄 럭시는 맥주 이상으로 맛있었다. 갈증해소도 되고 어느 정도 도수가 있어서 목을 넘어갈 때는 적당한 자극도 주었다.

오랜만에 느껴보는 포근한 밤이었다. 지금까지 걸어온 길을 하나 하나 짚어 보다가 잠이 들었다.

히말라야 만년설이 모래바람이 되다

> **9월 27일(15일째)** 묵티나트(3,800m, 8시) - 종(10시 30분, 점심) - 카그베니(2,800m, 15시, 뉴아시아 호텔)

디카 일행은 루프라Lupra를 거쳐 좀솜Jomsom으로 가고, 나는 종Jhong에 들러 카그베니Kagbeni로 간다. 디카와는 더 이상 만나지 못할 것 같아서 작별의 선물을 주었다. 아내가 챙겨준 여분의 클렌징 비누였는데, 이혼해서 부인이 없다며 여동생 주겠다고 받아들었다.

묵티나트는 힌두교도에게는 물론 불교도들에게도 성지이다. 삼바 곰파는 불교 성지이고, 시바-파르파티 사원은 힌두교 성지이다. 『서유기』에서 갖은 활약으로 삼장법사를 돕는 손오공은 힌두교의 신 하누만Hanuman이 기원이듯이 힌두교와 불교의 관계는 서로 이웃사촌이고 아버지와 아들 관계이다. 특히 시바-파르파티 사원은 힌두교 사원인데도 불교도 보살이 관리하고 있어 힌두교와 불교가 천주교와 개신교의 관계라는 점을 확인시켜 주는 곳이기도 하다.

마을을 거슬러 시바-파르파티 사원으로 행했다. 지나쳐 온 인근의 불교 사원인 삼바 곰파는 한산했는데 시바-파르파티 사원은 지프를 타고 온 나이 든 인도 전통복의 사람들과 오토바이를 타고 온 청바지 입은 젊은이들로 북적거렸다. 일주문을 통과하여 서서히 올라가는 오솔길은 우리네 사찰 입구의 풍경과 비슷했다. 한참을 걸어 마당 가운데에 삼층탑을 둔 본당이 나타났다. 이를 둘러싼 반원의 벽에는 빙 둘러 소머리 모양의 108개 수도꼭지가 있었는데 웃통을 벗어젖힌 젊은 남자들이 시계 방향으로 돌면서 물을 적시었다. 그들이 하는 양을 바라보니, 젊은이들 몸으로 흐르는 물은 단순한 샤워 물이 아닌 모든 번뇌를 씻어 주는 정화수였다. 젊은이들은 정화수가 자기들 몸으로 스며들 때마다 환희의 소리를 질렀다.

사원 뜰에는 자물쇠로 채워진 커다란 종들이 군데군데 걸려 있었는데 그 역시 예사 종이 아니라 그 안에는 순례자들의 간절한 기원들이 가득 담긴 것들이었다. 사원을 나오면서 마니벽의 마니를 하나하나 돌리다가 옆구리가 터진 마니 하나를 발견했다. 깨진 원통의 무쇠 틈을 들여다보니 그 안에는 진언이 적힌 경전이 가득했다. 그 많은 정성과 기도에 놀라지 않을 수 없었다. 마니 하나만 돌려도 그 긴 경전을 다 읽는 효과가 있다는데 마니 안의 깨알 같은 글씨를 목격하고 나니 거짓이 아님을 알 수 있었다.

다시 종으로 향했다. 종으로 가는 트레커는 한 명도 없어서 마을 사람이 보일 때마다 물어보아야 했다. 종카르Jhhyonkhar 마을을 지나자 길옆으로 외딴 집이 하나 나타났다. 초등학교 저학년생으로 보이는 딸과 그보다 어린 아들이 길에 붙은 마당 한켠에서 얼굴을 맞대어 놀이를 하고 있고, 젊은 부부는 토방에서 나란히 따뜻한 햇살을 받으며 밀크티를 마시고 있었다. 내가 다가가자 부인은 콜록콜록 기침하며 멀찍감치 떨어져 앉았고, 키가 큰 남편은 아무 말 못하고 당황하기만 했다. 차 한잔을 부탁하자 그는 말없이 주전자에서 차를 따라 주었다. 영어를 못하므로 차를 마시는 동안 서로 가끔씩 쳐다볼 뿐 한마디 나눌 수 없었다. 일어서면서 부인을 가리키며 감기약 몇 봉지를 주었다. 콜록콜록 기침하는 시늉을 하며 부인에게 필요한 감기약임을 알렸다. 감기약을 받아든 그가 내가 입고 있는 상의를 만지면서 달라는 시늉을 했다. 옷을 받으면 기침하는 아내에게 걸쳐줄 요량이었다. 어느덧 해는 중천에 떠서 햇볕은 따가웠다. 그 때문에 옷을 벗은 것은 아니었다. 강풍을 이긴 태양보다 옷을 벗게 하는 더 강력한 힘은 아내를 사랑하는 남편의 마음이었다.

그들 부부는 어린아이들을 앞에 세우고 손을 흔들어 배웅했다. 상의는 내가 소속한 산악회에서 단체복으로 구입한 것이었다. 후에 한국인 트레커가 이곳을 지나다가 '경희대 산악회' 로고가 새겨진 옷을 발견할 것을 생각하니 절로 웃음이 나왔다. 미래의 그 사람은 저 옷을 보고 어떤 상상을 하게 될까? 그래, 옷을 주기를 잘했다. 종으로 가는 길에서 나는 훗날 이곳을 걷게 될 그 누군가를 향해 잠시 동안의 일을 중얼거려 주었다.

종Jhong이 모습을 드러냈다. 마을 입구에서 풀을 베어 옆구리에 끼고 가는 할머니 한 분을 만났다. 마침 좀 전에 오토바이를 세워 놓고 장시간 통화하던 젊은이가 예쁜 애인을 뒤에 태우고 지나갔다. 할머니는 오토바이가 지나가기를 기다렸다가 다가와서 무릎이 아프다는 시늉을 했다. 마침 이 마을의 내부 구조를 볼 수 있는 기회이므로 할머니를 앞세우고 그 뒤를 따라갔다. 조그만 대문을 허리 숙여 들어가자 좁은 마당이 나왔다. 1층은 축사로 쓰이고 사다리 같은 계단을 올라가자 넓은 공간의 응접실 겸 부엌이 있었다. 함께 사는 딸 둘이 나와서 나에게 차를 대접했다.

종 마을. 마을 안은 더 아름답다. 뒤에 보이는 흰 산은 다울라기리

딸 둘은 모두 스님이었다. 진한 자두색 승복을 입은 큰딸 대첸Dachen이 영어로 통역을 했다. 배낭 안의 무릎 연골 보호제를 꺼내 건네주었다. 집을 나설 때 아내가 챙겨준 것이다. 치료제는 아니지만 조금은 효과가 있지 않을까 싶었다.

"다 먹어도 낫기는 힘듭니다. 그래도 관련이 있는 약이니 도움은 될 것입니다."

식구들은 나에게 열심히 차를 따라주고 티베트 빵도 내놓았다.

대첸은 마을 우물까지 나와서 배웅했다. 그녀와 헤어지고 돌아선 순간 조그만 비디오카메라를 들고 뒷걸음으로 사진을 찍던 조슬리나(Jocelyne, 61세, 남)와 부딪혔다.

그는 노란 밀짚모자에 노란색 상의와 파란색 바지를 입고 있었다. 비교적 작은 키에 배가 나와서 나이와 다르게 귀엽게 보였다. 조슬리나는 나에게 어느 나라에서 왔냐고 묻더니 대답할 사이도 기다리지 못하고 감탄조로 "아! 아름다워" 하며 고개를 돌리기 바빴다. 그러더니 마니벽의 마니차를 손으로 굴리며 앞서 갔다.

대첸이 마을 우물가에서 다른 아낙과 얘기를 하다가 나와 눈이 마주치자 다시 한 번 꾸벅 인사를 했다. 그 사이 조슬리나가 눈에서 사라지고 말았다. 마니벽 끝까지 가서 두리번거리고 있는데 뒤쪽에서 "헤이, 코리안" 하는 소리가 들렸다. 그는 어느 틈에 건물 옥상으로 올라가서 나를 향해 손짓했다. 어디로 올라가야 하는지 머뭇거리는 나에게 손짓하여 입구를 가르쳐 주었다. 마을 중간에 있는 레스토랑이었다. 통성명하고 이른 점심을 함께했다. 이 동네에 몇 번 온 여행 베테랑은 신참보다도 더 많은 감탄사를 연발했다.

"아! 멋있다!"

종은 왜 이렇게 아름다울까? 허물어질 듯한 모래 언덕 위에 세워진 곰파이기 때문일 것이다. 잘 다듬어진 지반 위의 곰파라면 아무리 색깔이 화려해도 저렇게 아름답게 보이지는 않으리라. 깎아지른 바위 밑 가느다란 두 갈래 폭포 사이에서 탈의 곰파, 나왈 마을의 아무도 없을 듯한 고원 허허벌판의 바르도체 곰파, 무너질 듯한 주름진 흙줄기 아래의 브라가 곰파, 이 모두가 이곳 종의 곰파와 같은 특색을 갖고 있지는 않을까?

종에서는 한 시간 반이나 머물렀다. 넓게 펼쳐진 노란 사막이 내 발걸음을 독촉했나 보다. 조슬리나와 앞서거니 뒤서거니 하다가 마을을 벗어날 무렵에는 내가 앞서기 시작했다.

오전엔 골짜기 골짜기마다 엎드려 잠을 자던 바람이 슬슬 기지개를 펴기 시작했다. 바람은 이따금씩 귓가를 간지럽히더니 돌풍으로 변하여 나를 모래들의 격렬한 춤판으로 내몰았다. 현란한 춤 솜씨에 눈을 감자, 그것들은 떼를 지어 차례차례 나에게 몰려와 장난을 걸 듯 뺨을 어루만졌다. 그 많은 히말라야 만년설이 부드러운 모래로 변한 것이 틀림없었다. 촉촉하게 교감했을 하얀 눈이 애교 넘친 애인의 손끝이 되어 콧잔등을 튀겼다. 와중에 어떤 놈은 장난이라 하기엔 도가 넘는 펀치를 날리고는 잽싸게 사라졌다. 여기까지 오는 동안 수많은 경전을 읽은 놈들이었기에 악의가 있을 리 없었다. 칠흑 같은 밤하늘에서 눈송이들이 소용돌이치며 달려드는 광경, 한여름의 굵은 비가 양철 지붕을 토닥토닥 때리는 소리. 머나먼 나라 사막의 모래바람에서 나에게 익숙한 모습과 소리를 느꼈다.

춤추는 모래들 틈에서 사람들 발자국으로 이루어진 길들이 반듯하게 또 구부러지며 이어졌다. 완만히 내려가는 그 길 끝에는 카그베니를 품에 감추고 세로 주름을 깊게 파고 있었다. 뒤돌아보니 그 길 끝에 노란 점 하나가 나타났다. 그 점은 점점 커졌고 조슬리나의 모습으로 변했다.

아름다운 사막이라는 막강한 중매쟁이 때문에 그와의 감정은 완전 하나가 되었다. 그의 복장은 미리 이곳을 예상한 코디였던가 보다. 드넓은 황야는 원색의 조슬리나와 너무나 잘 어울렸다.

카그베니에 도착했을 때 이 아름다움이 이제 시작에 불과하다는 것을 알았다. 이곳 마을들은 로우무스탕Low Mustang으로 불렸는데, 카그베니는 또 하나의 무스탕인 어퍼무스탕Upper Mustang으로 들어가는 길목이었다.

카그베니는 독특한 모습의 마을이었다. 온통 하나의 집이라고 하는 것이 옳았다. 골목은 통로였고, 저마다 색다른 모습들이어서 그냥 지나

좀에서 카그베니 가는 길

바닥이 드러난 칼리간다키 강으로 말들의 행렬이 지나간다.

칠 수 없었다. 좀에서 레스토랑 주인이 알려준 마을 끝의 로지로 가는 데 40분이나 걸렸다.

로지에서 샤워를 하고 어퍼무스탕의 입구에 해당하는 카페 애플비스 Applebee's로 달려갔다. 애플비스 나선형 계단을 통해 옥상에 올라 어퍼무스탕을 바라보았다. 당장이라도 달려가고 싶었으나 무리였다. 종업원의 설명을 들으니 동행자와 가이드가 있어야 하고 입장료도 비쌌다. 다음을 기약하지 않을 수 없었다. 오늘의 추억을 공유하기로 약속했던 조슬리나가 들어왔고, 우리는 어퍼무스탕을 바라보면서 건배했다.

사람이 길을 만들고 길은 사람을 만든다

> **9월 28일(16일째)** 카그베니(2,800m, 8시) - 좀솜(2,720m, 11시) - (버스, 12시 출발) - 가사 (2,010m, 15시 30분, 이글네스트오프 게스트하우스)

새벽녘에 감기 기운이 있어 감기약을 먹었다. 어제 사막에서 먼지를 많이 마신 탓이 분명했지만 결코 후회되지 않았다.

어퍼무스탕에서 흘러 내려온 칼리간다키Kali Gandaki 강은 넓었다. 계절에 따라 강수량의 극심한 불균형으로 강바닥은 반 이상이 드러나 있었고, 그 때문에 물이 흘러야 할 강에서 회오리 먼지가 일었다. 강바닥을 왕래하는 말 행렬도 볼 만했다. 정면으로 파란 산 닐기리7,061m가 공룡처럼 다가오고 그 밑으로 황금빛 곰파가 점점 커지더니 좀솜 마을에 다다랐다.

버스 정류장에서 시간을 알아보고 차를 마시고 있으니 가게 밖으로 낯익은 얼굴이 휙 지나갔다. 그러더니 다시 나타났다. 종에서 만났던 대첸이었다. 반가웠다. 대첸의 할머니 집이 바로 정류장 앞이었다. 그곳에는 대첸의 어머니도 와 있었다. 그녀가 포카라 친척 집에 가는데 배웅 나온 것이었다. 나는 이미 이들 가족의 주치의였다. 차를 다 마시자 할머니가 기다렸다는 듯 목덜미에 난 종기를 보여주었다. 그것은 오래되어서 할머니의 마른 살갗과 별 다를 바 없었지만 언저리는 두툼했다. 가지고 있던 피부 연고를 발라 주고 나머지를 손에 쥐어 주었다. 손자며느리인 젊은 여자가 허리가 아프다고 호소했으나 불행히 그걸 해결해 줄 수 있는 의사가 아니었다.

가사Ghasa로 가는 버스가 12시에 있었다. 버스를 탄다는 것은 무엇보다 성인 마르파의 고향이자 사과의 고장을 지나친다는 것을 의미했다. 여성적인 이미지로 남성적인 카그베니와 대비되는 아름다운 마을이라는 것도 알고 있었다. 당초 안나푸르나 라운드를 모두 걸어 보겠다는 계획도 있었으나 갈등은 길지 못했다. 피곤한 발을 이끌고 휙휙 지나가는 버스를 멈추어 바라본다는 것, 문명의 혜택을 거부한다는 것은 어려운 일이었다. 버스표를 끊었다.

한번 출발한 버스는 인정사정없이 달렸고 이내 마르파를 통과했다.

"마르파는 밀라레파의 스승입니다. 티베트 불교의 성자 밀라레파는 개인의 원한을 이기지 못해 삼촌과 그 가족을 모두 죽이는 끔찍한 범죄를 저지르고 마르파를 만나게 됩니다. 스승이자 번역가이기도 했던 마르파는 사실은 잘못된 관정식으로 아들을 죽게 했을 뿐만 아니라 아내를 때리고 걸핏하면 화를 내는 결함이 많은 인간이었습니다. 밀라레파도 구박을 많이 받았지요. 때론 너무 힘들고 억울해서 세속적인 스승인 마르파로부터 도망친 적도 있다고 합니다. 그러나 궁극적으로는 마르파는 불성이 강한 인간이었고, 위대한 성자의 씨앗을 품고 있는 밀라레파는 그의 가치를 알아보았습니다. 그들은 결국 최고의 스승과 최선의 제자로 견고하게 맺어졌습니다. 이곳이 바로 마르파의 고향입니다."

살인귀 밀라레파를 성인으로 만들어 낸 스승 마르파가 학문이나 신앙적으로는 훌륭했으리라고 짐작했지만 어떤 환경에서 자랐는지 어떤 성격의 소유자인지 궁금했었다. 영문판 『마르파 조사 전기』를 읽지 않은 상태에서 박범신의 『히말라야에서 보내는 편지』 '천 년의 바람 마르파'에 나오는 대목을 접하고 모두 이해하게 되었다.

11세기에 살았던 마르파는 농사꾼 집안에서 태어나 젊어서 제관이 되겠다는 야망이 있었다. 세 번에 걸친 인도 여행으로 탄트라 수행자가 되었다. 재가 스님으로 생업이 있었고 가정을 꾸리면서 제자를 가르쳤다. 파드마삼바바가 창시한 티베트 불교에 새로운 종파인 카규파Kagyupa를 창립했다. 이는 후에 영적인 능력이 뛰어난 라마는 죽은 뒤 다른 사람의 몸을 빌려 다시 태어난다는 '활불제도'의 확립으로 유명하다.

사람들은 이런 산골짜기에서 어떻게 어머어마한 생각을 하고, 마침내는 깨달음을 얻는 것일까? 주위는 다울라기리, 닐기리, 틸리초피크 등 자신을 둘러싸고 있는 높은 산들뿐인데….

그렇다. 오히려 해답은 산에서 찾을 수밖에 없다. 높은 산은 가슴에 한량없는 사고를 품게 하는 동력이며, 동시에 세상과 단절을 강요하는 장애다. 가슴에 무수한 별을 품고 있는 마르파는 대처로 나아가는 돌파구를 찾지 못하고 좌절하고 있을 때 죄 없는 아내를 때렸을 것이다. 그러나 그는 산을 넘었다. 산이 높을수록 그것을 넘어가는 노력도 그만큼 많이 필요한 법이지만 그것을 넘었을 때 그만큼 큰 성인이 되어 있었던 것이다.

문명은 많은 인력을 조직할 능력을 필요로 하는 갠지스 강, 황하 강, 나일 강에서 발생했지만, 안나푸르나, 다울라기리, 에베레스트를 거느린 히말라야 깊은 골짜기에서는 영원과 통하는 인물이 나왔다. 스스로 큰 산이 되고자 했던 사람들. 그런 생각은 어찌 마르파 한 사람뿐이었을까? 소문을 들은 많은 사람들이 사막을 가로지르고 고개를 넘어 마르파를 찾았을 것이다. 그의 얼굴만이라도 보고 싶어 했을 것이고 가르침을 청했을 것이다. 마침내 마을 이름도 마르파로 바뀌었다.

이런 산골짜기에서 마르파가 생각한 최고의 선은 무엇이었을까? 그

당위성이 아직 감당하지 못할 나이의 아들을 죽게 하는 폭력으로 작용하지는 않았을까? 그가 세 번씩이나 인도의 성인을 찾은 것은 그 의문을 풀기 위해서였으리라. 그가 찾은 성인에게서 답을 얻었을까? 그가 성인의 반열에 들어간 걸 보면 분명 얻었으리라. 다만 인도의 성인을 통해서가 아니라 세 번씩 그 먼 길을 다녀오는 동안의 길을 통해서이다. 길이야말로 우리들의 스승이다. 그는 그 길에서 깨달음을 얻었고 이후 밀라레파를 만나서는 아들을 죽이는 실수를 반복하지 않았다. 보편적인 진리는 없다. 저마다 다른 진리가 있을 뿐이다. 살인귀에게도 진리는 있다. 마침내 구원에 이르게 했다.

나의 진리는 무엇인가? 목표는 후회 없이 죽는 것. 밀라레파에게는 확고한 목표가 있었지만 나에게는 어떤 삶이 후회 없이 죽는 것일까? 어차피 그런 삶은 없다. 두 길을 다 갈 수는 없으니까? 선택은 하나. 후회를 덜 남기는 길이 있을 뿐이다.

그의 문하생 밀라레파는 가르침을 받은 후에 그를 떠나 토롱라를 넘어 마낭의 동굴에서 정진 수행했다. 가끔 마르파를 찾았다. 스승이 창시한 카규파를 계승하여 발전시켰고 마침내 하늘의 별처럼 많은 수행자들 가운데에서 가장 존경받는 성인이 되었다. 모든 사람들이 그를 용서하고 존경했지만, 그의 마음속에서는 자신의 손에 사라진 영혼들의 용서를 받기는 힘들었을 것이다. 목적은 후회 없이 죽는 것. 그것은 저 세상에 찾아갔을 때 자기의 손에 희생된 사람들에게 용서를 빌 수 있는 자격을 갖추는 일이었다. 이를 이루기 위해 촌음을 아껴가며 정진했다.

깨달음을 얻고자 하는 욕망은 너무나 간절했지만 그에 이르지 못하여 잠 못 이루던 한 스님이 있었다. 밀라레파는 83세 때 그를 질투하던 한 승려가 준 독이 든 우유를 마시고 열반했다.

　차창 밖으로 모처럼 들판이 시원했고 사과 향기를 품었을 바람이 나뭇가지를 흔들고 있었다. 사과밭 사이로 뚫린 길을 따라 차는 요동을 치며 달렸다. 버스 바퀴에서 이는 먼지는 버스 안도 봐주지 않아 이를 피할 길은 없었다. 다만 의자 팔걸이를 꽉 붙들어 갈비뼈가 다치지 않도록 조심하는 것이 내가 할 일이었다. 고도 2천m 위에서 달리는 버스를 어떻게 탓할 수 있겠는가?

　가사에 도착했을 때는 따토파니행 환승버스가 끊긴 후였다. 로지를 찾기 위해 두리번거리는데 길 저편에서 누군가가 나에게 손짓을 했다. 디카였다. 너무나 반가웠다. 디카와 영국인은 어제 마르파Marpha에서 묵고 오늘은 여기까지 왔던 것이다. 그는 담배를 사러 나왔다고 했지만 내가 버스를 타고 오지 않을까 기대하면서 나와 본 것이 확실했다. 그는 차가 다니지 않는 샛길을 알고 있으니까 내일 따토파니까지 함께 걷자고 했다. 저녁 식사 자리에서는 영국인과 디카와 함께 재회의 럭시를 들었다.

　굿나잇 인사를 하고 삐걱거리는 계단을 오르니, 밝은 달이 용케도 계곡 사이로 떠올라 천장 밑에 길게 매달아 놓은 옥수수 잎을 투명하게 물들였다. 전면의 깜깜한 산자락의 가운데를 어슴푸레한 하얀 줄기가 수직을 그리다가 사라졌다. 이를 제외하고는 아직도 칠흑으로 산등성이조차 분별하기 힘들었다. 다만 별들이 하나씩 불을 밝혀 산과 하늘의 경계를 가늠하게 해주었다.

　밀라레파가 멀리 동쪽 하늘가로 뭉게뭉게 피어오르는 흰 구름을 보고 그 아래 밀밭 골에 계실 스승님 마르파를 그리워하며 읊은 시를 잠

결에 떠올렸다.

> 임을 생각하면, 아버지 마르파시여,
> 내 마음의 고통은 한결 덜어집니다.
> 나, 걸식 행자는 임을 향해 노래 부릅니다.
> 흰 구름 두둥실 피어오르는 동쪽 붉은 바위 보석 골짜기에는
> 우뚝 버티고 선 코끼리처럼 거대한 산 하나 솟아 있고
> 그 곁으로 작은 봉우리, 사자가 달려 나오는 모습을 드러내네.
> 밀밭 골짜기 수도원에 큰 돌방석 있었네.
> 지금쯤 누가 거기에 좌정하고 계실까?

샹그릴라를 여행한 빠제

> 9월 29일(17일째) 가사(2,010m, 7시) – 따토파니(1,190m, 12시, 다울라기리 호텔)

디카 일행과는 같이 출발했으나 결국 뒤처지고 말았다.

자동차 도로를 피하여 다리를 건너 들어간 길에는 간간이 나타난 마을들이 퇴락한 모습을 보이고 있었다. 집들은 모두 화산재를 뒤집어쓴 듯 회색빛이었으며 시멘트벽이 너덜너덜 떨어져 있고 슬레이트 지붕도 힘을 잃고 축 처져 있었다. 그 회색빛 벽에 희미하게 보이는 로지 이름과 '모든 손님을 환영합니다'라는 문구, 그리고 돌로 잘 포장된 길바닥은 예전엔 이곳도 많은 트레커들이 지나다니는 길이었음을 알려 주었다.

아이와 별 차이가 안 나는 체구의 젊디젊은 여자가 젖을 물리면서 지나가는 나를 쳐다보는 얼굴은 무심했다. 소가죽 같은 피부를 지닌 할머니 한 분이 구부정한 걸음으로 마당에 나왔으나 눈물이 잔뜩 고인 눈을 껌벅거리기만 할 뿐이었다. 다만 길에서 놀던 아이들은 똘망똘망한 눈망울로 모처럼 지나가는 트레커에게 호기심을 보이며 다가왔다. 그들 곁에 한참 머물렀으나 배낭에는 나누어 줄 초콜릿 하나 남아 있지 않았다. 다행히 아이들은 자신들의 모습을 카메라 모니터로 보는 것으로도 충분히 기뻐해 주었다.

그런 마을을 세 곳이나 지나서 다시 큰 길 신작로로 나가는 현수교가 나타났다. 디카 일행은 보이지 않았다. 풀을 뜯고 있던 소 한 마리가 내가 지나가자 "엄마" 하고 큰 소리를 냈다. 그의 목에 매달려 있는 종이 유난히 컸다. 갑자기 내 목에 걸린 카메라가 무겁게 느껴졌다. 배낭끈이 어깨를 심하게 눌렀다. 배낭을 살펴보니 쓸데없는 끈이 너무 많아서 등산용 칼을 꺼내 잘라냈다. 그래도 발걸음은 여전히 무거웠다. 그 험한 토롱라를 넘고서도 이런 평지에서 힘들어 하는 것이 이해되지 않았다. 아침 세수할 때 광대뼈가 손에 걸렸다는 것을 기억해 냈다. 홀쭉해진 얼굴만큼 나는 기력이 빠져 있었던 것이다.

칙칙한 땅이 발을 잡아끄는 듯 무거운 발걸음 속에서도 신작로는 지금까지 걸어온 길을 그리워하게 했다. 버스가 먼지를 일으키며 지나갔다. 차를 비키느라 벼랑에 서서 짐짓 물러나다가 덜컥 정체 모를 공허함을 느꼈다. 무서움이 아닌.

자르타레Jhartare의 가게에 들어갔다. 걸어서 지나다니는 트레커는 별로 없으므로 가게는 동네의 구멍가게 역할로 만족해야 했다. 어쩌다 들르는 트레커는 덤인 셈이었다. 맥주는 시원했다. 알코올이 효과를 발휘하자 장대에 축 늘어져 있는 빨래가 두 팔을 벌리듯 온몸에 활기가 돌아왔다. 그러자 눈에 보이는 모든 풍경이 아련한 흑백사진처럼 오히려 정겹게 느껴졌다. 길가의 풀들은 버스가 만든 먼지를 고스란히 뒤집어쓰고 있었다. 어린 시절 바로 그 신작로 길이었다. 뜨거운 여름에 누나는 내 다리의 습진을 치료한다고 나를 데리고 바로 이런 신작로를 걸었다. 누나의 손에는 양산이 들려 있었다.

따토파니(뜨거운 물이라는 뜻)에 이르렀다. 디카가 기다리고 있겠다고 귀띔해 준 다울라기리 호텔을 찾았다. 정원에 바나나 나무의 넓은 이파리가 이곳이 열대 지방임을 알려주었다.

강가에 설치된 온천은 음료수를 옆에 놓고 일광욕을 즐기는 젊은이들로 남태평양의 어느 섬인 듯했다. 그 풍경을 바라보며 느긋하게 몸을 담갔다. 탕의 물은 적당한 온도가 유지되어 있었는데 동네 관리인

따토파니 마을

따토파니 온천. 그동안의 여독을 씻어낸다.

이 청소비 명목으로 약간의 입장료를 받는 대가로 수고한 덕분이었다. 탕을 들락날락하며 옷가지를 빨아서 널어놓고, 바나나 잎 사이로 흘러들어오는 나른한 햇살에 슬며시 잠에 빠져들었다. 그 사이 한 차례 스콜이 지나갔다.

만나기로 한 디카는 보이지 않았다. 마당 한켠 커다란 원탁에 서양 트레커들이 모여 앉아 트레킹 후일담을 나누고 있었다. 나는 그들 틈에 낄 수 없었다. 그들을 지나칠 때 나는 블루쉽 무리를 지켜보는 조그마한 히말라야 마멋이라는 기분이 들었고, 그러자 공허함의 정체가 밝혀졌다. 같은 트레커인데도 나 홀로 이방인이었다.

2주일 이상 시원하게 누군가와 대화를 나눈 적이 없었다. 가끔 홀로 환희의 즐거움을 큰 소리로 질러 보기는 했다. 단편적인 주고받기만으로는 가슴속의 충만함을 마음껏 발산시킬 수 없었던 것이다. 쌓이면 쏟아야 하는 것을. 좋든 싫든 감정의 찌꺼기를 안고 산다는 것은 공허함을 친구로 해야 한다는 것과 다르지 않다. 집에서 홀로 듣지도 않으면서 텔레비전을 켜놓고 가사를 챙기는 아내가 갑자기 이해되고, 어느 날 홀로 저녁 식사를 하고 무심코 소파에 앉아 밖에서 들리는 술주정뱅이의 싸움 소리가 그리운 여행자가 되어 있었다.

디카도 말없는 영국인 고객과 함께하면서 외로웠을 것이다. 이곳 트레커들은 가이드나 포터를 대할 때 거리를 두지 않았다. 저녁에 한가로움을 메우기 위해 함께 카드놀이할 때는 친구와 같은 존재였다. 그렇다고 그들이 자신의 본분을 저버리지는 않았다. 친구같이 농담을 주고받더라도 식사시간이 되면 여지없이 주인과 하인의 역할로 돌아갔다. 그 영국인 고객은 워낙 말이 없기 때문에 디카는 틈만 나면 나를 찾았던 것 같다.

디카가 자기의 고객이 낮잠 자길 기다렸다며 늦게 나타났다. 함께 훈제 버팔로 고기에 맥주를 마셨다. 오랫동안 천장에 걸려 있던 고기는 프라이팬에서 오랫동안 조리되어 나왔지만 쇠심줄 그대로였다. 우리는 딱딱한 고기를 질겅질겅 씹으며 모처럼 맘 놓고 술잔을 기울였다.

잠에서 깬 영국인 고객이 디카를 찾았던가 보다. 술집을 막 나오는 우리들을 발견하고 다가왔다. 디카는 계면쩍은 표정을 지으며 그에게 끌려 다시 술집으로 들어갔다. 아마 영국인 고객도 공허하기는 마찬가지였던 모양이다.

디카의 피부는 아이스레이크의 습기를 머금은 고동색 흙이고, 가는 두 눈은 고산에서 내려오는 하얀 물줄기였다. 조금 높은 모래 언덕도 타고 넘을 줄 모르고 얕은 곳을 찾아 길게 돌아가는 좀솜의 칼리간다키 강물처럼 온화하고 토롱하이패스 앞동산의 한 줄기 햇살처럼 따스했다.

그런 디카가 무슨 이유로 이혼하게 됐을까? 자세한 이야기는 하지 않았지만 딱 한 번 뱉은 말 "다음 생에는 착한 남편, 착한 가장이 되어야겠지요. 자신은 없어요. 나처럼 보잘것없는 사람한테 그런 기회가 주어질는지요?"에서 많은 것을 유추해 볼 수 있었다. 그 선한 마음에 복수심을 간직하고 있던 밀라레파나 자기 성질을 이기지 못하던 마르파의 모진 마음이 있었단 말인가? 한바탕 욕구를 분출한 후 이제는 돌아와 사랑을 노래하는 성인이 된 것인가? 아니면 이 세상에서는 자신을 잃어 다음 세상에 기대고 있는 것인가? 그의 바람대로 환생은 가능할 것인가?

있을 수 없는 일이라고 했지만 매번 환생하는 달라이라마의 경우를 보면 슬슬 믿음이 가기도 한다. 말도 안 되는 방법으로 지도자가 이어가지만 전 국민이 선거로 뽑는 지도자에 결코 못지않으니 말이다.

1937년 달라이라마 환생 수색대가 티베트 아무르 지방의 3층 건물 사원과 언덕으로 이어지는 길을 지나서 기묘한 형태의 물받이가 있는 농가를 방문했다. 그들이 그 집을 지목한 것은 두 가지 징후 때문이었다. 13대 달라이라마가 입적한 후 사제의 머리 부분이 스스로 움직여 남쪽에서 북동쪽으로 위치를 바꾸어 후대 달라이라마 환생 장소를 예고했고, 그 방향의 라모남초 호수에서 마을과 집의 비전을 보았기 때문이었다. 수색대는 라싸의 세라 사원의 주지 케상 린포체를 대표로 했지만 그는 하인으로 변장하고 그들 중 나이가 어린 롭상 체왕이 대표로 행세하기로 했다. 케상 린포체의 손에는 달라이라마의 유품인 염주가 들려 있었다. 세 살의 어린아이는 케상 린포체를 발견하자마자 그의 무릎 위로 뛰어올라 자신의 것이라고 말하며 염주를 달라고 했다.

케상 린포체가 자신이 누군지 알아맞히면 주겠다고 하자, 아이는 '세라 사원의 주지'라고 말했다. 이렇게 해서 달라이라마의 환생이 완벽히 증명되었다.

지도자가 아닌 평민은 번거롭게 환생 수색대에 의해 증명되지 못할 뿐이지 누구든 환생은 가능할 것이다. 디카가 밀라레파처럼 이 세상에서 잘못을 회복하려는 노력을 기울여 주었으면 좋겠지만, 그렇지 못한다면 자신의 소망대로 환생의 기회가 주어지길 기대해 본다.

가엾은 여인아, 날 따라오지 마, 난 널 좋아하지 않아

9월 30일(18일째) 따토파니(1,190m, 7시) − (버스) − 베니(10시) − (버스) − 카레(13시, 점심) − 오스트랄리안캠프(1,890m, 15시, 오스트랄리안 게스트하우스)

10월 1일(19일째) 오스트랄리안캠프 − 포타나 − 페디 − (버스) − 포카라

안나푸르나 라운드를 걷는 동안 마차푸차레$_{6,997m}$를 볼 수 있을까 기대했는데 안나푸르나 제2, 3, 4봉 너머의 마차푸차레는 보이지 않았다. 이대로 하산하지 않고 다시 마르디히말Mardi Himal 트레일을 생각한 것은 마차푸차레를 보기 위해서였다.

마차푸차레는 참으로 아름다운 봉우리이다. '생선 꼬리'라는 뜻이다. 쌍둥이 피크인 두 봉우리의 모양이 살아서 팔팔 뛰는 생선 꼬리의 모습이다. 포카라의 페와 호수에서는 수면에 비치는 마차푸차레를 볼 수 있는데, 바람이라도 불면 영락없이 꼬리를 움직여 헤엄치는 물고기이다. 신성시하는 봉우리여서 등반도 금지하고 있다. 두툼한 봉우리의 안나

운해에 싸인 마차푸차레. 트레킹 중 만난 네팔의 사진작가 스실이 사진을 제공해 주었다.

푸르나는 정작 그 앞에서도 인식하기 힘든 반면 마차푸차레는 한번 보는 순간 잊을 수 없다.

그럼에도 마차푸차레는 안나푸르나와 형제가 되지 못했다. 7천m급은 안나푸르나 1봉8,091m과 형제가 되어 2봉, 3봉, 4봉으로 불리는데 마차푸차레는 7천m에서 조금 모자라서 형제 반열에는 끼지 못한 것이다. 관우와 장비가 도원결의 후 유비와 형제가 되었지만 뒤늦게 합류한 조자룡은 거기에 끼지 못한 것과 같다. 그러나 조자룡은 의형제 못지않게 활약을 했다. 마차푸차레가 바로 조자룡인 셈이다.

홀로 주군의 젖먹이 아들을 품에 안은 채 백만의 칼과 창이 이루는 숲을 무아지경으로 헤치고 달려서 장판교를 건너가는 조자룡의 모습을 떠올리며 잠을 깼다.

디카와는 따토파니 체크포스트에서 마지막 악수를 나누었다. 그는 영국인 고객과 함께 고라파니Ghorepani로 향했고 나는 베니Beni행 버스를 탔다. 포카라의 썰렁한 빈 방만이 그를 기다리고 있을 것을 생각하니 그의 등 뒤로 떨어지는 가을 햇살이 한없이 쓸쓸하게 느껴졌다.

산사태 지역이 있어서 중간에 한 번 갈아타야 했다. 짧은 구간이었지만 강가에 난 길은 힘차게 흘러가는 강물이 차지해 버리고 언덕을 뚫어서 낸 길은 심한 오르막과 내리막이었다. 버스 승객은 걸어서 건너고 트럭의 화물은 대기하고 있던 포터들이 운반했다. 건너편 임시 정류장은 찻집이 들어서고 한가롭던 시골길은 번잡해졌다. 대기하고 있던 택시가 이용하기를 권했지만 물리치고 다시 버스를 탔다.

차가 출발하자 차장이 승객들 틈을 비집고 내 앞에 와서 "빠제, 빠제" 했다. 무슨 소리인지 알아듣지 못하자 주위 사람들이 모두 웃었다. 옆 사람이 알려주기를 '할아버지, 버스 요금 주세요'라는 뜻이라고 한다.

산사태로 길이 끊기어 차에서 내려 이동한다. 먼 여정의 마지막 관문인 셈이다.

아닌 게 아니라 그동안 내 턱밑은 흰 수염으로 덥수룩해져서 완전 할아버지 모습이었다.

물고기를 살려준 보답으로 용궁에 며칠 다녀왔더니 지상의 세계는 세월이 많이 흘러서 이미 자기를 알아볼 사람은 다 세상을 떴다는 이야기가 있다. 나는 반대의 생각을 했다. 지상에서보다 몇 배 행복한 생활을 했던 터라 늙지 않고 있다가 그 세상을 빠져나온 지금 농축되어 있던 세월이 갑자기 현실화되었다는 잃어버린 지평선의 '샹그릴라' 쪽이었다.

샹그릴라Shangri-La는 제임스 힐튼이 쓴 『잃어버린 지평선Lost Horizon』이라는 작품에 나오는 가공의 장소이다. 쿤룬Kunlun 산맥의 서쪽 끝자락에 있는 숨겨진 장소에 소재하는 신비롭고 평화로운 계곡, 영원한 행복을 누릴 수 있고 외부로부터 단절된 유토피아로 묘사되어 있다. 히말라야 산속 깊은 곳에 있는 샹그릴라의 사람들은 평균적인 수명을 훨씬 뛰어넘어 거의 불사不死의 삶을 산다. 영화 '샹그릴라'에서는 아름다운 여인이 사랑하는 사람과 속세에서 살고자 샹그릴라를 빠져나오자 쭈그렁 할머니로 변하고 급기야 잿더미가 되어 바람에 날려 없어지는 장면이 나온다.

이런 미묘한 나의 마음을 알기라도 하듯 옆 사람이 다시 말했다.

"여기서 할아버지는 존경의 뜻을 포함한 아름다운 말이에요."

베니에서 버스를 갈아타고 카레에서 내렸다. 오스트랄리안 캠프에서 내 또래의 일본인을 만났다. 일본 국제협력기구JICA의 일원으로 한 달 후면 귀국하는 사람이었다. 컴퓨터 일을 하며 사진 찍기가 취미여서 네팔을 지원했는데 막상 떠나려니 생각만큼 많이 돌아다니지 못했다고 후회했다. 가기 전 마차푸차레를 한 번 더 보기 위해 들렀다는 것이다. 마차푸차레는 그에게 네팔을 대표하는 산이었다.

나도 몇 년 전에 ABC를 한 번 다녀왔다. 그런데도 마차푸차레는 다시 한 번 보고 싶었다. 다행히 2년 전부터 마르디히말 코스가 개방되었기 때문에 겸사겸사 좋은 기회였다. 그러나 오스트랄리안 캠프에서 구름 사이로 마차푸차레를 보았을 뿐 다음 날 포타나Pothana에서 입산이 허락되지 않았다. 따토파니에서 나올 때, 체크포스트에서 팀스카드에 받은 하산 도장Exit stamp이 문제였다. 따토파니에서 하산 시 버스로 곧바로 이동하여 다른 곳으로의 재 입산은 원칙적으로 허용되는데 언어 소통에 문제가 있었던 모양이다.

터벅터벅 내려오는 길, 방과 후 엄마도 없이 아무도 기다리는 사람 없는 썰렁한 방으로 들어가고 싶지 않은 외로운 아이의 심정이 되었다. 괜히 뒤돌아보고, 동네의 골목길도 들어가 보고, 길가의 풀도 한번 들여다보았다.

가게를 기웃거리다가 어둠 속에서 밝게 빛나는 한 얼굴을 보았다. 안으로 들어갔다. 찻집은 조용하고 나 혼자뿐이어서 지나온 길을 음미하기에 그만이었다. 혼자서 밀크티를 마시며 사색에 잠겨도 이제 온통 그리운 것들이 많아서 심심할 틈은 없었다.

차를 날라온 여자는 돌아가지 않고 맞은편에 앉더니 탁자에 놓인 카메라 모니터를 들여다보았다. 여자는 젊었고 귀여운 체구에 미소가 빛났다. 편안하게 펴진 두 입술 가운데가 휘파람을 불 때의 모양으로 틈이 있어서 항상 어떤 흥얼거림이 흘러나올 것 같았다. 얼굴은 애써 감정을 감추어서 그 곡조가 슬픈 가락인지 경쾌한 것인지 짐작이 어려웠는데 그 휘파람 입이 갑자기 안나푸르나 주봉처럼 활짝 벌어지더니 함박웃음을 터트렸다. 하나하나 카메라의 영상을 되돌리다가 본 어떤 화면이 그렇게 만들었을 것이다. 결국 나는 나란히 앉아 안나푸르나 라운드 전반을 설명하는 모양새가 되었다. 가까이 있어도 가보지 못한 여자는 부러운 모습을 감추지 못했다. 내가 자리에서 일어나자 차 한잔을 더 권했다. 왠지 이 여자는 외로울 것이라는 생각이 들었다.

산을 내려가면서 노랗게 물든 논길을 지나는데 한 줄기 바람이 벌판 위를 훑고 지나가자 벼 이삭이 바짓자락을 스쳤다. 그때 내 귀에도 한 줄기 바람이 스쳤다.

레쌈삐리리 레쌈삐리리
우데라 자운키 단다 마 반장 레쌈삐리리
(내 마음은 바람에 날리는 실크처럼 펄럭이네
하늘로 날아야 할지 언덕에 앉아야 할지 모르겠네.)

레쌈삐리리 레쌈삐리리
에크날래 번둑 두이날레 번둑 미~르 걸라이 다께꼬
미르걸라이 마일레 다께꼬 호이나 마~야 라잇 다께꼬
(한 방 탕! 두 방 탕! 사슴을 겨누어?
아니야, 내가 겨누는 것은 사슴이 아니라 사랑하는 여인이라네.)

레쌈삐리리 레쌈삐리리
꾸꾸럴라이 쿠티쿠티 삐라롤라이 쑤리
띠므로 하프로 마야 프리티 도바토 마 꾸리

(강아지같이 사랑스럽고 야옹하는 고양이
내 여인이 저 너머에서 기다리고 있다네.)

레쌈삐리리 레쌈삐리리
사노마 사노 가이꼬 바초 브히라이 마 람 람
초드레 자나 사케나 마이레 비레이 마야 성게이 자운
(어린 송아지가 벼랑에서 위험에 빠졌네
그냥 둘 수 없네, 함께 가자 친구들아, 내 사랑 구하러.)

레쌈삐리리 레쌈삐리리
고도 차료, 마카이 차료, 단 차레코 차이나
파치, 파치, 나 아우 칸치, 만파레코 차이나
(기장을 심고 옥수수를 심고, 그런데 쌀은 안 심을 거야
가엾은 여인아, 날 따라오지 마, 난 널 좋아하지 않아.)

2. 랑탕·고사인쿤드·헬람부

히말라야에서는 초이스 게임에서 첫 카드를 선택하라

> **10월 5일(1일째)** 카트만두(6시 20분)-(버스)-샤브루베시(1,460m, 16시, 호텔 빌리지뷰)

> **10월 6일(2일째)** 샤브루베시(1,460m, 7시 10분)-밤부(1,970m, 12시, 점심)-라마호텔(2,470m, 15시 30분, 티베트 게스트하우스)

어디로 떠난다는 것은 마음이 설레는 일이다. 낯선 풍경일수록 그 떨림은 더 강하다.

미지의 세계로 떠나는 트레커들과 집으로 돌아가는 현지인들이 뒤섞이고 혼잡한 버스였지만 모두 다 즐거운 표정이었다. 그런 마음을 표현하려는 듯 차의 실내장식도 화려했다. 처음 접했을 때는 노랗고 빨간색의 현란한 그림들과 주렁주렁 달린 장식물들이 여백의 미에 익숙한 내 머리까지 점령해 버려 참기 힘든 풍경이었다. 차가 움직이면 여지없이 흘러나오는 네팔 음악 역시 차내의 장식물처럼 어지럽고 시끄러웠다. 이제는 몇 번의 경험 끝에 갈피를 잡기 힘들던 음악이 단순한 가락의 반복이었음을 알게 되었고 자연스레 내 귀도 거기에 적응하게 되었다. 어쨌든 나는 익숙함을 떠나 새로움을 찾아 나선 여행객이 아닌가? 초특급 Super Express 버스는 이름이 무색하게 한량없이 느렸고 피난 열차를 방불케 했지만 초조와 불안은 없었다.

도중 트리슐리바자르Trisuli Bazar에서 아침 식사를 하기 위해서 차가 멈췄다. 안나푸르나 베시사하르 갈 때 점심을 굶어 배고팠던 기억이 있어서 이번에는 적당한 간식을 준비했기 때문에 느긋했다. 대신 근처 과일가게에서 사과와 오이 그리고 석류를 사서 몇 개 먹고 나머지는 배낭

샤브루베시 가는 버스

에 집어넣었다.

날씨는 화창했다. 산사태 지역을 만나면 버스에서 내려 걸어서 건너갔다. 산중턱을 달리던 길이 이윽고 구불구불 계곡을 향해 내려가기 시작했다. 도저히 끝이 없을 것 같던 길이 끝나고 샤브루베시Syabru Besi에 도착했다.

로지 마당의 식탁에서 랑탕 계곡 쪽을 바라보며 사우니가 가져온 닭튀김 안주에 카트만두에서 사온 위스키를 들었다. 다른 테이블에 가냘픈 몸매의 수염쟁이 한 명이 있었지만 꼼짝 않고 먼 산만 바라보고 있어서 말을 붙일 수 없었다.

랑탕은 어떤 모습으로 나에게 다가올까? 기대와 흥분은 안나푸르나 라운드에 못지않았다.

버스를 타고 오면서 나에게 친절했던 다른 팀의 가이드가 있었다. 버스가 정차할 때마다 "식사시간이다", "산사태 지역이니 내려서 걸어야 한다" 등 일일이 설명을 해주던 그에게 뭔가 보답하고 싶어서 식사 후 몇몇 로지를 두리번거려 그를 찾아냈다. 통성명을 하니 그의 이름은 '꾸마르'였다. 한국의 취업비자를 따기 위해 준비 중이었는데 나에게 친절했던 이유이기도 했다. 그는 포터와 키친보이들과 식사를 하고 있었다. 차에서 못 보았던 얼굴들은 이 마을에서 고용된 포터들이었다. 나 같은 나 홀로 트레커는 트레일 초반에 우호적인 가이드나 포터를 많이 확보할 필요가 있다. 그와 맥주 한 병을 나누어 마시고 포터들에게도 맥주 두 병을 마시도록 내주었다.

로지로 돌아오다가 재봉틀이 있는 봉제가게를 발견하고 안나푸르나 트레킹 끝 무렵에 끈을 잘라내 실밥이 풀어진 배낭을 가져와 수선했다. 바로 그때 옆 가게에서 싸우는 소리가 들렸다. 처음에는 여자들 소리가 들리더니 한 남자가 쫓겨서 나오고 또 한 남자가 쫓아오며 발길질을 했다. 동네 사람들이 다 모여들어 구경을 했다. 네팔에 온 이후 처음 보는 광경이었다.

걷기 첫날. 구 샤브루베시의 학교 마당에서 태권도를 가르치고 있었다. 태권도의 고향 한국 사람이 다가와서 구경하니 기합 소리가 더욱 우렁찼다. 얼마 안 되는 작은 돈을 기부하여 한국인으로서 나의 마음을 표시했다.

랑탕 강을 따라 올라가는 길은 깊은 계곡이어서 주위 경관은 전혀 없었다. 오직 열대 우림뿐이어서 자연스럽게 사색에 잠기게 하는 길이었다. 도대체 어떤 모습을 보여주려고 어두운 통로 같은 길이 계속되는가? 안나푸르나라면 벌써 몇 번 입에서 감탄사가 나와야 될 시점인데도

구 샤브루베시 학교에서 학생들에게 태권도를 가르치고 있다.

아직 깜깜한 계곡이었다.

아무것도 안 보이는 숲 속에서 나타난 조그만 밤부Bamboo 마을은 반가움이 섞이어 더욱 아름다웠다. 밤부에서 돌마(19세, 여)를 만났다. 짧은 머리가 아담한 체구와 어울리는 깜찍한 소녀였다. 그녀는 카트만두에서 고등학교를 마치고 집으로 돌아가는 길이었다. 12년을 카트만두에서 지낸 그녀의 발걸음은 힘이 없었다. 오이를 하나 꺼내 잘라서 반쪽을 주자 사양했다. 대신 그녀에게서 네팔의 학제를 정확히 들을 수 있었다. 네팔의 학제는 초·중학교 개념인 10년 과정의 이스쿨, 고등학교 개념의 2년 과정의 깔리지, 그리고 유니버시티. 이렇게 3단계의 교육으로 나뉘어져 있었다. 그녀는 깔리지 과정까지 기숙사 생활을 해야 했고, 대학에 진학하지 않고 고향에 돌아온 것이다.

라마호텔Lama Hotel은 초입의 첫 로지 이름이 그대로 마을 이름이 된 곳이다. 라마호텔에 도착하니 갑과 을이 바뀌었다. 방값으로 4백 루피를 요구했다. 그동안 요령이 생겨 지금까지 거의 1백 루피(한화 1,500원 수준) 이상 지불하지 않아 그 가격은 받아들이기 어려웠다. 다른 집 마당의 텐트 숙박비는 그보다 더 비쌌다. 망설이다가 결국 부엌 신세를 지게 되었다. 방이 없는 경우 다이닝룸이나 부엌에서 자야 하는데 여기서 내가 그렇게 되었다. 물론 방값은 받지 않았다.

아낀 방값으로 맥주를 마시면서 깨달았다. 네팔에서는 초이스 게임에서 무조건 첫 카드를 선택해야 한다는 것을. 관광객에게는 약간 더 부르겠지만 지금까지의 경험으로 터무니없지는 않았다. 안나푸르나 첫날 버스 휴게소에서 오이를 하나 사 먹고 현지인에게 파는 가격을 곁눈질해 봤는데 똑같았다. 사실 나는 베시사하르에서 불불레행 버스를 알아보며 친절을 베풀어 준 음식점 주인에게 정말 로컬 버스냐고 몇 번을 되물은 적이 있었다. 혹시라도 비싼 대절 버스를 알선하고 터무니없는 돈을 받는 것은 아닐까 하고 말이다. 나중에 얼마나 부끄러웠는지 모른다.

안나푸르나 라운드 중 틸리초레이크 가는 길에 만난 인도를 거쳐 온 학생의 얘기도 생각난다.

"인도에 비하면 네팔 여행은 재미가 없어요."

계속 들어보니 이유가 재미있었다.

"인도에서는 항상 긴장해야 했어요. 예를 들어 택시를 타고 돈을 내면 당초 약속한 요금과는 다르게 엉뚱한 말을 하여 거스름돈을 내주지 않는 거예요. 그런데 이곳은 그럴 필요가 없으니 마음도 느슨해져 재미가 없어요. '죽은 인도 사람이 산 네팔 사람을 속인다'라는 말을 실감했어요."

그러나 지금까지 몇 번 경험한 티베트인들의 냉정함과 상술에는 별로 기분이 좋지 않았다. 안나푸르나 브라가 로지의 젊은 사우지는 참으로 냉정했다. 묵티나트의 길에서 베 짜는 티베트 아주머니는 물건을 사지 않고서는 사진을 못 찍게 했다. 티베트 유민이라는 처지는 분명 우리도 약소민족이므로 연민의 대상이지만 이해하기 힘들었다.

그들은 고향을 떠나 외지에서 악착같이 삶을 꾸려 나가야 하고, 또 나의 서운함은 덤 문화에 익숙한 탓이라고 스스로를 다독여 봤지만 당장 느끼는 감정을 쉽게 바꿀 수는 없었다. 또한 카트만두의 덜발(두르바르) 광장 또는 포카라의 티베트 난민촌의 터무니없는 가격을 부르는 상술도 그랬다. 기념품 가격의 반의반을 깎고도 유쾌한 기분이 들지 않았다. 또 관심을 보인 물건은 반드시 사게 하는 그 집요함도 좋지 않은 인상으로 남아 있다.

라마호텔 마을의 티베트 게스트하우스의 사우니는 보통 티베트 여인과는 다르게 마음씨가 좋았다. 검은색의 긴 치마에 색동 앞치마의 전통복을 입은 티베트 여인을 상징하는 모습도 새삼 다른 이미지로 바라보게 되었다. 그녀는 내가 먹는 달밧따카리에 칠리(네팔 고추)도 올려주는 등 정겹게 대했다.

걱정은 기대로 바뀌고, 환희의 캰진

> **10월 7일(3일째)** 라마호텔(2,470m, 7시) - 고라타벨라(2,970m, 10시) - 탕샵(3,130m, 12시, 점심) - 참키(3,230m, 2시, 랑탕카페 레스토랑)

> **10월 8일(4일째)** 참키(3,230m, 8시 30분) - 랑탕(3,400m) - 네스팔리(12시, 점심) - 캰진(3,860m, 15시, 문라이트 호텔)

'연꽃 위에 앉은 자에게 영광 있으라.'

사우니가 '옴마니밧메홈'의 기도문을 외는 소리에 잠을 깼다. 가느다랗게 흘러나오는 주문은 얼핏 아침 추위를 이기려고 이를 달달 떨며 내는 소리 같기도 했지만, 부엌 벽의 불단에 불을 켜고 정화수를 새로 바꾸는 그녀의 표정은 경건했다.

라마호텔을 출발하여 한 시간 후 계곡 사이로 설산이 살짝 모습을 드러냈다. 고라타벨라Ghora Tabela에 이르자 갑자기 계곡이 벌어지면서 시야가 탁 트였다. 넓은 초지에는 몇 채의 집이 펼쳐져 있고 오른편 산 너머의 랑탕 마을의 모습도 짐작할 수 있었다.

탕샵Thangshyap의 호텔 포탈라에서 가이드 꾸마르가 평상에 혼자 앉아 있다가 나를 보더니 우리말로 반갑게 인사했다.

꾸마르와 얘기를 나누다가 근처에 '레드판다'가 서식하고 있다는 것을 알았다. 목격하지는 못하고 나중에 귀국하여 서울대공원에도 한 쌍 있는 것을 알았다. 중국의 대왕판다를 먼저 떠올렸지만 곰보다는 오히려 족제비에 가깝고 몸길이 60cm가량으로 조그맣고 귀여운 모습이었다. 새끼를 낳고 기르는 것을 싫어하여 멸종위기에 놓여 있었다. 대나무 숲에서 살고 낮이 아닌 밤에만 활동하는데 최근 서식지가 줄어든다는 것이 문제였다.

랑탕Langtang을 목표로 가던 나는 30분도 채 가지 못하고 참키Chamki에서 머무르고 말았다. 로지 사우니가 지나가는 사람마다 호객을 하다가 나에게도 캔디를 내밀었다. 방값은 받지 않겠단다. 이제 막 점심을 먹고 출발했으므로 그럴 생각은 전혀 없었는데, 소모 뒤편에서 샤브루베시 첫날 저녁 로지에서 말을 붙이지 못했던 서양인(크리스틴, 65세)이 이번에는 표정을 밝게 하여 얼굴을 내밀었다. 이미 무장을 풀어 헤친 편한 복장이었다. 그와 안면은 있었기에 다가가서 손을 내밀었다.

얼마 안 있어 몇 번 지나쳤던 일본인 할아버지(스기야마, 64세)가 와서 나란히 앉았다. 그는 통통한 몸매를 지니고 있었는데 그도 턱수염을 하얗게 길러서 수염쟁이 할아버지 셋이 나란히 한 꼴이었다. 나이 많은 할아버지 틈에 끼어서 이제 초보 할아버지인 나는 그들에게 관심을 보이며 이것저것 말을 걸었다. 스기야마는 가이드와 포터를 한 명씩 대동한 점만 다를 뿐 나처럼 퇴직 후 안나푸르나, 랑탕, 에베레스트를 목표로 온 사람이었다. 보기와는 다르게 무뚝뚝한 사람은 아니었다. 차 한잔을 마신 스기야마는 일어나 랑탕을 향해 갔고 나와 크리스틴은 남았다.

로지 사우니는 당당히 악수를 청하며 자신을 '소모'라고 밝혔다. 통통하고 약간 사팔뜨기인 그녀는 이혼 후 혼자 살고 있으며, 딸과 함께 안나푸르나 라운드 트레킹도 한 적극적인 여자였다. 그녀는 자기의 방 두 개를 의도대로 일찌감치 채워서 기뻤는지 목소리에 신이 나 있었다.

크리스틴은 틈만 나면 이곳을 찾는 프랑스인으로 소모와 깊은 친분을 유지하고 있었다. 둘의 관계는 프랑스 신문에도 보도되어 그 기사의 스크랩이 벽에 붙어 있었다. 소모의 중재로 다시 한 번 인사를 나누자,

크리스틴은 서툰 영어로 체르고리4,984m는 꼭 올라가 보라고 권유했다. 캰진리4,773m만 기억하고 있던 나로서는 값진 정보였다. 자기는 이미 세 번이나 올랐다고 했다.

그날 밤 소모가 낮에 지게꾼 장사에게 산 버팔로 고기에다 창을 잔뜩 내놓아서 오랜만에 푸짐한 식사를 했다. 얼마 마시지도 않아서 크리스틴은 하얀 수염 위로 드러난 빨간 얼굴이 더욱 빨개졌다. 얼큰하게 취한 셋은 흥겨웠다. 소모가 춤을 추자 우리도 덩실덩실했다. 소모가 네팔 노래를 부르고, 크리스틴은 프랑스 노래를, 나는 '사랑해'를 불렀다. 소모의 목소리는 덩치 큰 야크였으나 그녀가 예쁜 목소리를 내려고 노력한 점을 감안하면 흰머리딱새White-capped redstart 정도로는 봐줄 만했다. 크리스틴이 말이 없었던 것은 영어를 못한 때문이지 사교성이 없는 사람은 아니었다.

참키의 소모가 버팔로 고기 장사와 흥정하고 있다.

다음 날 아침, 소모와 크리스틴이 나란히 서서 손을 흔들었다.

티하우스 앞을 지나노라면 "어느 나라에서 왔느냐?"는 질문을 받는다. 트레킹 초반 때 관심을 나타내는 이런 질문은 늘 즐거웠다. 차라도 한잔 팔려는 속셈이라는 것을 알게 되었지만 내 마음은 변함없었다.

캉탕수Kang Tangsu 마을에 들어서자 더 이상 그런 질문은 즐거움이 아니었다. 질문은 대답이 나올 때까지 집요했다. 그럴수록 나 역시 정신무장을 하고 대답은커녕 외면으로 일관했다. 어린아이의 사진을 찍었더니 초콜릿 하나 안 준다고 핀잔하는 부모도 있었다. 급기야 마을을 다 지나올 무렵에는 길에서 놀던 어린아이들의 사진 촬영 요구를 무시했더니 배낭을 붙잡고 목에 걸린 카메라를 잡으려고 했다. 간신히 뿌리치고 도망쳐 나왔지만 수염이 하얀 할아버지 트레커와 동네 코흘리개들과의 싸움은 상상하기도 싫은 끔찍한 일이었다.

랑탕에서도 비슷한 일이 있었다. 아줌마들이 들판에서 동물들의 겨울 대비용 풀을 베고 있다가 지나가는 나에게 손짓을 하여 가까이 갔다. 한 여자가 낫에 손을 베였다고 해서 연고를 주었다. 배낭을 연 김에 초콜릿을 몇 개 주었더니 더 달라고 하며 배낭을 들여다보기까지 했다.

그 후에도 계속 그런 인상을 받았다. 하물며 로지 주인도 기회만 있으면 뭔가를 요구했다. 안나푸르나의 뜻이 왜 풍요의 여신인지를 비로소 알았다. 랑탕은 계단식 밭도 보기 어려웠고 그래서인지 음식도 안나푸르나만 못했다.

네스팔리Nespali에서의 점심은 최악이었다. 지도에서 랑탕과 캰진Kyanjin 사이에 점으로 표시된 '네스팔리'란 이름을 발견하고 아름다울 것이라는 생각을 했다. 큰 바위를 바람막이로 하여 양철을 엉성하게 붙여 만든 로지였지만 마당에서 바라보는 황량한 들판도 아름다웠다. 그러나 툭바(네팔 수제비)의 맛은 주변 풍경마저 형편없이 만들어 버렸다. 몇 숟갈 못 뜨고 자리에서 일어났다.

배가 행복하지 않으면 다른 것이 행복하기 어렵다. 다리도 힘을 잃고 풍경도 시들하다. 앞으로 갈 길도, 나타나게 될 마을에 대한 기대도 흐릿하기 마련이다. 한 남자가 뒤에서 다가오더니 어디서 왔느냐고 묻고 자기 집(로지)으로 가자고 권유했다. 등에는 짐을 잔뜩 지고 심하게 충혈된 한쪽 눈을 연신 깜박이는 그의 행색에서 선뜻 대답하기 어려웠다. 이번에는 야크 똥을 줍던 아줌마가 다가와서 자기 집으로 가자고 했다. 이번에도 대답하지 않았다. 캰진에 가서 결정하기로 했다.

졸졸졸 냇물 소리가 예고를 하더니 구불구불 개천이 나타났다. 무심코 징검다리를 건너려는데 개천 위에 조그만 목조 건축물이 눈길을 끌었다. 그 안에서 두 개의 마니가 힘차게 돌고 있었다. 그 밑으로 흐르는 물이 터빈을 돌리고 그것을 축으로 마니가 돌았던 것이다. 마니의 둥근 면에는 역시 옴마니밧메훔 진언이 선명히 새겨져 있었다. 히말라야 사람들은 초르텐의 마니를 돌리며 신의 은총을 받는다. 바람은 타르초의 경전을 읽고 지나간다. 당연히 물도 경전을 읽을 권리가 있어야 했다. 랑탕 계곡의 사람들은 경전을 읽은 물을 마시는 사람들이었다. 이 사람들과 문제가 생긴다면 그 잘못은 수양이 부족한 나여야 했다.

키 작은 덤불 사이로 버팔로 가족이 지나갔다. 엄마 아빠는 새끼 한 마리를 가운데에 두고 둔탁한 걸음으로 길을 비켰다. 호기심 많은 새끼를 자제시키며 나에게 잔뜩 경계를 보내는 버팔로는 아름다운 얄미움이었다. 졸졸졸 흐르는 냇물을 건너서, 울긋불긋 긴 마니벽에 이르러서

개천 위의 마니. 강물도 경전을 읽고 흐른다.

는 캰진 마을에 대한 기대가 완전 되살아났다.

이렇게 슬슬 기대를 부풀려 놓더니 이제까지와는 다른 가파른 언덕을 오르게 했다. 삼천 배를 해야 성철 스님을 만날 수 있다는 뜻인가? 힘겨운 걸음으로 언덕에 오르자 나타난 캰진은 과연 그럴 만한 가치가 있는 마을이었다. 오밀조밀 자유롭게 배치된 마을과 뒤편의 넓은 초지, 거기서 사이좋게 풀을 뜯고 있는 버팔로, 말, 야크들, 그리고 마을을 둘러싸고 있는 캰진리, 체르고리, 설산들은 속세와는 완전 다른 세상이었다. 그동안 밀림으로 가로막아 들어오기 어렵게 하고 황량한 풍경으로 아무런 기대도 못하게 하더니 별천지를 만들어 놓고 살고 있었던 것이다.

캰진에 들어오던 길에 자신의 로지를 권유했던 남자의 집은 새로 지어 깔끔해 보였다. '문라이트'란 이름도 맘에 들었다.

랑탕의 지배자 강첸포, 랑탕의 자궁 체르고리

10월 9일(5일째) 캰진(7시) ↔ 랑시샤카르카(4,100m, 10시 30분) - 캰진 (3,860m, 13시)

10월 10일(6일째) 캰진(6시 40분) ↔ 체르고리(4,984m, 11시 30분) - 캰진(3,860m) - 랑탕 (3,400m, 17시 20분, 에코 호텔)

 배낭 무게를 줄이기 위해 침낭을 트레일 초입의 라마호텔에 맡겨 놓은 것은 실수였다. 이불을 두 겹으로 덮었으나 침낭만은 못했다. 침낭은 아무리 얇아도 체온을 밖으로 나가지 못하게 하여 보온성이 좋다. 또 하나, 안나푸르나 라운드 시작부터 벌써 한 달이 지나면서 추워졌는데 그 생각을 미처 못했다. 밤새 추위에 웅크리고 자서 팔다리가 굳어 버렸다. 하지만 오늘은 랑시샤카르카Langsisha Kharka 다녀오는 날. 이불을 박차고 일어났다.

 랑탕 지역의 맏형 랑탕리룽7,246m은 우측 산자락 옆으로 살짝 보일 뿐인데 계곡 끝에 있는 강첸포6,388m는 눈에 확 들어왔다. 깎아지른 앞면은 쌓인 눈이 흘러내리면서 수직으로 홈을 새겨 놓아 플루티드 피크Fluted Peak라고도 불린다. 그 세로 홈이 이등변 삼각형의 강첸포를 한결 돋보이게 하는데 마치 랑탕 계곡을 지배하는 카리스마 있는 지도자처럼 보이게 했다. 한편 산 중턱 몇 군데 세로 홈이 끊기고 모양을 달리한 부분은 웃는 모습으로 보이기도 하고 사천왕처럼 보이기도 해서 자칫 지루할 수도 있는 트레커들의 상상력을 자극하고 있었다.

 랑시샤카르카에 가면 강첸포를 바로 앞에서 볼 수 있어서 흥분되었다. 오늘 그곳에 간다고 한 스기야마는 아직 보이지 않았다. 먼 길이고 오늘 중 돌아와야 하므로 점심을 챙겨서 서둘러 출발했다. 많은 사람들이 같은 방향으로 출발했으나 도중에 체르고리로 방향을 돌렸다. 결국 랑시샤카르카 가는 길은 나 혼자 지도에 의지해야 하는 꼴이 되었다.

길은 강을 따라가도록 되어 있으나 어찌 된 일인지 왼쪽 산 위로 접어들고 말았다. 캰진 못미처 형성된 커다란 삼각주는 밑에서는 광대한 자갈밭이었는데 위에서는 얼음이 흐르는 하얀 빙하처럼 보였다. 뒤돌아보니 랑탕리룽은 앞에 검은 옷을 입은 수문장 같은 놈을 눌러 버리고 우뚝 솟았다. 수문장은 어렵게 배운 프랑스 말 '잔다르무gendarme'라고 할 수 있었다. 잔다르무는 주봉 앞에 솟아 있는 암봉을 일컫는 것이니 딱 이 경우였다.

트레커는 한 명도 보이지 않았다. 저 밑 강바닥의 비상 활주로 옆으로 세 명의 트레커가 지나갔고, 뒤이어 다른 두 명이 빠른 걸음으로 지나가는 것이 보였다. 지도를 보니 잘못된 길로 들어섰음이 틀림없었다. 발길을 돌려 서두르다가 길모퉁이에서 야크 한 마리와 마주쳤다. 아찔한 순간이었지만 다행히 교전을 피한 후 큰 소리를 질러가며 길을 갔다.

앞의 세 사람은 스기야마 일행이었다. 마음이 놓였다. 그들은 걸음이 느려 앞질러 갔다.

야크 목동 숙박지인 야탕Yathang에서 목동 두 명이 여름내 야크 젖을 데워 치즈를 만들고는 철이 지나 솥단지를 치우는 작업을 하고 있었다. 다가가서 물으니 랑시샤카르카는 세 시간 거리이며, 하늘을 올려다보고 비가 올 것 같다고 했다. 하늘은 랑탕 계곡 아래를 제외하고는 온통 흐렸으며 랑시샤카르카 쪽은 시꺼멓기까지 했다.

서운한 마음에 좀 더 걸어보기로 했다. 뒤돌아보니 스기야마 일행은 뒤따라 오는 기색이 없었다. 생각해 보니 산 위에서 보았던 빠른 걸음의 두 사람은 트레커가 아닌 좀 전의 목동이었다. 그렇다면 이 길에는 나 혼자뿐 아무도 없다는 이야기였다. 강첸포 직전에서 더 이상 가는 것을 포기했다. 랑시샤카르카에서 판치포카리Panch Pokhari 넘어가는 틸만패스 쪽을 바라보며 랑탕 계곡을 처음으로 외부에 소개한 탐험가 '틸만'이라는 이름을 불러보겠다는 당초의 거창한 결심도 접게 된 셈이다.

히말라야의 트레킹 역사는 유럽 선교사들이 17세기 초 히말라야에 들어온 것으로 시작된다. 그 최초가 1626년 신부 안토니오Antonio Andrade가 인도를 건너 서 티베트로 들어오면서부터이다. 그러나 윌리엄William Moorcroft이 근대 히말라야 탐험자의 시조로 간주된다. 그의 첫 번째 여행은 1812년이었으나 여행은 1819~25년 사이에도 계속된다. 그 후 이에 자극 받아 선교사, 식물학자, 지질학자, 상인들이 동서로 이어진 산군을 넘어 히말라야 지도를 그리기 시작했다. 탐험대의 활동은 1850년부터 증가하여 이 기간 동안 영국, 러시아, 중국 사이에 이 지역에 대한 주도권 다툼이 벌어진다.

1880년경 등산은 새로운 스포츠로 관심이 증대되었고, 그레험W W graham, 마틴 경Sir Martin Conway, 그리고 프레쉬필드Freshfield 등이 부탄·시킴히말라야나 카라코람 산맥의 미 답사지 계곡을 깊이 들어간다. 그러나 대부분의 히말라야 왕국은 여전히 방문자를 꺼려 지도상의 공백지역으로 남겨졌다(네팔이 외국인에게 문호를 닫은 것은 1816년부터 1950년까지이다). 제1차 대전 후 일단의 원정대가 유수한 봉우리를 오르기 위해 조직되었다. 1924년 에베레스트에서 맬러리Mallory와 어빈Irvine의 불가사의한 실종은 히말라야 등

체르고리 정상. 맞은편의 설산이 강첸포

정에 불을 붙이는 계기가 되고 마침내는 1953년 5월 29일 힐러리Edmund Hillary 경과 텐징Tenzing Norgay이 에베레스트 정상을 밟게 된다.

오늘날 '트레킹'이라고 부르는 것은 새로운 봉우리와 크라이밍 루트를 확정하는 탐색 원정대로부터 시작한다. 1949년 틸만Bill Tilman은 헬람부, 랑탕, 칼리간다키, 에베레스트 지역을 어떤 특정 봉우리를 오른다기보다는 걷는 것을 목적으로 방문했고 히말라야 최초 트레커가 된다.

로지로 돌아오는 사이 날씨는 맑아졌지만 만약을 생각하면 어쩔 수 없는 선택이었다. 히말라야 날씨는 언제든 돌변할 수 있다는 것을 감안해야 한다. 당일 돌아오는 일정이라고 가볍게 짐을 꾸렸다가는 낭패를 당할 수 있다. 2014년 10월 14일, 안나푸르나 토롱라 일대에서 40명 이상의 트레커가 사망한 것도 갑작스런 일기 변화가 원인이다. 무덥기까지 했던 맑은 날씨가 진눈깨비가 내리면서 곧바로 앞도 분간 못할 눈폭풍으로 변한 것이다. 나는 아직 그 심각성을 모르고 비옷과 보온 장비를 챙기지 않았으니 비가 왔더라면 정말 위험한 순간이었다.

지난밤에는 남는 옷가지와 배낭으로 엉성한 창문을 막았으나 추위는 별 차이 없었다. 일어나자마자 부엌으로 가서 불을 쬐고 따뜻한 차를 마셨다.

체르고리를 오르는 데 무려 5시간이 걸렸다. 위험한 것은 아니지만 아찔한 느낌을 갖게 하는 능선 길이었다. 뒤돌아갈까도 생각했지만 체르고리를 이야기해 준 크리스틴을 생각해서 힘을 냈다.

변화무쌍한 안나푸르나를 경험한 나에게 그동안 랑탕 계곡은 재미없는 길이었다. 안나푸르나가 과정을 즐기는 트레킹이라면, 랑탕은 목적을 가지고 가는 트레킹이었다. 그리고 그 목적은 체르고리였다. 체르고리에 올라서 랑탕 계곡의 트레킹 목적이 왜 체르고리인지를 깨달을 수 있었다. 4,984m의 체르고리는 사방으로 수많은 봉우리들을 병풍처럼 도열시켰다. 랑탕 계곡 왼편으로 시작하여 난야캉가$_{5,846m}$, 퐁젠도쿠$_{5,930m}$, 강첸포, 얄라피크$_{5,500m}$, 체르고피크$_{5,749m}$, 랑탕리룽$_{7,246m}$이 체르고리를 향하여 원을 그렸다.

정상에 올라온 사람들은 사방의 경치를 보느라 빙빙 돌며 허둥대기 바빴다. 몇 바퀴 돌다가 뻐근해진 고개를 고정시키는 곳은 역시 동쪽의 강첸포였다. 강첸포의 늠름한 자세는 까만 까치를 바라보는 백호의 모습이었다. 언제든 호랑이는 하얀 앞발을 들어 우리를 향해 장난을 칠 수도 있겠지만 그의 은근한 미소 때문에 결코 위압적으로 보이지 않았다. 앞에 펼쳐진 분지는 고양이 발바닥처럼 푹신하여 날마다 이를 바라

체르고리 정상에서 네팔인 가이드들이 타르초를 걸고 있다.

보는 호랑이에게 정서적 영향을 끼쳤음이 틀림없었다.

그동안 가이드와 포터들은 우리들 뒤편 볼록 솟은 곳에서 정성껏 들고 온 타르초를 걸고 향을 피웠다. 그들의 진지한 자세를 보니 우리가 안전하게 트레킹을 다니는 것도, 강첸포가 결코 날카로운 발톱을 세우지 않는 것도 다 그들 덕분이었다. 많은 타르초와 룽다들이 그들의 기원에 화답하는 듯 부단히 펄럭였다.

그 펄럭이는 사이를 비집고 들어가 반대편을 바라보니 랑탕 강이 완만한 곡선을 이루며 유유히 흘러가고 있었다. 이 많은 봉우리들이 있을 수 있는 것은 다 랑탕 강이 일일이 영양을 공급하기 때문이었다. 체르고리는 랑탕의 자궁이었다.

강첸포를 바라보며 비스타리 비스타리, 아쉬움의 발걸음으로 체르고리를 내려왔다.

잘 있어라 강첸포. 고맙다 체르고리. 언제 다시 볼거나.

단야밧, 보이니, 순다리

> **10월 11일(7일째)** 랑탕(3,400m, 8시) – 고라타벨라(2,970m) – 라마호텔(2,470m, 12시, 점심) – 밤부(1,970m, 15시 30분, 밤부 호텔)

> **10월 12일(8일째)** 밤부(1,970m, 7시 10분) – 툴로샤브루(2,250m, 10시 50분) – 가르타(점심) – 포프랑단다(3,190m, 15시) – 신곰파(3,230m, 16시 30분, 야크 호텔)

다음 목적지는 고사인쿤드. 일단 밤부까지는 올라왔던 길을 거슬러 내려가야 한다. 숙박료 계산이 끝나자 서비스 차까지 내놓은 사우니와 작별하고 길을 나섰다.

참키의 소모는 여전히 레스토랑 마당에 나와서 지나가는 트레커들에게 말을 걸고 있었다. 반가운 마음이 앞서야 했지만 집요함을 생각하면 부담스러웠다. 미적미적하고 있는 나에게 크리스틴이 안에 있다고 알려주었다. 크리스틴은 그동안 아무 데도 가지 않고 거기에 머무르고 있었다. 멋쩍은 웃음을 짓는 그에게 체르고리를 알려줘서 고맙다는 인사를 했다. 소모는 이번에는 심하게 붙잡지는 않았다.

돌마가 탕샵의 포탈라 호텔의 마당 탁자에 앉아 있다가 반갑게 인사했다. 오랫동안 카트만두에서 공부했던 그녀가 산골짜기에 처박혀 있자니 자신의 처지가 답답했을 것이다. 장래를 생각하는지 한국에 갈 수 없느냐고 물으며 심난한 표정을 지었다. 난감해하는 내 표정을 보며 흔들던 손에는 힘이 없었다.

라마호텔에서 티베트 아주머니에게서 맡긴 짐을 찾고 감기약을 답례로 몇 봉지 주었다. 그러나 점심 식사는 프렌들리 게스트하우스에서 했다. 그녀의 친절함보다는 올라올 때 맛본 네팔 김치가 더 강렬한 유혹이었다.

김치를 넉넉히 가져온 사우지는 "맥주는 왜 안 마시냐?"며 권유했다. 맥주 생각이 간절했으나 짐짓 심드렁한 표정을 지어 보였다. 그 표정은 백 루피 값을 했다. 회심의 미소를 지으며 맥주를 마시고 있으니, 스기야마가 지나가다가 내 옆에 앉아 캔맥주를 시켰다. 심드렁한 표정을 모르는 그는 당연히 제값을 다 내야 했다.

스기야마도 어제 날씨가 흐려서 랑시샤카르카에 가지 못하고 돌아왔다고 했다. 나는 그의 발걸음에 보조를 맞추었다. 밤부에서는 같은 로지에 들어갔다. 그는 나이가 많아서 허리가 아프네, 다리가 아프네 하

라마호텔에서 스기야마와 함께

더니 도착하자마자 가이드의 시중을 받아 가며 맥주를 두 병이나 연거푸 마셨다. 지금까지 만난 트레커들은 술을 거의 안 했기에 그렇게 반가울 수 없었다. 그 역시 퇴직 후 꿈에 그리던 히말라야를 찾아왔으며 비교적 쉽다는 랑탕 지역이 끝나면 카트만두에서 체력을 회복한 후 안나푸르나 라운드를 나설 계획이었다. 60세에 은퇴한 후 다니던 직장에서 시간제로 청소나 경비를 하면서 65세를 맞이했다. 평균 수명이 길어진 세상이라는 것을 알기에 저축하며 인내하고 있었다. 이제 돈과 시간, 건강을 모두 갖추었다. 다만 술을 줄여야 하나 고민만 할 뿐 실행에 옮길 마음은 전혀 없어 보였다.

그가 소지한 네팔어 교본 책자를 흘깃 보더니 종업원 아가씨에게 "보이니, 럭시 디누스"라고 했다. "아가씨, 럭시 주세요"라는 네팔 말이다. 갑자기 자신의 나라 말을 이국인에게 들은 아가씨가 머뭇거리자, 스기야마는 다시 "차이나?(없어요?)" 되물으며 이번에는 "남 께 호?(이름이 무엇입니까?)" 하고 물었다. 한참 만에 정신을 차린 아가씨는 지금까지의 질문에 한꺼번에 대답했다.

"메로 남 아무개 호, 럭시 차(제 이름은 아무개입니다. 럭시 있어요)."

그는 어느 나라든 그 나라 말을 알아야 문화를 이해하는 것 아닌가 하여 틈틈이 익히고 있다고 했다.

나마스테(안녕하세요), 단네밧(고맙습니다), 사우지(남자 주인), 사우니(여자 주인), 따토파니(뜨거운 물), 치소파니(차가운 물), 바이니(손아래 여자), 디디(손위 여자), 다이(손위 남자), 바이(손아래 남자), 차이나(없다), 차(있다).

나 역시 이 정도는 알고 있었지만 문장으로 구사하려는 시도는 해보지 않았었다. 교본을 보니 어순이 우리와 똑같고 조사도 있다.

이렇게 네팔어가 즐거운 안주가 되어 그와 나는 럭시를 몇 잔 대작했다. 로지 앞마당의 넓은 채소밭이 말해주듯 밤부 호텔의 음식은 야채가 많이 들어가 모처럼 신선한 식사가 되었다.

나는 식사 후 스기야마의 교본을 커닝하여 아가씨에게 한마디했다.

"미토 차(맛있어요)."

그러자 스기야마는 한 수 위의 문장을 구사했다.

"단야밧, 보이니, 순다리(고마워요. 아가씨, 예뻐요)."

아가씨가 한 대답은

"수아거떰(천만에요)."

아침 일찍 일어난 스기야마는 도시락 같은 약통에서 아침에 먹을 약과 영양제를 하나씩 꺼내는데 세세하게 칸막이가 된 약통의 약은 과장

하면 약국을 하나 차려도 될 듯한 분량이었다.

그는 곁에 다가온 사우니가 두통약을 요구하여 내주었다. 나도 몇 번 두통약을 요구하는 아주머니들을 만났는데 이곳 태생도 높은 고도의 어려움을 견디면서 살아간다는 것을 알게 되었다.

로지 마당 끝 계곡 쪽에서 툴로샤브루Thulo Syabru가 보였다. 약통을 점검하며 스기야마가 말했다.

"신곰파Sing Gompa까지 오늘 김상은 9시간 걸어야 해요."

하지만 그는 나를 상당히 젊은 사람으로 보았는지 별 걱정하는 눈치는 아니었다. 스기야마는 오늘 여기서 빨래도 하고 하루 쉬고 내일은 툴로샤브루까지만 갈 예정이었다. 이번 트레킹이 끝나면 카트만두에서 만나기로 하고 숙소를 알아 두었다. 같은 타멜지역으로 내가 묵는 숙소와 가까웠다.

"김상, 어서 가 보십시요. 나는 오늘 여기서 하루 쉬고 비스타리 비스타리 가겠습니다."

스기야마의 배웅 인사는 역시 네팔어였다. 비스타리는 '천천히'라는 뜻이다.

랑탕 계곡을 뒤로하고 다음의 목적지 고사인쿤드로 향하는 발걸음은 비스타리하지 못했다. 급한 발걸음으로 툴로샤브루로 가는 일행을 쫓아갔으나 랜드슬라이드Landslide 밑에서 계곡 건너편 원숭이 무리를 구경하다가 놓쳤다. 지도에 표시된 대로 우측 언덕으로 툴로샤브루 가는 길이 나 있었으나 길은 의외로 희미하여 확신이 없어 조금 기다리니, 내려오는 트레커들이 있어 안심하고 올라갔다.

툴로샤브루에서 차를 한잔 마셨다. 사우지가 나에게 극존칭 '써Sir'를 쓰며 은근히 숙박을 기대했지만 해는 아직 중천이었다. 툴로샤브루부터는 마주치거나 지나치는 트레커는 한 명도 없었다. 점점 심해지는 오르막은 숲이 우거져 적막하기까지 했다. 간신히 능선에 올랐다. 포프랑단다Foprangdand에서 숙박할까 생각했으나 이내 일어났다.

신곰파 가는 길에서는 초입에서 말을 탄 주민 한 사람과 쿠쿠리(네팔 칼)를 찬 한 사람을 만났을 뿐이었다. 칼을 찬 사람은 인상이 좋았고, 그도 이 깊은 숲 속에서 만난 사람이 반가웠는지 한참 대화를 나누고 헤어졌다.

같은 랑탕 지역인데도 풍습이 달랐다. 랑탕 계곡 쪽은 남자들이 헐렁한 농부 복장을 하고 허리에 낫을 찼는데, 고사인쿤드 지역은 날렵한 전투 복장에 옆구리에는 쿠쿠리를 차고 다녔다.

나중에 카트만두로 돌아가 그 지역에서 살인사건이 발생한 사실을 들

신곰파 오르는 길에 만난 현지 주민.
벨트에 쿠쿠리를 차고 있는 전형적인 타망족의 모습이다.

었다. 금년 봄에 서양 여성이 실종되었다가 변사체로 발견되었다. 없어진 물건도 없어서 범행동기도 밝히지 못하고 수사는 미궁에 빠졌다. 어두운 숲길은 무서웠지만 내가 만난 쿠쿠리를 찬 사람의 표정에서는 험악한 사건을 떠올리긴 어려웠다. 만약 내가 그 일을 알고 있었더라면 혼자서 통과하지 않았겠지만, 혼자 맞닥트린 그 쿠쿠리 아저씨가 얼마나 무서웠을까? 더구나 대화할 때 그는 내가 서 있던 곳보다 높은 위치에 있었다. 살인사건을 떠올릴 때마다 아찔한 순간이었다.

7시 10분에 밤부를 출발하여 신곰파에 4시 30분에 도착했으니 9시간을 넘게 걸었다. 더구나 랜드슬라이드에서 신곰파까지 무려 1,500m 가까운 고도를 올랐다. 주변의 트레커도 없이 거의 혼자 걸은 외로운 날이었다.

시바 신이 삼지창을 내리쳐 만든 호수, 고사인쿤드

10월 13일(9일째) 신곰파(3,230m, 7시 40분) – 촐랑파티(3,620m, 9시 30분) – 라우레비나야크(3,960m, 11시, 점심) – 고사인쿤드(4,390m, 14시 30분, 티베트하우스)

10월 14일(10일째) 고사인쿤드(4,390m, 7시 50분) – 라우레비나패스(4,610m) – 페디(3,740m, 11시 30분, 점심) – 곱테(3,430m, 15시) – 타레파티(3,640m, 17시 20분, 호텔 고사인쿤다)

트레킹 중 이렇게 시원하게 뜨거운 물이 나오는 것은 처음이었다. 더구나 욕실이 방안에 설치되어 있어서 호사한 마음이었다. 그동안은 핫샤워Hot shower라 해도 물이 찔끔찔끔 나오고, 마당에 설치된 부실한 욕실은 한기가 심해서 최대한 빨리 목욕을 마쳐야 했고 다시 옷을 입는 것도 신속을 요했다. 이곳에서 나는 마치 겨울 노천 온천의 일본 원숭이가 그러하듯 욕실을 나오기가 싫었다.

 간밤에 숨가쁜 현상이 심하여 다이아막스 한 알을 먹었다. 이곳 신곰파는 캰진보다 낮은 곳인데도 그런 현상이 있는 것을 보면 어제 무리한 것이 확실했다.

 길을 떠나기 전 마을 중앙의 곰파에 들렀다. 천손 관세음보살이 동그란 후광을 배경으로 빛났고, 보살의 하얀 피부와 하얀 비단으로 표현되는 천손은 현란했다. 건물 내부는 퇴색한 목조 기둥들이 어두운 인상을 주었는데 그것은 관세음보살을 더욱 빛나게 하기 위한 것이었다. 천손을 가진 관세음보살이라면 아무것도 의지할 것이 없는 이 고산지대의 주민들에게 무한한 힘이 되었을 것이다. 이 외로운 트레커도 두 손 모아 관세음보살에게 빌었다.

 '벌써 집을 떠나온 지 한 달이 되었습니다. 덕분에 지금까지 무사히

신곰파의 천손 관세음보살

트레킹을 다니고 있습니다. 안나푸르나 라운드를 마치고 랑탕도 이제 막바지에 접어들고 있습니다. 아무쪼록 앞으로도 무사히 저의 여정을 마칠 수 있도록 비나이다.'

춀랑파티Cholang Pati는 동쪽으로 랑탕히말로부터 서쪽으로 가네시히말을 병풍처럼 두르고 있었다. 지도를 보니 시샤팡마8,013m가 가까이 위치하고 있었다. 당시 랑탕을 오르면서 시샤팡마는 전혀 내 머리에 없었다. 8천m 봉우리 중 하나였지만 중국에 위치한 탓이었다. 왠지 이 지역 맹주로 랑탕리룽을 인정하기 어려웠는데 시샤팡마8,046m라는 진짜 맹주가 거기에 있었던 것이다.

정작 고사인쿤드 지역의 일등 뷰포인트인 라우레비나야크Laurebina Yak에 이르렀을 때에는 장막이 가리워지기 시작했다. 구름 장막은 오르락내리락 몇 번 예고를 하더니 왼쪽에서 오른쪽으로 순식간에 드리워져

멀리 로지의 왼편 아래 고사인쿤드 호수가 있다.

더 이상 열리지를 않았다. 라우레비나야크에서는 좀 전 촐랑파티에서 보이는 것 이외에도 서쪽으로 마나슬루와 안나푸르나까지 보이는 고사인쿤드 지역 최고의 뷰포인트이다. 이곳에서 안나푸르나의 마차푸차레를 볼 수 있다면 마르디히말을 오르지 못한 아쉬움을 달랠 수도 있었을 것이다. 그러나 어찌하랴, 장막이 더 이상 열리지 않는 것을. 환희도 좋지만 아쉬움과 미련도 좋은 것이다.

고사인쿤드(흰 호수라는 뜻)에 들어섰을 때 다시 하늘이 열렸다.

긴 비탈길을 건너가자 호수들이 나타났다. 호수는 듣던 대로 여기저기 널려 있었다. 주요 호수는 11개라고 하지만 작은 것까지 하면 쉽게 세지는 못할 숫자였다. 힌두교인들은 모두 108개라고 믿는다는데 억지가 아니었다. 하긴 호수들은 지하의 수로로 연결되어 있다고 하니 어디서든 불쑥 생겨날 듯했다. 힌두교 신화에 의하면 호수는 시바 신이 만들었다. 시바 신은 어느 날 우주 파괴의 원인이 되는 독약을 마시고, 목이 타들어가는 고통을 느끼자 마실 물을 찾아 이 지역에 삼지창을 내려쳐서 샘이 솟게 했다. 성격이 급한 시바 신이 여기저기 함부로 삼지창을 내려친 탓에 호수도 그만큼 많이 생겼을 것이다.

고사인쿤드 마을 초입에서 대만인 '조'와 '정'이 인사를 걸어왔다. 동갑인 것을 알고 나서는 더욱 반가워했다. 서양인이 주류를 이루는 이곳에서 같은 동양인끼리 부담 없이 대화를 나누었다. 럭시라도 한잔 함께 하고 싶었지만 고소를 우려해 다음 숙박지 타레파티로 미루었다.

기온이 급강하한 고사인쿤드Gosainkund는 저녁 무렵에는 하얀 눈가루가 호수를 덮어 말 그대로 흰 호수가 되었다. 호숫가에 있던 말 한 마리가 새끼를 데리고 양지바른 우리들 곁으로 왔다.

잠자기에는 아직 이른 시각. 침낭 속으로 들어가 지퍼를 채우니 저녁 식사시간에 대만인 가이드가 들려주었던 고사인쿤드 축제 장면이 떠올랐다.

봄철 트레킹 시즌이 끝난 한여름, 한적해진 고사인쿤드 지역에 날마다 장대 같은 비가 쏟아진다. 그 비를 맞으며 주황색 옷을 입은 무리들이 떼를 지어 몰려든다. 양을 앞세우고 손에는 돗자리를, 등에는 보따리를 메고 있다. 비가 오기 때문에 야영은 단념하고 인근의 로지에서 하룻밤을 보낸다. 다음 날 이들은 다시 제물을 챙겨 들고 북쪽의 시바 사원을 들러 고사인쿤드 호숫가로 향한다. 옷 색깔보다 진한 주황색 두건을 칭칭 감아 두른 사두가 선두에 서 있다. 턱수염과 코밑수염이 근사한 그는 눈 밑에 인디안 추장처럼 빨강, 파랑, 하양 삼색의 줄무늬가 선명하다. 호숫가에 모인 그들은 먼저 양을 잡아 호수의 신에게 제물을 올린다. 사두의 지시에 북소리가 울리고 사람들은 원을 지어 빙빙 돌며 춤을 추고 노래를 부른다. 이렇게 밤을 새운 이들은 고사인쿤드 호수 물에 정갈하게 세수하고 다시 사두를 따라가, 북쪽 기슭의 조그만 동굴에 모셔진 일곱 여신에게 제물을 바친다. 그리고 사람들은 일일이 사두로부터 띠까를 받는다.

보통 아침 식사 주문은 시간을 정하여 전날 저녁에 한다. 로지 측에서도 그렇게 하기를 원해서 나는 항상 그렇게 하고 있다.

오늘 아침은 식사시간이 7시가 넘었는데도 다른 손님들에게는 열심히 서빙되는데 나에겐 가져올 기미가 보이지 않았다. 그러고 보니 다른 사람들은 포터나 가이드가 열심히 주방을 들락날락하며 자기 고객을 챙겨 주고 있었다. 오늘 가야 할 길이 멀어 서둘러야 하는데, 대만인들도 떠나고 나 혼자만 남게 되었다. 한참 뒤에 나온 식사를 보고 화를 내고 말았다.

"어제 주문한 음식인데 이렇게 늦게 나오면 어떻게 하느냐? 아무도 없는 혼자라고 무시하느냐?"

난처해하는 그들에게 어찌 더 해보지도 못하고 숟가락을 들었으나 밥맛이 있을 리 없었다. 몇 숟갈 들지 못하고 출발했다.

간밤에 내린 눈이 들판을 덮었다. 파란 호수와 하얀 들판을 보니 간밤의 추위가 다시 밀려왔다. 호숫가 힌두교 기도처 앞에 주황색 승복을 입은 신자 한 명이 추위에도 아랑곳하지 않고 정좌를 하고 명상에 잠겨 있었다. 보통 때 같으면 그가 추구하는 깨달음을 생각하며 그 앞에서 한동안 사색에 잠길 수도 있었지만 지나쳤다.

고사인쿤드를 지나 헬람부에 이르는 최고 고점인 라우레비나패스만 통과하면 내리막으로 속도가 날 줄 알았다. 그러나 얼마간의 내리막 후 아예쌍Ayethang까지 또다시 심한 오르막이었다. 패디Phedi 마을에서 점심시간이 되었다. 하나밖에 없는 로지에는 마당까지 주문한 점심을 기다리는 트레커들로 가득했다. 마당 한켠에 1992년도 인근에서 추락했다는 타이 항공의 잔해인 철제조각을 바라보며 과연 점심 주문을 해야 하는지 잠시 망설였다. 그렇게 했다가는 아침 꼴 날 것이 뻔했다. 즉석에서 받을 수 있는 찐 감자를 주문해 몇 개 먹고 서둘러 길을 나섰다. 먼저 와 있던 대만인들은 주문한 음식을 아직 기다리고 있었다.

곱테Gopte를 통과한 것은 오후 3시, 그리고도 몇 번의 심한 오르막과 내리막을 계속하다가 결국 오후 내내 유일한 길동무였던 그림자도 안

식처를 찾아 어둠 속으로 사라질 무렵 타레파티에 도착했다. 어둑한 밤 하늘을 등지고 서서 누군가가 큰 소리로 나를 불렀다. 오던 길에 몇 번 인사를 나누었던 다른 팀의 가이드였는데 대만인은 오늘 밤 곰테에서 머무른다고 알려주었다. 같은 동양인끼리 맘 편하게 술 한잔 하면서 오늘 힘들었던 피로를 풀고 싶었는데 열심히 온 보람이 조금은 사라져 버리고 말았다.

방으로 들어가자 신발도 벗지 못한 채 침상에 축 늘어져 버렸다. 참으로 힘든 날이었다. 아침부터 여유라고는 하나도 없었다. 라우레비나 패스 통과 후 짙은 갈색의 돌들뿐인 광활한 들판을 통과하면서 내가 어느 별 중의 하나에 살고 있다는 감상이 오늘 유일한 여유였다. 그 외로운 별에서 나는 아침부터 화를 냈고 이유도 없이 바빴다.

다행히 로지 주인 마타라마는 한국에서 오랫동안 근무한 사람으로 한국의 정을 아는 사람이었다. 나이는 내 또래쯤 되고 얼굴에 큰 점이 있는 통통한 주인은 유창한 한국말로 나를 아저씨라고 호칭했지만 '사티'로 부르도록 정정해 주었다. 사티는 친구라는 뜻의 네팔 말이다.

다이닝룸에서는 아직 피우지 않은 난로를 가운데 두고 빙 둘러앉은 트레커들이 모두 한 가족처럼 마주볼 수밖에 없었다. 나의 사티가 한국과의 인연을 이야기하자 관심은 모두 나에게 쏠렸다. 이미 럭시를 몇 잔 걸쳐 얼큰해진 나는 다이닝룸의 대화를 주도하게 되었다. 체르고리 정상에서 들고서 만세를 불렀던 '여보 사랑해'라고 적힌 기념엽서를 보여주었다. 보통 원정대가 등정하면 국기 등을 들고 사진을 찍듯이 나는 아내의 이름을 적어 감격을 표현했었다. 한글을 처음 대하여 신기했는지 그들은 나에게 자기 이름을 한글로 써 달라고 요청하기도 했다.

아침부터 화를 내서 하루 종일 찜찜했던 마음도 개운해졌다. 하루 종일 빈속이었던 내 배에 포만감이 밀려오자 오늘 하루의 일을 느긋이 돌아보게 되었다.

화를 내고부터는 내 발걸음은 하나도 여유가 없었다. 헬람부 지역의 최고점 라우레비나패스에서도 바람 소리를 듣지 못했다. 고개는 바람의 길목에 불과했고 오색의 타르초는 단순한 장식이었다. 부처님의 진리를 가득 머금은 바람도 나를 피해갔다. 경전을 읽은 물도 내 발길을 외면했다. 당초의 다짐이었던 존재를 탐구하고자 하는 자세는 어디로 가버리고 없었다. 그 와중에도 라우레비나패스에서 타르초를 배경으로 사진을 찍었다. 그것은 소유욕과 무엇이 다르겠는가? 누군가에게 자랑하기 위해서 한 여행이 아니라고 자부하던 내 자존감은 다 어디로 갔을까?

양산박 주막의 빠빠지

> **10월 15일(11일째)** 타레파티(3,640m, 8시 10분)−마겐고트(3,320m, 11시, 점심)−쿠툼상(2,470m, 14시 10분, 쿠툼상 호텔)

> **10월 16일(12일째)** 쿠툼상(2,470m, 7시 40분)−골푸반장(2,130m, 9시 30분)−랍추단다(2,420m, 11시 30분, 점심)−파티반장(1,750m, 16시 30분)

어제 지나온 길이 한눈에 다 보였다. 아예쌍부터 페디, 곱테가 산능선을 하나씩 사이에 두고 자리 잡고 있었다. 길은 능선도 아니고 계곡도 아닌 깊게 주름진 산중턱을 가로지르고 있어서 능선과 계곡을 연신 오르락내리락하고 있었던 것이다. 당연히 지도에서의 거리보다 몇 배

타레파티의 호텔 고사인쿤다 부엌 불단

길 수밖에 없었다.

　사티는 숙박비 정산이 끝난 후에도 나를 놓아주지 않았다. 정성껏 공들인 불단을 바라보며 다시 자리에 앉았다. 그는 한국에서 근무했던 곳, 업종, 주인과의 좋았던 관계 등을 이야기해 주었다. 이미 차를 두 잔이나 얻어 마셨는데 채 익지도 않은 창을 거르게 하더니 한 주전자 가득 내 앞에 내밀었다. 창은 우리나라의 막걸리와 같은 술로, 마시기 전에 발효된 모짜를 용기에 넣고 막대기를 비비며 돌려 분해하는데 아무래도 찌꺼기가 남아 말끔하지는 않다. 벌써 습관이 되었는지 아니면 사티의 애정이 담긴 술이어서인지 오히려 목을 타고 넘어가는 감촉이 시원했다.

　창을 몇 잔 마시니 급기야 하루 더 묵었다 가라고 권했다. 고민되는 순간이었다. 어제 무리하여 허리도 아플 뿐 아니라 다시 만나기 어려운 사티의 정을 생각하면 반나절이라도 더 있어야 했다. 그러나 아직도 고도가 높은 지역인지라 음습한 냉기가 그렇게 날 한가롭게 하지는 않았다. 결국 길을 나섰다. 사티와는 지니고 있던 사진을 주고받았다.

내리막길인데도 발걸음은 무거웠다. 그동안 용케도 참았던 허리가 아파 왔다. 빗방울이 하나 둘 떨어지기 시작했다. 마겐고트Magen Goth 앞의 조그만 오르막도 너무 높게 느껴졌다. 오르막 위의 지평선처럼 보이는 평지 위로 나무 하나가 검은 빛을 띠고 있고, 그 나무에 팔을 뻗어 기대고 힘들게 올라오는 나를 묵묵히 지켜보는 사람이 있었다. 문득 안나푸르나의 가사Ghasa 버스 정류장에서 나를 지켜보고 있었던 디카일까? 하는 생각을 했다. 그의 모습을 놓치지 않으려고 올랐으나 막상 디카도 아무것도 아닌 나뭇가지에 불과했다. 힘든 토롱라를 오르면서 내 짐을 들어 주겠다던 디카, 안나푸르나 베이스캠프로 향한 디카가 여기서 나타날 이유가 없었다.

간신히 로지에 도착하여 의자에 앉아 꼼짝 않고 시간이 가기를 기다렸다. 몇몇 트레커들이 힐긋힐긋 바라보았지만 말을 걸지는 않았다. 이대로 움직일 수 없어서 남의 부축을 받아 방으로 옮겨지는 상상도 했다. 나의 멈춰 버린 몸에서 다시 태엽이 돌아갈 수 있을 것 같지 않았다.

그 자세로 식사도 하고 차도 마시며 한 시간이 지났을까? 조심스럽게 일어나기를 시도하자 몸이 다시 움직여졌다. 날씨도 점차 맑아졌고, 아무 일 없었다는 듯이 다시 출발했다.

발밑으로 계단식 밭이 보이기 시작했다. 들판 한가운데 시야가 탁 트인 곳에서 순백의 초르텐이 마중했다. 온 가족이 밭에서 쟁기질을 하다가 나에게 손을 흔들었다. 고개에 형성된 마을 쿠툼상Kutumsang에 도착했다.

 나는 자주 와 보았던 숙소를 다시 찾듯 주저 없이 쿠툼상 호텔로 들어갔다. 타레파티의 마타라마가 자기 딸이 운영한다며 들르도록 한 로지인데, 사우니는 아침에 아버지와 함께 있었다는 말을 해도 무덤덤했고, 아버지의 고마운 마음을 생각하고 준비한 간단한 선물을 주었지만 별 반응이 없었다. 이곳을 찾아오느라 하루 종일 힘든 발걸음을 했다는 말은 꺼내지도 못했다.

 마당에 설치된 샤워장에서 그동안 쌓인 때를 말끔히 씻어 냈다. 마당의 빨랫줄에는 내 빨래로 가득했다. 테라스에서 따스한 햇살을 받으며 맥주병에 담긴 럭시를 한 병 마셨다. 파리들이 자기들 만찬장인 줄 알고 달려들었다. 따스함을 몰고 온 그들이 반가웠다.

 아직도 해는 중천에 떠 있고 마당에는 쿠쿠리를 팔러 온 보따리상을 둘러싸고 이 집의 이혼한 큰아들과 친구들이 모였는데, 주인집 꼬마둥이가 주위를 아장아장 걸으며 조그만 통 속에서 까만 열매를 꺼내 먹고 있었다. 놈은 맛있다는 표정으로 건들건들 주위를 돌아다닐 뿐 아무리 쳐다봐도 하나도 줄 맘이 없었다. 먹다가 땅에 떨어진 열매는 발로 비틀어 밟아버렸다.

 괘씸한 마음으로는 내 욕구가 해결될 리 만무했다. 배낭에 하나 남은 초콜릿을 꺼내 주고 한 알 얻어먹을 수 있었다. '장주'라고 부르는데 일종의 체리로 완전 비타민 덩어리였다. 안나푸르나에서 경험한 바 있어 비타민을 한 통 사서 틈틈이 복용했지만 여전히 신선한 야채가 그리웠다. 역시 비타민 알약은 야채나 과일의 욕구를 달래주지 못했다. 아이는 완전 남는 장사를 하고도 더 이상 줄 생각을 하지 않았다. 인정머리 없기가 자기 어머니 못지않았다.

　장주에 관심을 보이자 쿡을 담당하고 있는 주인집 조카가 가까이에 장주 나무가 있으니 가보자고 했다. 어린아이에게 차마 말 못하는 약오름을 느끼고 있던 나는 얼씨구 따라나섰다. 그는 높이 뻗은 장주 나무에 올라가 열매가 가득 달린 가지를 내려주었다. 500루피를 주어 감사의 마음을 전했다. 트레킹 중 돈으로 사례한 것은 처음이었다.

　장주 나뭇가지는 한아름이어서 식사 후 방에서 열매를 따는 데 한참이 걸렸다. 문득 옛날 차마고도를 통해 교역했던 티베트의 말과 중국 차의 교환 조건이 말 한 필당 차 120근이었다는 사실이 떠올라 절로 웃음이 나왔다. 어린아이는 티베트 몰락에도 한몫한 그 말도 안 되는 교역 조건을 알고 있었던 것일까?

탕쿠니반장으로 짐을 나르는 마을 여자들

고사인쿤드에서의 다짐도 잊어먹고 간밤에 또 화를 냈다. 보통 8시 이후에는 조용히 취침하는 것이 로지에서의 불문율이다. 어젯밤에 9시가 훨씬 넘었는데도 스위스에서 온 식구들이 바로 앞방에 모여 떠드는 바람에 화를 내고 말았다.

스위스인들은 라우레비나패스를 내려오면서부터 몇 번 마주친 적이 있었다. 아침에 나이 든 아버지가 사과하면서 자초지종을 설명했다. 포터들과 문제가 생겨 여행기간을 줄여야 하는 상황이라서 대책을 논의하다 보니 그렇게 되었단다. 아마 그들의 빠른 일정 때문에 포터들이 추가 수당을 요구하고 파업을 통보했던 모양이었다. 듣고 보니 그들의 사정이 이해가 되었다. 그들은 아침에도 여행사와 통화하며 분주했다.

골푸반장Golphu Banjyang에서는 사과를 몇 개 사서 칙칙한 초르텐 계단에 엉덩이를 걸치고 먹었다. 햇살은 '따스한'에서 피하고 싶은 '따가운'으로 변해 버렸다. 땀도 나기 시작해서 쉬엄쉬엄 걸었다.

오늘의 목적지는 치소파니Chisopani였는데 파티반장Pati Banjyang에 이르자 갖은 꾀로 숙박하게 하는 양산박의 술집 주인 빠빠지(56세)를 만났다. 아직 더 갈 수 있었지만 그의 꼬임에 넘어가기로 했다. 여기부터는 버스가 다니고 있으니 무리할 필요 없다는 거였다. 무엇보다 오늘 저녁 마을에서 결혼 축하연이 있다는 것이었다.

암흑의 밤길을 빠빠지의 손길에 이끌려 잔칫집을 찾아갔지만 어찌된 영문인지 결혼 축하연 같은 것은 없었다. 그 대신 파견 나온 경찰관의 안내를 받아 마을을 구경하고 동네 청년들과도 즐거운 시간을 가졌다.

아름다운 이름들아, 잊지 않을게

10월 17일(13일째) 파티반장(1,750m, 13시) - (버스) - 카트만두(17시)

간밤 만취 상태에서 속이 부대낀 탓에 그 넓은 침대를 휘저으며 잠을 잤다. 당초 빠빠지가 권했던 방은 자신의 별채였는데 대나무 줄기의 벽은 구멍이 숭숭 났고 바닥은 울퉁불퉁한 흙이었다. 만약 그곳을 받아들였더라면 흙바닥에서 일어날 뻔했다. 별채로 가서 세숫대야에 손을 담그고 있을 때 사복을 입은 젊은이 한 명이 건너편 파출소에서 나에게 방긋 웃음을 보내왔는데, 어제저녁 착해 보이는 빠빠지의 권유와 도저히 몸을 눕히기 어려운 침대 사이에서 갈등하고 있을 때 내 배낭을 들쳐 메고 본가의 아늑한 방으로 안내해 주어 사태를 해결해 준 사람이 제복을 입은 그 경찰관이었다.

확실히 저지대의 마을은 힌두교 세상이다. 아침 일찍 빠빠지를 따라 마을을 둘러보다가 큰 저택을 들여다보게 되었다. 먼저 은은한 향이 코를 찔렀다. 불씨와 꽃잎을 깡통에 담아 살살 흔들면서, 꽃잎으로 낸 연기를 집 구석구석마다 쏘였기 때문이었다. 밤새 찾아왔을지도 모를 악귀를 쫓고 집안을 정화시키는 의식이었다.

집 대문을 비롯해 모든 문에는 양옆으로 노란 금잔화가 한 송이씩 놓여져 있었는데 아침을 더욱 신선하게 해주었다. 넓은 정원에는 힌두교의 신들이 도열하여 있고 별도의 사당에 가네시 상이 모셔져 있었으며, 그 밖에도 큰 나무 밑에는 요소요소에 많은 신들이 자리를 차지하고, 각종 신상 옆에는 큰 종이 달려 있기도 하고 철제 삼지창이 꽂혀 있기도

아침에는 꽃잎 물로 신들을 단장한다.

했다. 주황색의 넉넉한 바지, 밤색의 겉옷, 머리에는 두건을 두른 할머니가 바가지에 꽃잎으로 즙을 내어 신들의 몸을 단장했다. 매일 꽃물로 목욕하고 연지 곤지 화장을 받는 행복한 신들이었다.

집의 토방에는 며느리인 듯한 젊은 여자가 아이를 앞에 앉혀 놓고 띠까를 해주고 있었다. 띠까란 빨간 꽃잎을 으깨어 이를 요구르트나 밥풀에 반죽하여 그 덩어리를 이마에 붙여주는 행위로 빠빠지의 설명에 의하면 평화, 행복, 건강을 기원하는 의식이었다.

빠빠지를 따라다니면서 본 그의 행동은 인상과 다르지 않았다. 가벼운 몸동작은 쉬지 않고 움직이는 경쾌하고 민첩한 참새를 연상시켰다. 나보다 몇 살 아래인 그는 어금니가 거의 없어서 활짝 웃는 모습이 천진난만한 어린아이 같았다. 그의 주머니에는 항상 남에게 줄 무엇이 있었다. 어린아이들에겐 땅콩과 사탕을 나누어 주고, 어른들에겐 담배를 나누어 주었다. 읽거나 쓸 줄은 몰라도 신기하게 영어도 잘하고 일본어도 가능했다. 식구들과 떨어져 바로 옆의 허름한 별채에서 혼자 숙식하고 있었는데 부인이 같은 침대를 쓰는 것을 싫어한다고 했다. 그는 상관하지 않고 아침 일찍 일어나 본가에 가서 가축을 단속하고, 지나가는 트레커들에게 호객행위를 하여 차든 음식이든 들르도록 만들었다.

풍한 인도 풍의 아내는 절대 그에게 말을 걸지 않았다. 뿐만 아니라 잘생긴 그의 큰아들과 예쁜 딸도 마찬가지였다. 누구의 잘못이건 그 외로운 섬에서 빠빠지는 화를 내기는커녕 즐겁기만 했다. 표정만으로는 은근히 속이 뭉그러져 있는 사람은 오히려 그의 아내였다.

작별의 시간이 다가오자 빠빠지가 내 목에 카타를 걸어 주었다. 카타는 실크로 된 스카프로 종교 행사나 길을 떠나는 사람에게 행운을 기원하는 상징물이었다. 그가 나에게 준 카타는 불교 진언과 만다라가 그려진 고급스러운 것이었다.

카타를 목에 걸고 빠빠지 가족들과 사진을 찍고 싶었다. 그러나 선뜻 나서지 않는 바람에 전부 모으는 데 많은 시간이 걸렸다. 그는 그의 아내 곁에 서지 않고 내 앞에 앉았다. 그들 부부를 나란히 세우지는 못했지만 그들을 최대한 가까이 있게 한 공로는 있었다.

큰아들은 버스를 이용하여 카트만두의 애인도 만나고 필요한 식자재도 사 온다며 나와 동행할 것임을 알려주었다. 면도를 하고 멋을 낸 그가 현지인 요금으로 버스표를 사 주었다.

배낭에 집어넣으려고 슬리퍼를 수돗가에서 물로 씻고 있으니 빠빠지가 가느다란 목을 주욱 내밀고 쳐다보았다. 그에게 주었더니 당장 그 슬리퍼를 신고 내 배낭을 둘러메고 앞장섰다.

마을을 벗어나 오르막 10분 거리의 버스 정류장 앞에는 비교적 깨끗한 로지가 보였으나 상관없었다. 그의 환대를 생각하면 어젯밤의 열악한 로지 정도는 충분히 감수할 만했다.

그는 버스 정류장에 모인 사람 앞에서 보란 듯이 슬리퍼 손질을 했다. 그러더니 버스 출발을 기다리면 무료하니까 치소파니Chisopani가 보이는 저 앞에까지 가보자며 내 손을 이끌었다. 아들이 버스에서 내 자리까지 다 잡아 놓기로 했다. 그는 내가 준 파란 슬리퍼를 신고 어린아이처럼 물을 만나면 물장구를 치며 갔다. 그는 누구와도 격의가 없었다. 어느 한 집에 들어가 밭에 있는 아주머니를 불러내더니 주섬주섬 돈을 건네주고 창을 거르게 했다. 어제 내가 술을 즐긴다는 사실을 알고 있었던 것이다. 한 잔도 술을 하지 못하는 그의 배려가 고마웠다. 창은 담근 지 오래되어 시큼해서 한 모금밖에 마실 수 없었지만 두고두고 빠빠지를 생각하게 하는 특별한 술이었다.

버스는 마을 뒤편을 올라 치소파니와는 반대로 계곡으로 접어들었다. 마치 일본의 오사카 성

내가 준 슬리퍼를 신고 즐거워하는 빠빠지.
내 배낭을 뺏어 지고 배웅하는 길이다.

처럼 능선 위의 웅장한 건물 치소파니를 바라보며 13일간 지나쳐 온 마을들을 되짚어 보았다. 샤브루베시, 툴로샤브루, 포프랑단다, 촐랑파티, 고사인쿤드, 곱테, 타레패디, 마겐고트, 쿠툼상, 치플링. 참으로 아름다운 이름들이다. 마지막 가보지 못한 '치소파니'와 '순다리잘'까지 나에게는 영원히 그리움으로 남을 이름들이었다.

 아름다운 이름들아, 안녕! 이제 가끔 너희들을 부르며 행복해 할게. 이렇게 잊지 못할 추억을 만들어 줘서 고마워!

 유실된 길은 조수가 직접 내려 복구하고, 펑크도 때우면서 버스는 오후 5시에 카트만두 외곽의 터미널에 도착했다. 빠빠지의 아들이 타멜까지 택시로 동행해 주었다.

 카트만두 숙소로 돌아온 나는 소주도 한 병 시키고, 상추에 삼겹살을 듬뿍 싸서 입에 밀어넣었다.

3. 에베레스트 그랜드 라운드

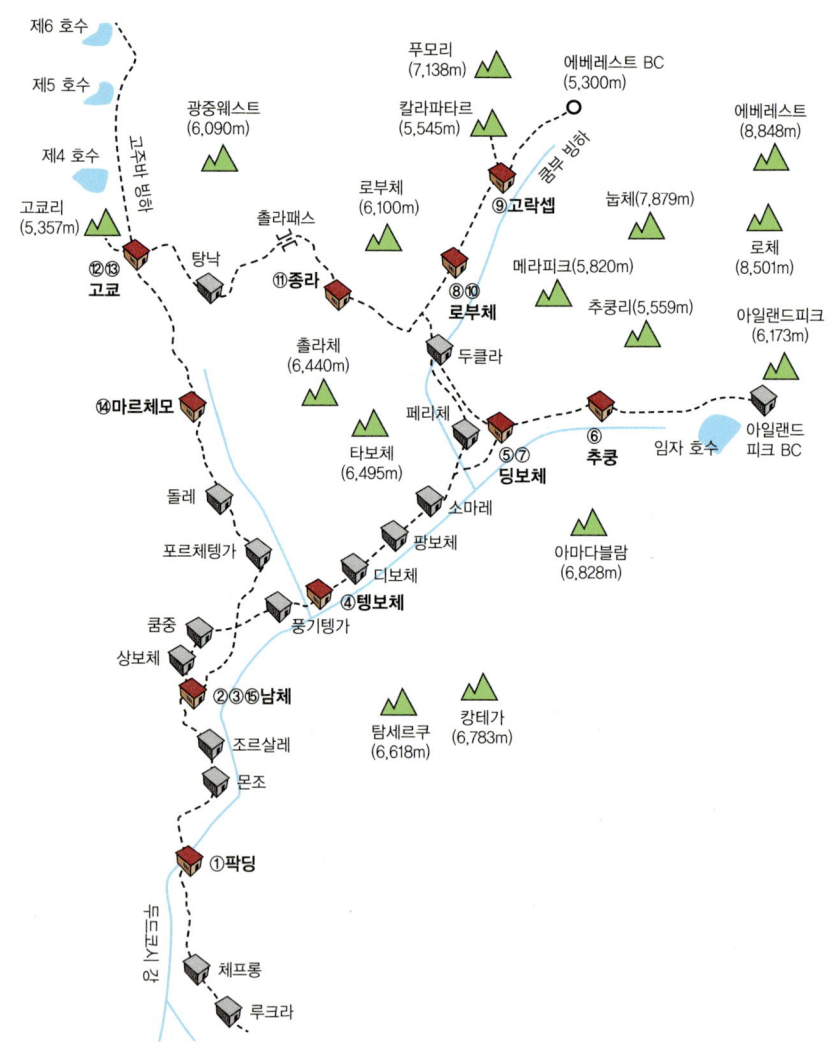

옴마니밧메훔, 깨달음으로 가는 길

10월 20일(1일째) 카트만두(13시) - (비행기) - 루클라(13시 40분) - 팍딩(2,610m, 16시 30분, 웰컴투씨유 로지)

이른 아침, 공항은 안개가 잔뜩 끼어 비행기는 이륙할 엄두를 내지 못하고 있었다. 승객들이 모여들어 좁은 국내선 공항은 대 혼잡을 이루었다. 승객들 틈에서 이리저리 밀리다가 랑탕 트레킹 중 쿠툼상에서 내가 화를 냈던 스위스 가족을 만났다. 그들도 나처럼 다시 에베레스트 트레킹을 가는 길이었다. 노부부와 아들 부부 그리고 딸이 함께했다. 이번에는 딸의 친구는 보이지 않았다.

비행기는 정오를 넘겨서야 이륙했다. 얼마 전에 이곳 카트만두 활주로에서 루크라행 경비행기가 이륙하다 새들이 프로펠러에 부딪치면서 추락하는 사고가 있었다. 그 사실을 안나푸르나 라운드 끝 무렵인 가사에서 레스토랑에 설치된 텔레비전을 통해 접했었다. 10여 명의 승객이 모두 사망하는 큰 사건이었지만 그것을 기억하는 사람들은 아무도 없어 보였다.

30분 정도 날아간 14인승 경비행기는 고도를 낮추는 수고를 할 필요가 없었다. 대신 산들이 아이맥스 영화관의 화면처럼 올라와 마중했다. 그리고 경사진 오르막 활주로에 바퀴를 펴니 저절로 속도가 감속이 되고 살짝 우측 평지로 꼬부라지자 대합실 문 앞이었다.

루클라Lukla의 하늘은 짙은 구름으로 어두웠으며 한기가 느껴졌다. 짐을 줄이느라 방한 도구를 소홀히 하지는 않았나 하는 걱정이 들었다. 옷을 여미고 배낭을 멨다. 가로막고 서서 짐을 뺏어 들려는 포터들 사이를 빠져나갔다.

체플룽Chepplung에서는 지리Jiri에서 올라오는 이정표가 보였다. 루클라 비행장이 생기기 전에는 에베레스트 트레킹은 거기서부터 시작했으며, 육로코스였다. 원대한 계획이었지만 6일 정도 더 걸리고 무엇보다 1,900m나 줄곧 오르는 구간이 있어 나 홀로 트레커가 본 게임에 앞서 힘을 빼놓을 수 없다고 판단하여 포기했던 길이다.

올라가는 길에는 트레커들과 짐을 나르는 야크들로 분주했다. 트레킹을 끝내고 루클라 비행장으로 향하는 사람들의 발걸음은 가벼웠다.

팍딩Phakting 마을 입구의 케니게이트는 티베트 불교 진언 '옴마니밧메홈'의 '옴'을 커다랗게 새긴 바위였다. 선명하게 각인된 글씨를 자세히 들여다보니 글자 하나하나가 무언가를 말하려는 듯했다. '옴' 자는 마치 수려한 승복을 입은 승려가 춤을 추는 동작이다. '옴마니밧메홈'을 한 번 암송하는 것으로 경전을 한 번 읊는 효과가 있다는데 '옴' 자 하나만

팍딩 마을 초입. 바위의 '옴' 자가 승려의 춤추는 모습이다.

바라보아도 그 효과는 충분했다. 그동안 나도 모르게 '옴마니밧메훔'을 수없이 봐 와서 벌써 깨우침을 얻은 걸까? '옴' 자를 바라보며 무수한 상념이 있고, 아무것도 없는 무아가 있다. 오르막 계단을 하나하나 올라서 금색의 봉우리와 하얀 벽으로 된 초르텐을 천천히 통과했다.

초르텐 통과 후 몇 집을 지나치고 들어간 로지는 아직 마을 초입에 불과했다. 그래서인지 손님은 나 혼자뿐이었다. 다이닝룸의 노부부는 텔레비전에 집중했고 이 집의 둘째 아들인 주방장은 형처럼 도시에 나가지 못한 것이 못마땅한지 심드렁했다. 내 눈에는 스트레스를 벗어나기 힘든 도시보다 한적한 시골에서 로지 운영이 더 부러워 보이는데, 이것을 깨닫기에는 그는 너무 젊다.

식사 후 마을을 구경했다. 역시 큰 동네였다. 멋있는 로지가 있어 들어가 보았더니 공항에서 본 스위스 가족이 보였다. 맥주라도 같이 하며 미안함을 덜어 볼 좋은 기회였는데 스위스인 아버지는 뭔가에 너무 열중하고 있어서 눈인사만 하고 나왔다.

그 앞에 예쁘장한 가게가 있어 두리번거렸더니 네팔 털모자(우코도비)를 귀밑까지 드리운 귀여운 여자아이가 한국말로 '안녕하슈' 하고 인사를 했다. 이 산중에서 한국인을 한눈에 알아봐 주니 너무나 반가웠다. 아이는 가게의 진열대처럼 깔끔했는데 유감스럽게도 그 아이는 더 이상 아는 한국말이 없었다. 그 사이 니키(22세, 꼬마의 언니)가 쫓아 나와서 활짝 핀 얼굴로 환대했다. 그녀는 살짝 불거진 광대뼈와 드러난 덧니가 어릴 때 시골의 동네 누나의 모습이 생각나게 했다. 지금은 찾을 수 없는, 그래서 거의 잊고 있었던 얼굴을 보자 금방 친근감이 생겼다. 트레킹을 마치고 내려오는 날 다시 들르기로 했다.

손이 가려우면 돈이 들어오고, 발이 가려우면 여행을 가야 한다

10월 21일(2일째) 팍딩(2,610m, 8시)-조르살레(2,810m, 점심)-남체(3,440m, 14시 30분, 푯레스트 호텔)

10월 22일(3일째) 남체(네스트 호텔, 고소적응을 위한 하루 휴식)

어제저녁 맥주를 마셨던 히말라얀어드벤처 호텔로 가서 차를 마시고 있으니 스위스인 가족이 지나갔다. 사과 한 개씩을 손에 쥐여주었다. 그들과는 남체를 오르면서 앞서거니 뒤서거니 했으나 그 이후로는 더 이상 만나지 못했다. 니키 자매가 강아지 손까지 흔들며 배웅했다.

'두드'는 네팔어로 우유, '코시'는 강(간다키보다는 작고, 콜라보다는 큰 강)을 말한다. 빙하가 녹아 흐르는 강물은 계곡을 따라 내려오면서 이리저리 부딪혀 포말을 내고 있다. 말 그대로 맑은 우윳빛이다. 두드코시Dudh Kosi 강에 놓인 철제 현수교가 유난히 길어서 건너편이 아련하다. 난간에 걸린 많은 카타들이 바람을 기다리며 숨을 고르고 있다. 짐을 잔뜩 실은 야크들이 지나가기를 기다렸다. 다리를 건너자 왼편 계곡 사이로 설산이 나타났다. 지도로 확인하니 탐세르쿠6,618m였다

탐세르쿠는 왼편의 캉테가6,783m와 더불어 에베레스트 지역의 남쪽을 멋있게 장식하는 산이다. 후에 추쿵리와 칼라파타르 그리고 고쿄리에서도 조망되는 봉우리는 둘 다 말안장처럼 생겨서 쉽게 판명되는 산이었다. 특히 캉테가 쪽이 더욱 그러한데 그 이름도 티베트어로 '스노우 새들Snow saddle'이라는 뜻이었다. 후에 고쿄에서 만난 필립은 동물의 뿔처럼 생겼다 하여 혼 피크Horn peak라고 불렀다.

올라가는 길에는 다른 지역에서 볼 수 없는 야크 행렬이 많았다. 야크가 생필품도 나르고 트레커들의 포터 노릇도 했다. 순한 웃음을 띠고 있는 마부는 야크가 아니라 '좁게Jobkey'라고 정정해 주었다. 비슷해 보이지만 야크와 달리 배에 기다란 털이 없었다. 좁게에 대한 그의 설명은 말과 당나귀 사이에서 노새가 태어난 것과 같은 원리라는 것이었다.

"야크는 남체 이상에서만 서식이 가능합니다. 조리Chorry는 그 밑에서 서식합니다. 그러나 덩치가 야크보다 작아서 운반량이 적을 수밖에 없습니다. 이에 야크와 조리의 종간잡종인 좁게가 탄생합니다."

야크 마부의 설명을 듣는 사이 몬조Monjo의 사가르마타 국립공원 정문에 도착했다. 천국으로 향하는 통로를 상징하는 듯, 좁은 문을 통과하자 많은 사람들이 표를 사기 위해서 줄 서서 기다렸다. 천국으로 가는 티켓이라는 생각을 했다. 평생을 살면서 이 앞에 선다는 것은 얼마나 큰 행운인가? 하늘의 머리(사가르마타)이며 대지의 여신(초모랑마)과의 만남이 어디 쉬운 일이겠는가? 더구나 카트만두 여행국에서 모든 절차를 마치고 온 나는 그중에서도 특권을 거머쥔 사람이었다. 유유자적 만면에 미소를 띠고 줄 선 사람들 틈을 빠져서 통과했다.

조르살레Jorsale에서 한국인 단체 여행객을 만났다. 그들은 수염이 하얀 내가 일본 사람인 줄 알았다가 한국말을 하자 반가워했다. 한국 요리를 할 수 있는 쿡을 대동하고 있었다. 식사 자리로 안내되었고 오랜만에 김치와 찌개, 장아찌를 먹을 수 있었다. 그들은 두 달이나 되는 나의 여행 기간을 부러워하면서 그동안의 여정을 물었다. 혼자서도 트레킹이 가능한지, 외롭지 않은지 궁금해했다.

나는 왜 혼자였는가? "철저히 자유롭고 싶었다." 이것이 나의 대답이었다. 물론 자유롭기 위해서는 고독해야 한다. 고독을 피하기 위해서는 누군가와 관계를 가져야 하고 관계를 갖게 되면 서로 간에 지켜야 할 규범이 생기며 이는 행복한 구속으로 감수해야 한다. 만약 내가 누군가와 동행한다면 여행의 목적은 '내가 가고 싶은 곳을 간다'가 아니라 '동행인과의 관계'를 최우선으로 해야 한다.

수학에서 '0'이라는 숫자를 발견함으로써 수는 무한대로 확대 가능해졌다는 사실을 음미해 봐야 한다. 혼자가 됨으로써 많은 사람들이 부담 없이 나에게 관심을 가지고 다가온다. 나 역시 부담 없이 그들에게 다가간다. 둘만 있어도 힘든 일이다. 혼자는 가볍다. 오히려 나 홀로 트레커는 많은 사람과 대화를 나누며 친구가 된다.

포터나 가이드는 도와주는 사람이니까 동행해도 계획에 방해되지 않을 거라 생각한다. 그렇지 않다. 그들은 나를 돕는 사람이지만 나 역시 그들을 배려해야 한다. 트레킹 중 차가 마시고 싶지 않아 티하우스Tea house에 들르지 않는다면 그들도 마시지 못한다. 내가 원하는 로지와 그들이 원하는 로지가 다를 수 있다. 어느 곳에서 하루 더 머무르고 싶어도 가이드 비용을 생각하며 포기할 수도 있을 것이다. 내가 계획한 일정은 모범답안일 뿐 궁극적인 일정은 아니다. 실제로 나는 트레킹 중 수도 없이 스케줄을 수정했고 당초보다 달라진 결과에 만족한다.

이런 식의 답변이 끝나자 여행 경비를 감당할 만큼 재력은 되는지, 한편으로는 장기간 집을 비움으로써 한 집안의 가장으로서 무책임하다는 생각은 안 드냐는 질문도 있었다.

"혼자 다니기 때문에 경비는 적게 듭니다. 그래도 어느 정도 부담은 되지만, 지금 아니면 후회할지 몰라 결단했습니다. 그리고 이런 일을 좋아하는 사람은 평소 돈 버는 일에는 관심이 없어 재력도 없습니다. 결국은 자신의 의지의 정도가 아니겠습니까? 여러분도 여기 오기 위해 포기한 것들이 있지 않습니까?"

속 시원한 답변은 아니었을 것이다. 생각 끝에 내가 기억하고 있는 나에게 유리한 네팔 속담 하나를 덧붙였다.

"손이 가려우면 돈이 들어오고, 발이 가려우면 여행을 가야 합니다."

자리에서 일어서자 젊은이 하나가 쫓아 나와 슬며시 한마디했다.

"다리가 가렵다는 것은 축복입니다. 마음껏 긁을 수 있다는 것은 더 큰 축복이고요."

길은 두드코시 강을 왔다갔다하며 꾸준한 오르막이었다. 모퉁이를 돌아 노란 지붕의 케니게이트를 통과하자 여태까지 숨어서 기다리던 남체 마을이 불쑥 나타나 나를 놀래켰다. 깜짝 놀라 뒷걸음쳐 케니게이트 뒤편에서 마음을 안정시킨 후 다시 천천히 통과하니, 이번에는 마을 전체가 빙 둘러앉아 나의 등장에 열렬한 박수를 보내왔다. 이유를 생각해 보니 나는 오페라 극장의 무대에 들어선 주인공이었고 무대 중앙으로 가서 정식으로 인사를 할 차례였다. 마니차로 잘 치장된 초르텐 앞에 서서 정중하게 인사를 하고 객석을 바라보니 아직도 빈자리가 있었으나 꾸역꾸역 입장하는 사람들이 많아 머지않아 다 채워져 마침내는 비좁고 혼잡을 이룰 듯했다.

로지에서 한국인 젊은이를 만났는데 내 둘째 아들과 나이가 같았다. 그는 이스탄불에서 스페인 산티아고를 거쳐 대서양 끝까지 170일에 걸쳐 도보로 종주하고 다시 인도를 거쳐 이곳에 온 대단한 젊은이였다. 안나푸르나 라운드에서 만났던 안민수 학생이 생각났다. 오랜 여행 끝에

남체 마을. 마치 원형 경기장 같다.

답을 찾았을까? 이 젊은이는 왜 그토록 오랫동안 걸어온 것인가? 체력이 닿는 마지막까지 걷고 나면, 역경을 극복하고 나면, 무언가 듣고 싶은 답을 얻을 수 있는 것인가? 랑탕의 시바 신이 창조했다는 눈 덮인 고사인쿤드에서 무심코 지나쳤던 힌두교 수행자의 모습도 떠올랐다.

이번 트레킹의 걱정은 고소와 방한이었다.

힘들다는 에베레스트에서도 당초의 목표인 '포터 고용 안 하기'를 관철하기 위한 노력으로 안나푸르나보다 4kg이나 줄여 10kg으로 배낭을 꾸린 것이 맘에 걸렸다. 추운 밤에는 비옷을 덧입으면 충분할 것이다. 침낭은 두툼한 동계용이니 걱정이 없다. 랑탕 마지막 빠빠지에게 주어서 없는 슬리퍼는 그냥 견디어 보기로 했다. 망설이다가 안나푸르나에서 주어서 없는 상의 카디건을 하나 샀다. 30분 정도 사용할 수 있는 중국제 휴대용 산소통을 3천 루피에 팔고 있었으나 나 홀로 트레커가 지니기에는 부피가 너무 컸다.

남체는 고소적응을 위해 보통 본격적인 트레킹을 시작하기 전 하루 더 묵는 곳이며 또 트레킹이 끝난 후 한 번 더 묵을 가능성이 큰 마을이다. 한편 고소에 적응 못한 낙오자가 내려와 일행을 기다리는 곳이기도 하다.

고산병이란 해발 2천 내지 3천m 이상 고지대에서 산소가 희박해지면서 나타나는 신체의 급성 반응이다. 1,708m인 설악산에서 과자봉지가 부푸는 것도 산소량이 적어지면서 기압이 낮아져 생긴 결과이다. 1,950m인 한라산만 올라도 산소량은 지상에 비해 20% 정도 줄어든다. 에베레스트 정상은 지상의 3분의 1 수준이며 트레커들의 최고점이라 할 수 있는 에베레스트 베이스캠프에서는 2분의 1에 불과하다.

산소가 줄어들면 어떤 현상이 생길까? 피로가 몰려오고 무기력해진다. 눈알이 따끔거리고 기억력이 감소한다. 똑바로 걷지 못하고, 머리가 지끈지끈 아파오고 구역질이 난다. 입맛이 없고 자꾸만 눕고 싶다. 증세가 심해지면 뇌부종 또는 폐부종에 이르게 된다. 우리 몸이 기본적으로 필요한 산소가 부족하게 되면 체액이 폐세포나 뇌세포 주변에 모이면서 생기는 현상이다.

고산병은 정작 본인은 잘 인지하지 못할 수 있다. 고산병 증후는 낮보다는 기압이 떨어지는 저녁에, 나이 든 사람보다 젊은이에게, 남자보다는 여자에게 나타나기 쉽다. 이는 이들이 체내 자체 신진대사량이 많아 더 많은 산소가 필요하기 때문일 것이다.

고산병은 고도를 오르면서 희박해진 산소량에 몸이 적응할 수 있는 시간을 확보한다면 예방할 수 있다. 사람마다 적응 기간이 다르므로 더 많은 기간을 필요로 하는 사람도 있다. 2,800m 이하에서는 나타나지 않지만 갑자기 그 이상 올라간다면 하루 정도는 더 오르지 말아야 한다. 2,800m 이상에서는 하루에 고도를 3백m 이상 높이지 않도록 권장되고 있으며 1천m 올라갈 때마다 별도로 하루를 쉬어야 한다.

기본적으로는 고산병 예방을 위하여 무리하게 장시간 걷는 것은 피해야 한다. 식사하기 힘들다면 고산증세를 의심해 봐야 한다. 식사를 잘하는 방법을 찾는 것도 큰 예방이 되며 따뜻한 물을 많이 마실 것을 요구하고 있다. 음주는 절대 금물이다.

고산 트레킹의 필수 약품 다이아막스Diamoxs는 혈관에 산소 공급을 돕는 예방적 효과가 있다. 부작용으로 오줌이 자주 마렵고 사람에 따라서는 손끝이나 입술이 저리기도 한다.

고산병에 치료제는 없다. 일단 저지대로 내려가는 것이 최우선이다. 이런 증상이 나타나는데도 내려가지 않거나 오히려 더 높이 올라가면, 증상이 심해져서 사망에까지 이를 수 있다.

고소적응 지침대로 남체에서 하루 더 머물기로 하고 양지바른 곳으로 로지를 옮겼다. 샹보체Syangboche, 쿤데Khunde, 쿰중Khumjung을 다녀오는 방법도 있겠으나 하산길에 들르기로 했다. 인터넷 카페에 들어가 차를 한잔 마시면서 집에 메일을 보냈다. 되돌아오던 중 한 노인의 뒤를 따라 초르텐을 몇 바퀴 돌았다.

'부디 무사히 에베레스트 트레킹을 마칠 수 있기를 바랍니다. 옴마니밧메훔, 옴마니밧메훔, 연꽃 위에 앉은 자에게 영광 있으라.'

다리가 불편한 노인은 진언을 읊으며 초르텐 돌기를 멈추지 않았다. 가볍게 시작한 탑돌이가 돌면 돌수록 기원도 간절해졌다.

로지로 돌아와 신발을 벗고 양지바른 벽에 기대어 앉았다. 왼편으로는 쾅데6,187m를, 맞은편으로는 탐세르쿠를 바라보며 나른함을 즐겼다.

예고 없이 나타난 에베레스트와 아마다블람

> **10월 23일(4일째)** 남체(3,440m, 7시) - 풍키텡가(3,250m, 11시, 점심) - 텡보체(3,860m, 14시, 호텔 히말라얀)

마을 여기저기서 출발한 트레커들은 오목한 남체를 완전히 올라서서는 한 길로 모이게 되고, 산 중턱의 수평의 길 위에서는 줄지어 가는 형국이 되었다. 예고도 없이 길 정면으로 설산이 나타났다. 아침 햇살을 받아 그늘진 까만 산 위로 아마다블람6,828m이 오른쪽 어깨와 머리를 내밀었다. 눕체7,879m와 로체8,501m가 만들어 놓은 장막 위로 에베레스트가 살짝 머리를 내밀었다. 육안으로 보고 싶었던 아마다블람과 에베레스트였다. 너무 쉽게 나타나서 섭섭하기까지 했다.

5부 능선쯤의 산길은 굽이마다 초르텐이 우리들의 기대감을 고조시켰다. 길은 여기저기 인부들에 의해 확장되고 있었다. 건조한 길은 트레커들의 분주한 발걸음으로 먼지가 일었다.

사나사Sanasa에서 다른 한국인 단체 여행객을 만났다. 뭔가 정보를 들을까 해서 인솔자를 찾았다. 나의 흰 수염과 큰 배낭을 한참 바라보고, 포터가 없는 것을 확인하더니 이 높은 곳을 너무 가볍게 여긴다며 무모함을 꾸짖었다. 격려의 말을 들어도 시원치 않을 판에 아무 도움도 받지 못하고 걱정만 쌓이게 되었다.

구조용 헬리콥터가 연이어 계곡을 낮게 지나갔다. 처음에는 에베레스트 원정대들을 위한 것인 줄 알았는데 트레커들을 긴급 후송하기 위한 것이었다. 예정된 18일의 일정 중 11일은 4천m 이상에서 숙박해야 하며, 그중 고락셉5,170m은 5천m 이상이 된다는 사실이 나를 불안하게 했다. 안나푸르나와 달리 고도가 높은 에베레스트 지역은 최대한 효율적인 계획이 필요했다. 그동안 정밀히 짠 일정을 머릿속에서 일일이 확인하며 불안감을 해소했다.

한 방향으로 달려가는 말인데도 '용기'와 '무모'는 완전히 다른 단어이다. 세상 사람들이 모두 안전만을 생각한다면 이런 말들은 존재하지 않았을 것이다. 우리의 삶에는 모험이 필요하다. 새로운 것을 추구하고 도전한다는 것, 그것이 우리 인간의 존재 이유이다. 행복이란 안전한 상태에서 안락함을 즐길 때가 아니라 무언가 추구할 때 느껴지는 감정이다. 용기가 없다면 무모도 없다.

남체바자르에 올라서자 나타나는 풍경. 오른편이 아마다블람,
가운데가 로체, 왼편 장벽 너머 살짝 보이는 봉우리가 에베레스트다.

그 경계는 어디일까? 아무것도 없는 상태에서 모든 일은 무모에서 출발하지 않을까? 에베레스트가 1852년 영국의 인도 삼각측량국에 의해 최고봉으로 확인된 이래 최초 등정까지의 101년 동안 스물네 명이 목숨을 잃었다. 당시 그들은 장비도 오늘날의 기준에서 보면 무모하다시피 형편없었으며, 고산병에 대해서도 무지했다. 텐징 노르가이와 에드먼트 힐러리가 등정하기 전 정상에서 불과 275m 모자라는 8,573m라는 최고 지점의 기록을 갖고 있던 영국의 원정대원 에드워드 펠릭스 노튼도 충분한 장비를 갖추지 못해 설맹雪盲으로 물러서야 했다.

무엇이 용기고 무엇이 무모일까? 그런 단어의 존재야말로 걱정과 투쟁이 삶을 생기 있게 만든다는 반증이 아닌가? 그동안 잘 짜여진 틀에서 인생을 살았다. 돈을 만지는 직장에서 한 번의 사고는 열 번 잘한 것을 무용지물로 만든다. 가정에서 회사에서 안전 위주의 삶을 강요당하며 살아왔다고 느껴왔다. 왜 그랬을까? 생기 없는 똑같은 나날이었다. 히말라야 트레킹이 큰 모험은 아니지만, 모험이든 무모든 나는 혼자서 길을 나서야 했다.

수염이 하얀 일본인 노인 한 분이 막 휴식을 끝내고 일어서려고 했다. 주변에 포터나 가이드 없이 무거운 배낭을 메고 있었다. 너무나 반가워서 다가가 그를 다시 주저앉혔다. 64세로 작고 연약한 체구인 그는 칼라파타르까지 올랐으며 고소에 아무 문제가 없었다. 나와 처지가 같아 보이는 그가 나에게 희망을 주는 구세주였다. 또 포터와 가이드가 없는 건장한 서양인 노인 두 명을 만났다. 64세와 68세로 역시 수염을 멋있게 기르고 있었으며 트레킹을 끝내고 남체로 가는 길이었다. 이렇게 포터가 없는 나이 든 사람들을 연이어 만나자 걱정은 모두 사라졌다.

트레킹을 마치고 내려온 64세와 68세 서양인. 역시 포터와 가이드가 없다.
성취감에 한껏 젖어 있다.

풍키텡가Phunki Tenga에서부터는 두 시간 동안 급격한 경사를 올랐다. 턱걸이 하듯 언덕을 올라서고 돌무더기 두 개의 탑 사이를 지나서야 텡보체Tengboche 마을 광장으로 들어섰다. 한숨을 돌리고 뒤돌아보니 단순한 돌무더기가 아닌 정성스럽게 쌓아 올려 마니석으로 마감한 케니게이트였다. 마을 집들은 넓은 광장을 감싸듯 빙 둘러 있었다.

펼쳐진 넓은 광장 너머로 깊은 계곡이 이어지고, 그 위에는 하얀 구름이 배경을 이루었다. 광장에 올라선 사람들에게 한 번씩 하는 선심인지, 그쪽을 바라보자 하얀 배경 뒤에서 조명이 켜지고 누군가 손으로 벌리듯 장막 가운데가 빼꼼히 벌어졌다. 타원형의 틈으로 또 하나의 장막이 나타나 눈부시게 했고 떡가루를 뿌려 놓은 그 장막 윗단에 에베레스트의 정수리가 보였다. 장막은 로체 장벽이고, 로체와 에베레스트는 숨은 그림처럼 구분하기 어려워 미리 사정을 알지 못했으면 에베레스트를 로체 장벽의 일부로 알았을 것이다.

 광장 왼편으로는 금빛 찬란한 곰파가 서 있었다. 에베레스트의 위용을 지켜주려는 듯 곰파의 규모는 놀라울 정도로 컸다. 에베레스트 원정대가 반드시 들러 기도를 드리는 곳이었다.

 곰파 앞에는 신新·구舊의 대비가 되는 초르텐이 나란히 서 있었다. 하나는 최근에 지어져서 하얀 색상의 외벽도 반짝반짝 빛났고, 그 옆의 또 하나는 옛날에 지어진 것으로 허름하고 퇴색하여 우리의 상식으로는 철거되어야 할 것이었다.

 힌두교에는 3대 신이 있다. 우주 창조의 신 브라마Brahma, 우주 유지의 신 비슈누Vishnu, 그리고 파괴와 죽음의 신 시바Shiva가 그것이다. 이들 3대 신의 역할은 별개의 것으로 보기보다는 융합의 의미가 있다. 일정한 시간 속에서 우주가 창조되고 유지되고 또 파괴되었다가 다시 새 우주가 창조되는 데에는 세 신의 역할이 고리를 이어 가고 있기 때문이다. 그런 의미에서 이마 정중앙에 모든 것을 태울 수 있는 제3의 눈을 가진 시바 신의 파괴력은 새로운 창조를 위한 것이며, 죽음은 새로운 탄생을 위한 윤회輪回라는 긍정적 의미를 갖고 있다.

 그런 곳인데도 옛것을 절대 파괴하지 않는 것은 생명 중시 사상이 기저에 깔려 있기 때문일 것이다. 늙었다고 무시할 수 있을까? 늙은 말이라고 효험이 없다고 누가 장담하리. 여기서는 다 낡아 버린 타르초도 그 위에 새 것을 걸칠지언정 결코 걷어내는 법은 없다. 타르초도 하나의 생명인 것이다. 어쩜 이들 인식엔 길거리에 널려 있는 쓰레기도 이와 같을지 모른다.

 텡보체 곰파 앞 광장에 두 개의 신·구 초르텐은 잘 단장하고 강건한 경주마와 이제는 늙어서 털도 거칠거칠한 퇴역한 말이라고 보면 되었다. 경기장을 뛰지 못한다고 그 효험이 없어질까? 그동안의 공덕은 어디로 갔단 말인가? 경주를 하지 않아 돈은 못 벌지만 오랫동안 함께했던 시간들과 들 대로 든 정은 어떻게 하란 말인가? 조용히 그 자리를 지켜주는 것만으로도 감사할 뿐이다. 그 건장한 경주마와 늙은 말 사이로 들어가 나란히 하니 캉테가6,783m 정상의 말안장이 선명했다.

하늘에서 머물던 구름들이 집을 찾아 내려오면서 갖가지 모양으로 변하며 임자 콜라Imja Khola 계곡을 따라 설산의 풍경을 완전 무아지경으로 만들었다. 석양을 받은 로체와 로체샤르가 만들어 놓은 휘황찬란한 황금의 장벽은 황실을 가리는 금빛 찬란한 커튼이었다. 빛나는 무늬는 날카로운 용의 비늘이어서 그 안의 주군을 더욱 위엄 있게 만들었다. 구름은 솜털이 되어 귀중한 보석을 감쌌다.

햇님의 마지막 은총이 사라지자 보석은 이내 희미한 달빛을 받아 보라색으로 바뀌었다. 에베레스트가 눕체와 로체의 커튼 뒤에서 이제는 잠들 것임을 말했으나 텡보체 넓은 광장의 사진사들은 이런 모습을 카메라로 담아내기 위해 삼각 받침대를 걷어낼 줄 몰랐다.

아무리 좋은 경치도 고소에 대한 부담을 없애지는 못했다. 낮에 만났던 네팔에서 의료봉사하는 한국국제협력단KOICA 젊은이들과 대화를 나눴다. 마침 네팔이 다사인 축제 기간이라서 4일간의 휴무에 일주일간의 휴가를 받아 에베레스트 지역을 찾았다고 했다. 그들에게 고소에 대한 부담을 상담하자 여분의 다이아막스와 몇 가지 약품을 주었다.

한국에서 고소득을 올릴 수 있는 기회를 마다하고 열악한 곳에서 봉사하는 젊은이들. 선진국이 되는 길은 목전의 돈이 아닌 내면의 자아부터 찾는 길임을 깨닫는다. 어쩌면 그들의 의식 속에는 의사가 된 것도 주변의 도움이 있었던 덕분으로 받아들일 것이며, 항상 그 보답을 생각하고 있을 것이다. 단언컨대 네팔에서의 시간이 그들 인생에 최고의 순간으로 간직되리라.

초르텐의 눈이 내 눈을 뜨게 하다

10월 24일(5일째) 텡보체(3,860m, 7시 20분) - 팡보체(3,930m, 9시 20분) - 소마레(4,070m, 11시 50분, 점심) - 딩보체(4,360m, 14시, 그린타라 게스트하우스)

코이카의 젊은이들과 아침 식사를 함께하면서 다사인 축제에 대한 자세한 설명을 들을 수 있었다.

"다사인 축제는 네팔에서 가장 긴 축제입니다. 15일간이나 길게 지속되는 축제는 우리나라의 추석과 비슷한 면이 많습니다. 계절적으로 가을이며, 축제 절정이 보름날입니다. 추수한 햇곡식과 햇과일을 맛볼 수 있으며, 멀리 떨어져 있던 가족들도 푸짐한 선물을 들고 귀향합니다."

귀성인파 역시 우리의 추석 못지않아서 나 역시 루클라행 비행기표 구하기가 힘들었다.

"매년 열리는 축제의 정확한 기간은 언제입니까?"

"아, 그거는 서기가 아닌 네팔력으로 쓰기 때문에 매년 다릅니다."

보름날과 관계가 있다면 음력으로 쓰지 않을까? 나중에 확인해 보니 우리의 추석 전후였다.

"다사인에는 네팔의 모든 축제가 그렇듯이 두르가Duruga 여신이 등장합니다. 전 국민의 90% 가까이 힌두교를 믿는 네팔에서는 인도와 마찬

가지로 소가 신입니다. 옛날에 물소인 마히사수라Mahisasura라는 나쁜 짓만 골라 하는 신이 있었습니다. 머리가 천 개나 되는 물소 신의 머리는 자르면 또 생겨서 보통의 능력으로는 제거하기 어려웠습니다. 이때 팔이 8개나 되며 각각의 팔마다 다른 힘을 가진 두르가 신이 나타나 물소 신의 숨을 끊었습니다."

어떤 대상을 더욱 신성시하기 위해서는 대비되는 악마가 필요하다. 두르가 신을 위해서 우리가 물소라고 부르는 버팔로Buffalo가 그 희생물이 된 셈이다.

"신화에 의거 네팔인들은 다사인이 되면 두르가 신전에 물소의 목을 베어 바치는 의식을 행해 오고 있습니다. 일반인들은 여신 두르가로부터 새로운 생명력을 받기 위해 물소의 목을 베어 제물로 바치고 일가와 동네 사람들과 나눠 먹습니다. 물론 돈 없는 서민들은 물소 대신 산양이나 염소를 바칩니다. 더 가난한 집에서는 고기를 사서 먹는 것으로 대체합니다."

히말라야 산악지대는 불교가 우세하여 보기 어려운 장면이지만 카트만두에서는 다사인이 되면 양이나 염소는 물론 오리, 닭 등의 가격이 두 배로 뛰며, 이 동물의 목을 쳐서 피를 받아 신전에 바치는 모습을 목격할 수 있다고 했다.

"산양은 자신의 운명을 알고 있어서 끌려가지 않으려 하고, 몇 사람이나 되는 건장한 남자가 각각의 부위를 붙잡고 있어도 격렬하게 저항합니다. 마침내 목에서 피가 콸콸 쏟아져 나오는 광경은 차마 보고 싶지 않은 광경입니다."

다사인의 설명은 흡족했지만 산양의 끔찍한 마지막 모습을 상상하니

가뜩이나 없던 입맛이 더 떨어져 버렸다. 아침 식사는 셰르파스튜였다. 야채가 많이 들어가 있고 우리의 국밥과 유사한 셰르파스튜를 발견하고 이것을 시키는 횟수가 많아졌다. 그런데 로지마다 재료나 맛이 조금씩 달랐다. 아침에 시킨 셰르파스튜는 수제비만 들어 있어서 밥을 몇 순갈 얹어 달라고 했다.

임자콜라 강줄기가 안내하는 길은 자작나무 숲이 우거진 완만한 오르막이었다. 아마다블람은 완전한 모습을 보여주는 반면 에베레스트의 머리는 눕체와 로부체가 장막을 들어 올려서 작아졌다.

팡보체Pangboche로 들어가는 길에 만난 옛날식 초르텐은 몸체가 육중한 아마다블람의 이미지였다. 지금까지 보아온 초르텐은 종류가 다양했다. 초르텐은 우리네 마을 어귀의 당산나무 옆의 성황당처럼 돌무더기에서 출발했을 것이다. 그곳을 지날 때마다 돌 한 개를 정성껏 올려놓으며, 신령님께 소원을 빌었다. 우리는 여전히 그 모습으로 남아 있지만 티베트 지역은 조금 달랐다. 돌무더기를 좀 더 정성껏 쌓아서 예쁘게 다듬기 시작하고, 마침내는 반듯한 외벽에 색상도 입혔다. 안나푸르나 쉬르카르카를 오르면서 보았던 초르텐은 이제 막 돌무더기 형태를 벗어난 오래된 것이었다. 텡보체 광장의 두 개의 초르텐은 극단적인 신구의 대비로 보이고, 이곳 팡보체의 초르텐은 그 구 초르텐의 다음 세대로 보인다.

아마다블람을 배경으로 서 있는 초르텐에 그려진 파란 지혜의 눈은 초승달같이 날렵한 눈썹과는 달리 눈꺼풀은 묘하게 내려와 있었다. 섣불리 그 눈에서 시선을 떼지 못했다. 저 눈은 지금 나를 어떻게 바라보고 있을까? 나는 저 묘한 눈을 어떻게 바라보아야 할까? 지금까지 본 여러 초르텐에는 얼굴 부분에 그려진 지혜의 눈이 다양했다. 듬직한 남성의 눈이 있는가 하면 그런 남성에 뽕긴 여성의 눈도 있었다. 나도 벌써 지혜의 눈을 갖게 된 것인가? 아무리 보아도 서양 사람들이 말한 헝그리 아이Hungry eye는 없었다. 그걸 말한 서양인은 분명 히말라야를 걸어서 여러 모습의 눈을 대하지 못하고, 보드나트 사원 정도만 둘러보는 카트만두 시내 관광으로 여행을 마친 사람일 것이다.

아마다블람은 팡보체에서 정면으로 보였다. 에베레스트 전 지역을 돌고 나서 느낀 일이지만 에베레스트는 아마다블람이 있어서 빛났다. 마치 안나푸르나의 마차푸차레와 같았다. 아마다블람은 함부로 보여주지 않는 에베레스트와는 달리 처음부터 마지막까지 늘 나와 함께했다.

아마다블람은 '어머니의 목걸이'라는 뜻이다.

팡보체 오르는 길에 본 초르텐. 설산과 닮아 있다.

'아, 사랑하는 어머니! 당신 덕분에 이 한 몸 세상에 존재하게 되었습니다. 당신 덕분에 험난한 곳에서도 아늑함을 느낍니다.'

힐러리와 함께 에베레스트를 초등한 텐징 노르가이는 어머니의 위대함을 이렇게 말했다.

"나는 일곱 차례나 에베레스트 등정을 시도했다. 하지만 적을 물리치는 병사의 긍지와 기력이 아니라, 어머니 무릎에 오르는 아이의 사랑을 갖고 매번 다시 산을 찾았다."

1981년 성균관대학교 산악부의 안나푸르나 원정대 대원으로 히말라야의 신을 대하고 온 김홍기는 공항에 마중 나온 어머니가 신들의 신이었음을 벅찬 가슴으로 깨닫는다.

"공항의 환영행사 중 한 중년의 여자가 겹겹이 싸인 사람들을 거친 몸짓으로 뚫고 내게 다가왔다. 그리고는 화환을 목에 두른 나의 온몸을 빠르게 살피고 더듬어 내려간다. 눈에는 이슬이 흥건하게 맺혀 있다. 고교, 대학 시절 산행에서 돌아와 집에 들어서면 내 몸을 살피시던 바로 그 모습이시다. 자식이 무사함을 확인하시고는 어머니는 다시 사람들 속으로 사라지셨다."

세상에 어머니만큼 가슴 떨리게 하는 말이 또 있을까? 그런 이유로 나는 이곳 네팔에 와서도 에베레스트를 사가르마타(하늘의 머리)보다는 티베트의 이름인 초모랑마(대지의 여신)로 부르기를 좋아한다. 대지의 여신은 이 세상 모든 땅에 존재하는 우리들의 어머니이다. 아마다블람은 그런 어머니에게 바치는 목걸이다.

지금까지 나에게 아마다블람은 옛날 프랑스의 콩코드가 수직으로 솟구치는 모습, 독수리가 비상하려는 모습, 양 날개를 편 독수리는 약간

팡보체 마을과 아마다블람

오른쪽으로 기울어서 동적인 느낌을 더하고 있는 이미지였다.

어머니의 얼굴은 봐도 봐도 질릴 수 없었다. 오랫동안 아마다블람을 바라보고 있으니 비상하는 독수리의 모습이 어머니의 목걸이에 걸린 다이아몬드로 서서히 바뀌었다.

추쿵리를 초등정하다

> **10월 25일(6일째)** 딩보체(4,360m, 8시) – 추쿵(4,750m, 11시, 선라이스 로지) ↔ 아일랜드 피크 베이스캠프 중간

> **10월 26일(7일째)** 추쿵(4,750m, 7시) ↔ 추쿵리(5,559m, 10시 20분) – 딩보체(4,360m, 16시, 그린타라 게스트하우스)

남체바자르 주민들의 증언은 당시 상황을 생생하게 전해주고 있다.

"큰 소리가 났었죠. 집채만 한 돌들이 떠내려오는데 동네 전체가 흔들릴 정도였어요."

"떠내려간 사람들 중에 2명의 시신은 찾았지만 나머지는 찾지도 못했어요."

"이런 곳을 지나갈 때 신에게 보호해 달라고 기도하면서 다녀요."

1985년 타메 계곡의 천연 제방이 무너지고 딕초Dig Cho 호수의 물이 무서운 기세로 두드코시 계곡을 덮쳤다. 지구 온난화로 생긴 빙하 쓰나미였다.

빙하가 녹아서 그 자리에 호수의 형태로 남아 있다가 둑이 터져 일시에 물을 쏟아 부으면 계곡에 형성된 마을은 흔적도 없이 사라질 것은 불 보듯 뻔하다. 그런 위험은 점점 증가하고 있고 그중 가장 위험한 곳이 현재 내가 걸어가고 있는 계곡의 원류인 임자 호수이다.

상류 저 위에 시한폭탄이 재깍거리고 있다고 생각하면 두려운 일이었겠지만 임자 호수를 만나러 가는 길은 평화롭기만 했다.

비브레Bibre의 쉼터에서 젊은 여성 둘이 가이드 없이 자신의 체구만 한 배낭을 멘 모습이 주변 풍경과 잘 어울렸다. 그녀들 뒤로 로체와 로체 샤르가 어느새 다가와 있었고 에베레스트는 장막 아래로 머리를 감추었다. 자매처럼 닮은 그녀들은 로체의 후광으로 빛났다. 그녀들은 그렇게 나란히 추쿵으로 향했다. 이번에는 투명한 다면체로 깎은 다이아몬드 모양의 설산 아일랜드피크6,173m가 그늘이 져 어둑해진 그녀들의 머리 위에서 빛났다. 배낭에 매단 세탁물인 양말과 브래지어가 그녀들의 발걸음에 살랑살랑 흔들렸다.

이번에는 추쿵Chukhung 쪽에서 나이 들고 체격이 큰 서양 여성이 큰 배

딩보체 오르는 길의 두 아가씨. 타보체와 촐라체처럼 서로 닮았다.

낭을 메고 급한 걸음으로 내려왔다. 여성 나 홀로 트레커를 처음 보는 순간이었다. 반가운 마음에 "혼자서 왔느냐?"고 물었으나 대답이 없었다. 재차 묻자 "왜 묻느냐?"는 답변이 돌아왔을 뿐 그녀는 딩보체 방향으로 가는 급한 발걸음을 멈추지 않았다.

히말라야에서는 남녀 구분 없이 만나면 서로 반갑고 또 못 보면 그립기도 하거늘, 이상한 일이었다. 아마도 그녀는 얼굴은 까맣고 수염이 덥수룩한 나를 네팔 현지의 포터로 생각하여 퉁명스럽게 반응했을 것이다. 그런 상황에서 포터를 하겠다고 따라오는 남자도 많았을 것이다. 대부분 동네 꼬맹이들이지만 나 역시 그런 제안을 몇 번 받은 일이 있었기에 짐작이 갔다. 그녀는 당초 나름 혼자서 하겠다는 계획이 있었을 것이고 그것이 무뎌지지 않도록 항상 각오도 새롭게 했으리라. 아무쪼록 끝까지 멋진 여행이 되길 빌었다.

'나는야 혼자서 괘씸하고 용서하고 행운을 비는 멋쟁이 트레커.'

추쿵에는 이미 방이 없었다. 방을 찾으러 돌아다니다 같은 입장의 대만인 부부를 만나서 함께 마을 끝의 로지를 잡았다. 그들 부부는 사진작가였고, 태양열 충전지를 가지고 있었다. 충전지는 패드에 있는 집열판이 그 기능을 했는데, 시간이 많이 걸리지 않았고 부피도 작아 휴대해 볼 만했다. 그들과 묵을 로지를 잡느라고 잠시 동병상련의 입장이 된 덕분에 나는 비싼 카메라 배터리 충전 비용을 아낄 수 있었다.

점심 식사 후에 아일랜드피크 베이스캠프 쪽으로 향했다. 아일랜드피크$_{6,173m}$는 주변의 봉우리와 떨어져서 섬처럼 서 있다 하여 이름이 붙여졌다. 다른 고봉들에 비해 높지 않은 아일랜드피크는 히말라야의 어느 한 봉우리를 등정했다는 기록을 갖고 싶은 사람에게 비교적 쉽게 욕구를 충족시켜 주는 산이다.

며칠 후 로부체에서 만난 일본인 여성 가와나베에게서 자세한 얘기를 들을 수 있었다.

"저는 카트만두에서 입산료와 수수료를 내고 예약했지만 이곳 추쿵에서도 운이 좋아 등반 팀이 있으면 합류할 수도 있습니다. 여섯 명 정도의 인원이 모집되면 이틀 일정으로 진행합니다."

오후, 아일랜드피크 등반을 위해 한 팀이 전문 등반가와 포터들을 대동하여 가고 있었다. 오늘 일찌감치 아일랜드피크 베이스캠프에서 잠을 청하고 내일 새벽 등반을 시작하여 오후에는 돌아올 것이다. 나는 그들을 따라서 상당히 먼 거리까지 가보았으나 베이스캠프와 임자 호수를 보지 못하고 돌아오고 말았다.

끝까지 가보지는 못했지만 추쿵에서 아일랜드피크 가는 길은 내가 가본 히말라야에서 1순위 길이라고 자신 있게 말할 수 있다. 물론 비브레 근처의 길도 훌륭하지만 아일랜드피크 가는 길의 스케일이 더 크다. 빛나는 다이아몬드 모습의 아일랜드피크, 에베레스트를 가리는 긴 장막 로체와 로체샤르, 어느덧 송곳 모양의 모습을 내민 푸모리. 암푸갸브젠 5,647m의 호위를 받는 아마다블람, 뒤돌아보면 구름 위의 신선인 양 타보체와 촐라체가 빙 둘러 환상적으로 이어진다. 꿈꾸는 길이고, 하늘길 중의 하늘길이다. 그런데도 아일랜드피크 등반차 자못 비장한 얼굴로 가는 사람들, 또 등정을 마치고 잠 못 자고 피곤해서 초췌한 그러나 성취감 있는 얼굴로 내려오는 사람들만의 전용도로는 아닐 터인데 일반 트레커는 보이지 않았다.

저녁 다이닝룸에서 도미니크(48세, 남, 프랑스)와의 만남은 행운이었다. 여러 사람들 틈에서 혼자 앉아 있던 그 옆에 자리를 함께했다. 초면인 줄 알았는데 이미 우린 낮에 아일랜드피크 가는 길에 만난 구면이라고 했다. 그러나 나는 전혀 기억이 나지 않았다. 서양인의 얼굴을 구별 못해서 그런 것이 아니라 그런 사실 자체가 기억에 없었다. 가볍게 인사하고 지나쳐서 그럴 수도 있다고 생각했는데, 카메라 모니터를 돌려서 보니 둘이 주거니 받거니 사진을 찍기도 했었다. 어처구니가 없었다. 하늘길에서 꿈을 꾸고 있었나? 고산의 희박한 산소가 좀 전의 일을 기억 못하게 한 건가? 나도 모를 고소 때문이었던가 보다. 사과를 하니 자기는 안나푸르나 피상에서 헬리콥터 신세까지 진 일이 있다고 고백하며 나의 당혹감을 진정시켜 주었다.

다이닝룸을 비워 줄 시간이 되어 내 방으로 돌아와 침낭에 파묻혔으나 멀뚱멀뚱했다.

임자 호수의 신은 언제 노하게 될까? 지금 이 순간 화를 낸다면 내게

아일랜드피크 베이스캠프 가는 길에 뒤돌아본 모습. 뒷면 봉우리는 타보체

내일 아침은 없을 것이다. 신이 노하지 않을 방법은 없을까? 파이프를 호수에 연결하여 물 부족인 도시에 공급하고 발전도 가능하게 할 수는 없을까? 예전엔 신들에게 약간의 재물 공양으로 보살펴 주리라 기대해도 좋았지만 이미 많은 잘못을 저지른 우리는 어떤 방법으로 신들의 마음을 풀어줘야 할 것인가? 부디 파괴는 새로운 창조라는 명목으로 시바신이 제3의 눈에서 불을 뿜지 않기를 기원한다.

기온은 고도 1백m 올라갈 때마다 0.6도 낮아진다. 고도가 올라갈수록 기압이 낮아지고 기압이 낮아지면 대기 중의 분자 운동도 활발하지 않기 때문이다. 고도 4,750m의 추쿵은 해수면에서의 온도보다 30도 가까이 차이가 난다.

침낭 밖의 공기가 무척 차가웠다. 온도를 보니 영하 5도. 야크 한 마리가 김이 모락모락 나는 플라스틱 통의 음식을 정신없이 먹었다. 호박과 감자를 싹둑싹둑 잘라 뜨거운 국물에 데워서 준 것으로, 배를 채워 주기도 하겠지만 밤새 추위에 떨던 몸도 덥혀 줄 것이다. 게눈 감추듯 먹어 치운 야크는 빈 먹이통을 싹싹 핥아 대더니 아무 효과가 없자 통을 이리저리 굴려 아쉬움을 표현했다. 야크는 옆에서 지켜보던 조그만 주인 아들에게 야단을 맞고서야 통에서 떨어졌다.

도미니크는 끝내 기다려서 나의 앞장을 섰다. 얼음이 언 개울을 건널 때 한 발 한 발 나를 아기 취급하며 잡아 주었다.

역시 하나의 봉우리를 오르는 것은 쉽지 않았다. 랑탕에서의 체르고리가 생각났다. 막판의 시커먼 자갈밭에서는 손에 쥐고 있는 스틱도 거추장스러웠다. 스틱은 벗어서 길 옆에 놔두었다. 스틱은 내려갈 때 가져가기로 하고 도미니크의 발자국을 따랐다. 드디어 정상의 초르텐과 타르초가 보였다.

"앞장서시지요."

의아해 하는 나에게 그가 다시 말했다.

"오늘 최초의 등정자가 되시는 겁니다."

그리하여 나는 2012년 10월 26일 10시 20분에 그날의 추쿵리5,559m 초등정자가 되었다. 우린 서로 부둥켜안고 등정 사진을 찍었다.

추쿵리는 높았다. 아마다블람의 수문장 노릇을 단단히 했던 시커먼 배트맨(암푸갸브젠, 5,647m)도 고개를 숙였다. 암푸갸브젠을 보면서 랑탕 지역의 맏형 랑탕리룽7,246m을 가로막고 있던 역시 시커먼 수문장(잔다르무)을 떠올렸다. 추쿵 마을에서 떡 버티고 있던 암푸갸브젠이 우리가 추쿵리에 오르자 자세를 낮추어 자기의 주인 아마다블람을 완전히 보여

추쿠리. 도미니크와 하나 되어 등정의 기쁨을 누리다.

주는 것은, 캰진에서 그랬던 수문장이 체르고리에 오르면 역시 자세를 낮추는 것과 같았다.

아마다블람과 아일랜드피크 사이로 임자 호수와 이에 이르는 길이 조그만 조감도 모형처럼 보였다. 여전히 임자 호수는 내게 영롱하게 반짝이는 에메랄드 보석일 뿐이었다.

도미니크는 콩마라패스5,535m를 가리켰다. 같이 가면 안내하겠다고 했다. 그 길은 심한 너덜길로 10시간 이상 걸리는 거리여서 정중히 사양했다. 올라갈 때 팽개쳤던 스틱을 한참 애를 먹고 찾았다. 그 사이 도미니크는 나를 위해 몇 번 오르락내리락 하고 결국 자기 스틱을 나에게 양보하기도 했다. 알고 보니 그에게도 추쿠리는 처음이었다. 그럼에도 오늘 첫 등정의 영광을 양보한 멋있는 트레커였다.

그와 함께 점심 식사를 했다. 그는 오늘 여기서 하루 더 머물고 내일 콩마라패스를 넘어 로부체로 간다. 나는 딩보체로 가서 하루 묵고 내일 두클라Dughla를 거쳐 로부체Lobuche로 간다. 우리는 로부체의 한 로지를 정하고 만나기로 했다.

긴 여정의 외로운 여행자에게는 하룻밤 머문 곳도 고향이다. 약속대로 이틀 전에 묵었던 로지에 들어서니 사우지의 아들이 이번에도 "미스타 킴" 하고 반겼다. 사우지도 오래 집을 비운 아들이 돌아온 양 두 손으로 반겼다.

그녀와 나는 두 봉우리의 한 몸인 캉테가

> **10월 27일(8일째)** 딩보체(4,360m, 8시 30분) – 두클라(4,600m, 10시 40분, 점심) – 로부체(4,940m, 13시 30분, 히말라얀에코 리조트)

> **10월 28일(9일째)** 로부체(4,940m, 7시 10분) – 고락셉(5,170m, 9시 30분, 부타 로지) ↔ 에베레스트 베이스캠프(EBC 5,300m, 10시 30분 고락셉 출발, 13시 EBC, 15시 30분 도착)

로지의 사우지는 일찍이 도시에서 제빵 기술을 습득하여 로지 옆에 제빵점도 열고 있었다. 딩보체에 온 많은 서양인들도 모처럼의 기회를 놓치지 않았다. 그 넓은 딩보체 여기저기서 찾아와 창가에 앉아 담소하며 빵을 즐겼다. 특히 도넛이 맛있었다. 어제저녁에 이어 도넛을 먹기로 했다. 점심과 오늘 저녁 로부체에서 만나기로 한 도미니크를 위한 빵도 사기로 했다.

제과점 문을 열려고 밖으로 나왔다. 그때 "미스터 킴" 하는 소리가 들렸다. 도미니크였다. 급한 볼일이 생겨 남체로 전화와 인터넷을 이용하러 가는 길이었다. 정말 아슬아슬한 순간이었다. 그때 만나지 않았다면 나는 로부체에서 오지 않는 그를 계속 기다렸을 것이고, 고마움을 표시할 기회도 없었을 것이다. 아침 일찍 양지바른 탁자에 앉아 그와 함께 마시는 커피는 향긋했다. 그는 나의 일정에 맞추어 렌졸라패스를 넘어 고쿄로 오겠다고 했다. 호수 가장 끝 로지에서 만나자는 약속을 하고 헤어졌다.

사우지의 아들이 로부체로 가는 길을 알려주며 멀리까지 배웅했다. 이번에는 '미스타 김'이 아닌 '아버지'라고 불렀다. "행운을 빌어요. 아버지!" 간밤 대화 도중 자기가 내 아들보다 나이가 어리다는 것을 알았기 때문이었다.

길은 평화로웠다. 왼쪽으로 타보체$_{6,495m}$와 촐라체$_{6,440m}$가 어린아이에게는 아이스콘을, 운동선수에게는 올림픽 성화주자들이 들고 뛰는 횃불을 연상시키는 모습이다. 다른 봉우리에서는 볼 수 없는 독특한 모습이 쌍둥이처럼 나란히 서 있어 이채로웠다. 그중 형뻘인 타보체는 어제

로부체에서 딩보체 가는 길

아일랜드피크 가는 길을 하늘길이라고 칭하는 데 큰 몫을 해준 봉우리였다. 이런 광경에 발목을 잡힌 트레커들은 좀처럼 앞으로 나아가지 못했다. 덕분에 포터들은 무거운 짐을 내려놓고 오랫동안 쉴 수 있었다.

보기 드문 일이었는데 어린 포터 하나가 눈에 띄었다. 성인 포터들이 묵직하고 짧은 지팡이를 짚어가며 보통 카고백 두 개를 묶어서 지는 반면 그의 짐은 비교적 가벼웠다. 10대 중반으로 보이는 아이는 올라오며 이마 끈으로 힘들게 지지했을 카고백을 옆에 놓고 멀리 허공을 바라보고 있었다. 그의 옆에 앉자 무표정한 시선으로 힐끔 나를 쳐다보았다. 배낭을 열어 간식을 나누어 주자 쇠고기 육포는 받지 않았다. 피부는 고산지대 아이 특유의 까무스런 빛을 빼면 우리나라 여느 아이처럼 깨끗했으나 눈에는 아무런 생기가 없었다. 내가 카메라를 꺼내자 그는 나를 향해 어색한 웃음을 지어주었는데 초콜릿을 받아든 대가 이상의 아무런 의미도 아니었다. 그의 피곤한 심신을 풀도록 돕는 것은 깊숙한 산중에서 그나마 트인 딩보체 방향의 허공을 주시하도록 그냥 내버려 두는 일이었다. 자기 이름에 대한 긍지도, 무한한 가능성을 뜻하는 어린 나이에 대한 자각도 없어 보였다. 나이와 이름을 묻고 학교는 다녔는지, 이러한 대화의 시도는 목구멍 밖으로 나오지 못했다.

뛰어 노는 대신 이마를 짓누르는 카고백이 그의 장래에 어떻게 작용할까? 자기를 고용한 트레커들을 바라보며 무슨 생각을 하게 될까? 이번 일정을 끝내고 정산하여 받아든 돈, 그 돈을 내밀었을 때 부모의 반응이 이 아이의 운명이 된다. 돈을 받아들며 애처로움을 감추지 못하는 아버지일까? 가족을 위해 당연히 벌이를 해야 한다고 말하는 아버지일까? 자기를 사랑해 주는 부모를 가졌느냐의 여부가 앞으로 세상의 주인이 되느냐, 노예가 되느냐로 갈린다. 부모의 '사랑'이라는 자양분만 있으면 '희망'의 나무는 험난한 바위틈에서도 자란다.

내가 이런 생각을 하는 동안 어린 포터는 무슨 생각을 하고 있었을까? 트레커들이 슬슬 움직이자 그도 카고백을 들쳐 멨다. 나도 배낭을 짊어졌다.

오른쪽 언덕 위로 푸모리$_{7,138m}$가 피라미드 같은 뾰족한 머리를 내밀고 사실상 첫인사를 건네 왔다. 사실상이라는 말은 아일랜드 가는 길에서도 보았지만 많은 봉우리 중 하나에 불과했기 때문에 특별히 애정을 가지고 본 것은 아니었다는 이야기이다. 이곳에서 멀리 동쪽으로 마칼루$_{8,463m}$가 보인다는 말을 나중 로부체에서 들었다. 날씨는 맑았고 안경까지 쓴 내 눈이 그것을 못 보았을 리 없겠지만 의미 없이 본 것을 봤다고 할 수 있겠는가? 히말라야의 많은 설산을 훑어보았다고 그렇게 말할 수는 없을 것이다. 그 앞에서 상대의 소중한 이름을 소리쳐 부를 때 우리는 비로소 보았다고 할 수 있다. 아 그렇다! 아마다블람을 보는 순간은 어머니의 목걸이를 생각하게 되고 그 이름은 내 뇌리에서 또 가슴속에서 떠나지 않는 것을 알았다. 마칼루에게는 미안하게 되었다. 앞으로 만나게 될 초오유는 그 앞에서 소중한 이름을 부르게 될 것이다.

두클라를 넘어서는 심한 오르막, 일개미처럼 오르는 빨간 유니폼의 포터들 틈에 끼어 한 발 한 발 축피라라 고개$_{4,840m}$에 들어섰다. 쿰부 빙하가 시작되는 에베레스트 관문이다. 이곳 에베레스트를 오르다가 숨진 넋들의 초르텐 형태의 추모비가 타르초의 숨결을 받으며 여기저기 서 있었다.

존 크라카우어의 『희박한 공기 속으로』로 우리에게 유명해진, 1996년

5월 상업 등반대를 이끌다 숨진 스콧 피셔의 추모비도 눈에 띄었다. 그 옆에는 최근에 숨진 여성 산악인의 분홍색 헬멧과 빨간색 입술 그리고 또렷한 눈매의 캐리커처 초상화가 도전정신을 잘 나타내고 있었다. 위험 회피 기술을 연마하고, 위험을 무릅쓰고 모든 불꽃을 살라버린 이 여인은 생전 그녀가 추구해 왔을 '자기 생명의 완성'을 이루었을까?

에베레스트는 어떠한 희생을 치르고도 올라야 할 대상이다. 그동안 도전한 사람 중 현재까지 231명이 사망했는데 이는 정상에 오른 사람 대비 4.1%에 해당한다(2011년 기준). 그나마 이는 최근의 등반 개념이 등정에서 더 나아가 안전한 하산까지 확대된 덕분이다. 옛날에는 등정자 네 명 중 한 명꼴로 높은 사망 확률을 보이기도 했다. 이런 인기와 더불어 네팔 정부는 한 사람당 11,000달러의 입산료를 부과하고 있다. 이렇게 높은 허가 요금도 세계 최고봉에 대한 도전 의지에 아무런 영향을 미치지 않는다. 일반인도 이에 가세하여 언제부턴가 상업 등반대가 성행하게 되었고(최초 에베레스트 상업 등반은 1987년) 스콧 피셔가 이끈 팀의 지원자들도 기꺼이 평균 65,000달러의 거금을 지불했다. 분홍 헬멧의 저 여인도 이곳을 지나면서 그 높은 죽음의 확률을 알고 있었을 것이다.

무엇이 그렇게 강렬하게 저 높은 곳으로 이끄는 것인가? 그러나 누구의 대답도 명쾌하지 못하다. 1924년 에베레스트에서 산화한 맬러리도 '산이 거기 있기 때문에'라고 답했다. 합리적으로 설명할 수 없는, 죽음도 불사한 강력한 본능은 설명이 불가능한지도 모른다. 왜 이렇게 우리에게는 설명할 수 없는 영역이 존재할까? 또 그런 영역은 누가 판단하고 누가 결정하는 것일까?

분홍 헬멧 여인과 작별하고 고개를 넘어서니 드디어 쿰부 빙하. 마른

쿰부 빙하. 왼쪽이 푸모리, 가운데가 링트렌, 오른쪽이 쿰부체. 오른편으로 눕체가 있다.

빙하이지만 에베레스트 정상에 쌓였던 눈도 사우스콜을 타고 이곳에 왔을 것이라 생각하니 감격스러웠다. 빙하를 중심으로 푸모리에서 눕체까지의 설산들이 부채꼴 모양으로 펼쳐져 있고, 그 밑으로 에베레스트의 길목 로부체 마을이 나타났다.

고락셉Gorak Shep 가는 길은 트레커들로 줄을 이었다. 많은 사람들이 급한 발걸음으로 지나치는 가운데, 혼자 눈길에서 감탄사를 연발하고 있던 리즈를 만났다. 오랜만에 나를 보는 반가움이 컸는지 왈칵 내 품으로 달려들었다. 무방비 상태로 멋쩍게 버티다가 사태를 받아들이기로 하고 나도 양손으로 그녀를 감쌌다. 잠시 동안 우리의 모습은 두 봉우리의 한 몸인 캉테가$_{6,783m}$였다. 무엇이 그렇게 반가웠을까? 아무리 생각해도 그건 아니었다. 멋있는 설산 눕체$_{7,879m}$를 처음 본 순간이라면 며칠 전 자기를 깨물었던 강아지 한 마리가 지나가더라도 그녀는 그렇게 했을 것이다.

이곳에 오면서 많은 감탄이 있었으므로 눕체의 모습이 서서히 보인다고 해서 새로운 것이 있을까? 미국 여자 리즈는 끊임없이 솟아나는 감정을 주체하지 못하는 자유분방한 성격의 소유자였다. 우리가 처음 인사를 나눈 것도 텡보체에서 한국의 코이카 직원들과 이야기를 나누던 중 그녀가 적극적으로 우리 탁자로 건너왔기 때문이었다. 다만 나는 수염이 그득하여 그녀 입장에서 보면 부담 없고 맘씨 좋은 할아버지였을 것이다.

부타 로지가 값이 싸다는 정보가 있어 발걸음을 빨리 하고 있었지만 이제 나란히 걸을 수밖에 없었다. 캉테가 정상의 두 봉우리가 어떻게 떨어질 수 있다는 말인가? 다행히 방을 하나씩 차지할 수 있었다. 로지 진열대에서 사과 두 개를 발견하고 하나씩 입에 물었다. 할머니의 주름처럼 쭈글쭈글했지만 비타민 덩어리임에는 변함없었다. 우리는 약속이나 한 듯 씨까지 아작아작 씹어 먹었다.

고락셉 마을은 랑탕의 캰진을 연상시켰다. 약간 언덕을 올라서 나타나는 마을도 그렇고 그 높은 곳에 제법 넓은 평지가 있는 점도 그랬다. 다만 고락셉의 평지는 초원이 아닌 맨 흙의 운동장이고 그 위에는 말이나 야크가 아닌 뇌조雷鳥, common rosefinch가 놀고 있다는 점이 달랐다.

애석하지만 리즈의 발걸음이 너무 느려 이른 점심 후 혼자서 EBC로 향했다. EBC로 가는 길은 에베레스트 트레킹의 정점이 되는 길이었다. 이곳까지 오는 동안 에베레스트는 머리만 살짝 보여주었을 뿐 좀처럼 모습을 보여주지 않았기에 가까이서 보고 싶었고, 또 하나는 베이스캠프에서 잠시 원정대 일원이 되어 망원경으로 에베레스트를 오르는 대원들의 모습을 확인하고 싶은 마음도 컸다. 도착해서 보니 원정대의 베이스캠프와 트레커의 베이스캠프는 위치가 달랐다. 원정대의 베이스캠프는 트레커 베이스캠프에서 한참 들어가 있었다. 그곳까지는 전혀 다듬지 않은 빙퇴석 지대여서 상당한 시간이 걸릴 거리였다.

에베레스트는 눈앞에 와서도 웨스트 쇼울더7,268m가 가로막고 있어 머리 부분만 볼 수 있었다. 다만 힐러리 스텝을 보여줌으로써 캠프 제2, 3, 4, 5, 6 등의 위치를 상상할 수 있었다.

원정대의 베이스캠프가 안쪽으로 들어간 이유는 빙하가 온난화로 녹아 버린 결과였다. 아무런 부족함이 없이 대대손손 잘 지내던 빙하는 안쪽 귀퉁이로 쫓기고 쫓기어 초라한 모습으로 남게 되었다. 그나마 바닥에서 버티는 빙하는 그 위로 새로운 점령자인 자갈들에 눌려서 살아남느라 안간힘을 쓰고 있었다. 버티다 지쳐 이젠 빙하라고 부르기조차 안쓰러운 얼음조각 하나가 자기보다 훨씬 큰 바윗덩어리를 이고 있는 모습도 보였다. 이제 빙하는 웨스턴 쿰Western CWM이라는 보호구역에 갇히

에베레스트 베이스캠프

게 되었으며 그곳을 빠져나오는 즉시 화형에 처해지는 인디언 신세가 되었다. 에베레스트 정상에서 쌓인 눈이 얼음이 되어 여기까지 천오백 년의 여정이었고, 다시 쿰부 빙하 끝자락까지 수백 년이나 남아 있을 수명을 여기서 끝내버린 것이다.

고락셉은 이번 트레킹의 최고 높은 위치이다. 못 견디는 상황은 아니겠지만 긴 밤이 될 것이다. 나 홀로 트레커는 다이닝룸에서 최대한 대화를 나누며 고소병에 대한 자신의 상태 정도를 주변 사람에게 점검받아야 한다. 스스로 인지하기 어려울 수 있기 때문이다. 추쿵에서 도미니크에게서 느꼈던 일이다. 옆의 일본 할머니가 다른 사람들도 힘들기는 마찬가지라고 나를 안심시켰다.

리즈는 항상 나란히 해야 할 자신의 한 봉우리도 잊은 채 다른 트레커들과 시시덕거리기 바빴다. 다행히 그 큰 웃음소리에 나 몰래 그녀에게 고소가 접근할 것 같지는 않았다.

혼자 걸은 것이 아니었네

> **10월 29일(10일째)** 고락셉(5,170m, 7시 30분) ↔ 칼라파타르(5,545m, 9시 30분, 10시 40분 로지) – 로부체(4,940m, 14시, 알파인 로지)

> **10월 30일(11일째)** 로부체(4,940m, 7시 30분) – 종라(4,830m, 11시 10분, 마운틴뷰 로지)

걱정과 달리 고락셉의 밤은 로부체보다 훨씬 수월했다. 중간에 잠이 깰 때는 일정표를 들여다 보며 남아 있는 날짜를 셌다. 어느덧 나의 에베레스트 트레킹도 중반을 넘어섰다.

기대와 걱정 중에 이제는 기대만 남았다. 칼라파타르5,545m는 동 트기 전 출발하는 사람이 많았다. 에베레스트의 일출 광경을 사진에 담기 위해서거나 칼라파타르를 얼른 다녀와서 로부체를 거쳐 종라까지 갈 사람들이었다. 내 일정은 지금까지 가이드북에서 정한 표준 일정을 잘 따르고 있다. 칼라파타르를 내려오면 오늘 로부체까지만 간다. 다음 날은 로부체에서 종라까지 3시간 거리이지만 그 다음 날 촐라패스를 넘기 위한 체력 보충을 위해 그 정도면 충분하다. 카트만두로 돌아가는 비행기 일정도 넉넉하니 서두를 필요는 없다.

정면의 푸모리7,138m가 거대한 공룡처럼 떠오르는 모습을 보며 칼라파타르 정상에 도착했다. 에베레스트를 빨리 보고자 하는 마음에 막판 호흡을 흐트러트려 숨을 가다듬어야 했다.

북쪽의 푸모리. 그렇게 큰 거봉을 이보다 더 가까이할 수 있을까? 전

칼라파타르 오르는 길에 정면으로 보이는 푸모리

체를 볼 노력으로 고개를 좌우로 거의 180도 돌려야 했고, 그렇게 해도 나의 시야는 주름 진 코끼리의 옆구리를 벗어나기 힘들었다. 푸모리는 이렇게 우리를 코끼리 곁을 배회하는 한 마리 작은 새로 만들 만큼 거대하게 덮쳐 왔다.

반면, 동쪽의 에베레스트는 여전히 베일의 너머였다. 눕체와 로체가 행여 자신의 군왕이 노출되어 위엄을 잃어버리지 않을까 염려되어 앞을 가로막고 서 있었다. 또한 웨스트 쇼울더가 아예 자신의 군왕과 한 몸이 되어 호위하고 있어서 더 이상 어찌 해볼 도리가 없었다. 방문자는 필시 멀리 호위병 발치(쿰부 아이스 폴)에서 며칠이고 기다려 허락을 받아낸 다음에 좁은 통로 Western CWM에서 몇 번에 걸친 심한 검문 끝에 사우스콜 7,986m에 이르게 될 것이다. 사정이 이러하니 나 같은 길손은 그 겹겹이 싸인 호위병 너머로 위엄 넘치는 군왕의 모습을 볼 뿐이었다. 겨우 알현한 왕은 입는 옷도 달랐다. 신하들의 하얀 옷 대신에 검은색 옷을 입고 있었는데 바라보다가 눈을 돌리면 그것이 검은색이었는지 구리색이었는지 파란색이었는지 알 수 없게 만들었다. 오히려 군왕은 다른 신하들처럼 치장도 하지 않았다. 다만 오른쪽 어깨를 살짝 치켜든 장식 South summit 하나가 다른 신하와는 격이 다름을 분명히 했다.

칼라파타르 정상은 이리저리 뛰어다니며 에베레스트를 배경으로 사진을 찍거나, 흥분이 가라앉은 다음에는 펄럭이는 타르초 밑에서 바위에 등을 비스듬히 기댄 자세로 에베레스트를 바라보는 다양한 사람들로 가득했다. 그중 네팔 털모자를 쓴 할아버지 셋이 요정같이 귀여웠다. 네팔 털모자는 팍딩에서 니키의 동생이 썼던 것처럼 조그만 여자아이에게나 어울릴 듯한데 수염쟁이 할아버지에게도 마찬가지였다. 그들

칼라파타르에서 할아버지 요정 넷이서 에베레스트를 배경으로

은 어젯밤 로지 다이닝룸에서 나의 눈에 띄었던 사람들이다. 밤늦게 로지 문을 열고 힘없이 들어선 그들의 배낭에는 각각 인형 마스코트가 달려 있었다. 축 처진 어깨는 콩마라패스의 자갈밭 너덜길을 그때까지 헤맨 것이 틀림없었다. 그들은 밤새 다시 활기를 얻어 칼라파타르에 와서 푸모리를 배경으로 그리고 에베레스트를 배경으로 여러 포즈를 취하며 열심히 사진을 찍고 있었다. 그들에게 가서 나도 요정이 되었다. 안나푸르나 마지막 무렵 서울에서 가져온 검은색 털모자를 분실한 것은 이곳 히말라야 신의 계획이었을 것이다.

칼라파타르에서 내려와 다시 로부체 다이닝룸. 에베레스트 베이스캠프나 칼라파타르에서의 환희도 대단했지만, 고락셉$_{5,170m}$을 무사히 지냈다는 사실을 스스로에게 축하해 주고 싶었다. 하지만 누구와 함께할 수 없는 나 홀로 트레커. 다행히 로지에 대여용 컴퓨터가 있어서 들어가 보았다. 아내한테서 며칠 지난 나의 생일을 축하한다는 메일이 와 있었다. 아내에게 답장을 보냈지만 막상 발송 단계에서 불통이 되었다.

 어쩌면 겁이 없어졌는지 모를 일이다. 전전날 여기서 그렇게 고생하더니. 아직도 4,949m인데 말이다. 가와나베를 앞혀 놓고 맥주 하나를 시켰다. 접시 한 가득 팝콘을 앞에 두고 있으니 나름 흡족한 생일 잔칫상이 되었다. 팝콘은 고소하고 맥주는 얼큰했다. 행복한 기분이 밀려왔다. 아직 촐라패스5,368m가 남았지만 걱정할 필요는 없다. 최대한 나머지 일정을 마무리하고 가족의 품으로 돌아가면 된다.

 건너편 식탁에는 독일인 부부 단체가 왁자글했다. 마침 그중 한 명이 생일이어서 케이크가 배달되고 생일축하 노랫소리가 요란했다.

 쿰부 빙하를 빠져나가는 날이다. 상상하고 동경했던 에베레스트는 이제 그리움과 추억으로 남게 되는가? 내 발걸음을 재촉했던 로부체가 이제 등 뒤에서 그 발걸음을 붙들었다. 에베레스트를 등정했던 한국의 한 산악인이 있다. 그는 베이스캠프로 가는 트레일의 마지막 마을 로부체를 잊지 못하여 한국으로 돌아와 산길로 들어서는 길이 끝나는 마지막 지점에 별장을 지었다. 당호는 '로부제路阜齊'. 스스로 '길이 끝나는 언덕 위의 집'이라고 풀이했다. 당호를 바라보며 부阜의 한자가 언덕 위에 룽다가 펄럭이는 모습이라고 신기해했다.

 지금 천천히 걷고 있는 길은 마라톤 코스다. 2003년부터 텐징-힐러리 에베레스트 마라톤이 에베레스트 등정일에 맞추어 매년 열리는 대회는 에베레스트 베이스캠프5,300m에서 남체3,440m까지 42.195km를 달린다. 역대 최고 기록은 3시간 28분 27초이며 우승자는 모두 네팔인이다.

나는 40대부터 본격적으로 마라톤을 했다. 풀코스 종주는 상상하기도 힘든 먼 거리지만 한 번은 완주하고 싶었다. 거의 꼴찌에 가까웠지만 피니쉬 라인을 들어올 때의 환희는 올림픽 금메달 선수 못지않았다. 그래서 나는 마라톤을 운동경기라고 표현하지 않는다. 대회 참가는 뛰기 위한 장소를 제공받기 위한 것일 뿐이다. 모두가 금메달이다. 에베레스트만이 세계 최고봉이 아니다. 지구가 타원형이라서 지구의 중심부터 재면 남미의 침보라소$_{6,310m}$ 산이 최고봉이고, 하와이 바닷가에 솟아 있는 마우나로아$_{4,710m}$ 산은 해저 표면에서 재면 무려 9,900m나 되는 봉우리이다. 이렇듯 보는 관점에 따라, 우리는 저마다 자기 자리에서 최고봉이다.

마라톤을 하다 보면 이런 자신감이 생기고, 또 하나의 묘미는 무아지경 상태를 맛본다는 것이다. 아무런 의지도 없는 상태인데 기관차처럼 팔 다리가 칙칙폭폭 규칙적으로 돌아갈 때는 영원히 그런 상태로 있고 싶다. 목표는 천천히 끝까지 달리는 것. 달리기에 입문하는 사람에게 나는 우선 걷기를 권한다. 트랙 한 바퀴도 못 뛰는 사람이 처음부터 뛸 수는 없다. 천천히 걷던 사람이 빠른 걸음으로 바뀌고 어느 순간 뛰게 된다. 그러다가 거리가 늘어나면 마라톤 도전도 가능하다.

나의 경우 마라톤의 칙칙폭폭은 그렇게 길지 않았다. 역시 오래 걷기가 가장 좋다. '토끼와 거북이' 이야기는 동화가 아닌 현실이다. 뜀박질을 잘하는 토끼는 잠을 자며 피곤을 풀어야 하지만 걷는 거북이는 쉴 필요가 없다. 걷기는 피로가 쌓이게 하는 것이 아니라 피로를 몰아내는 수단이다.

두클라를 넘어오면서 얼마나 설렜던 길이었던가? 뒤돌아보고 뒤돌아보고. 촐라 호수로 좌회전하기 전 모퉁이에서 스틱과 배낭을 벗 삼아 쿰부 계곡의 마지막 모습을 사진에 담았다.

종라Dzongla의 로지는 딩부체의 사우지가 전화로 예약해 놓았다고 나에게 생색을 내던 곳이었는데 그렇지 않았다. 사우지는 내가 내민 딩부체의 그린타라 게스트하우스 명함을 보더니, 고민 끝에 부엌 옆의 창고를 치우게 했다. 로부체에서 만나 알게 된 대만인 부부가 일찌감치 도착하여 다이닝룸에서 자리를 잡고 있었다. 리즈가 뒤늦게 도착해서 들어왔다. 창밖으로 아마다블람이 구름자락을 걸치고 수채화처럼 연한 윤곽으로 나타났다.

촐라패스에서 타르초가 되어 버린 당신

10월 31일(12일째) 종라(4,830m, 6시 10분) - 촐라패스(5,368m, 9시 40분) - 탕낙(4,680m, 12시 40분, 점심) - 고쿄(4,750m, 16시 40분, 초오유뷰 로지)

11월 1일(13일째) 고쿄(4,750m, 8시 10분 출발, 16시 도착) ↔ 제4 호수, 제5 호수

11월 2일(14일째) 고쿄(4,750m, 7시 20분 출발, 11시 20분 도착) ↔ 고쿄리(5,357m) - 마체르모(4,400m, 16시, 예티 로지)

리즈는 출발하는 나를 불러 세워 커피를 대접했다. 언제 봐도 아담하고 깨끗한 얼굴에 우리 한국인 같은 친근함이 느껴졌다. 촐라패스를 넘으면서 내가 앞서 갔기 때문에 우리는 더 이상 만나지 못했다.

여태까지 히말라야 길은 그냥 사람이 사는 동네를 걷는 길이어서 토롱라와 체르고리 정도를 뺀다면 북한산 걷기와 다름없었다. 촐라패스

는 가파르기도 하지만 큰 바윗덩어리를 올라서야 하는 어려움도 있었다. 한참 동안 계속된 바윗길이 끝나자 이번에는 눈밭이 이어졌다. 촐라패스는 그 아래의 바위가 깎인 채석장 같은 모습으로 나타났다. 고개에는 울긋불긋 많은 트레커들이 타르초와 한 몸이 되어 펄럭였다.

촐라패스에서 타르초가 되어 버린 당신.
마구 기운이 샘솟는 젊음의 길이었고,
함께 걷는 사람들 속에서 충만함으로 가득 찬 길이었다.
어떤 날은 바람에 의지하는 고행의 길이었다.
밑에서는 위를 올려다보았고 위에서는 아래를 내려다보았다.
해를 안고 있는 달은 아름답고 슬펐다.
걸을수록 몸은 가벼워졌다.
하늘을 이고, 깊은 산속에 들어서야 세상을 보았다.
바람이었다.
귓가를 때리는 바람, 뺨을 간질이는 바람.
신도 잠든 고요한 밤에는 소리 없이 부는 바람에
수많은 별들이 쏟아졌고,
별들을 지키던 달님도 바람에 가리워 힘을 잃었다.
기지개를 켠 바람은 세상 모두에게 숨을 불어 주었다.
말이 고픈 날에는 바람에 날리는 타르초에게 길을 물었다.
마음이 서글픈 날에는 룽다에게 안부를 물었다.
수많은 말들을 엽서에 담아 바람에게 전했다.

촐라패스를 내려가는 길은 가파르고 낙석 위험이 많았다. 고개를 내려오자 평원지대가 펼쳐졌다. 평원 한가운데 난 길은 이내 계곡으로 접어들고 졸졸졸 시냇물 소리가 들렸다. 종라를 출발하여 6시간 반 만에 도착한 탕낙Thangnak은 다음 날 촐라패스를 내가 온 반대방향으로 넘으려는 단체 트레커들로 넘쳐났다. 마지막 관문이었던 촐라패스를 넘은 나의 환희를 음미하는 장소로는 미흡했다. 고쿄Gokyo까지 가기로 했다.

탕낙에서 고쿄로 넘어가는 길은 지도와 달랐다. 지도에는 고줌바Ngo-zumba 빙하를 넘어 맞은편 제2 호수로 건너가서 고쿄로 오르도록 되어 있으나 실제로는 빙하 오른쪽을 계속 올라가다가 고쿄 맞은편에서 빙하를 건넜다. 잠시 혼란스러웠지만 많은 사람이 오가고 있어서 별 어려움은 없었다. 쿰부 빙하에서는 푸모리가 이정표 노릇을 했는데 고줌바 빙하에서는 초오유8,201m가 그 역할을 했다. 여기저기서 얼음이 갈라지고 깨지는 소리가 들렸다. 그것은 바닥의 빙하가 위에서 덮친 돌과 흙더미에 못 견뎌 내는 신음 소리였다. 에베레스트 베이스캠프에서는 이미 빙하가 명맥이 끊어졌는지 신음 소리조차 들은 기억이 없다.

빙하를 건너면서 몇 번을 쉬었다. 역시 고쿄까지는 무리한 거리였다. 간신히 고쿄 마을이 보이는 언덕에 올라서자 촐라패스 못지않은 감격이 몰려왔다. 어스름한 어둠이 몰려왔지만 한참을 지체하다가 마을로 내려왔다. 호숫가 끝의 로지로 갔으나 온다던 도미니크는 없었다. 가와나베가 서성이는 나를 발견하고 로지 창문을 통해 손짓을 했다.

가와나베(38세. 여. 일본) 역시 나 홀로 트레커로 딩보체에서 만나 통성명을 한 사이이다. 그녀는 고쿄 호수가 좋아서 하루 더 머무르고 있었다. 간호사로 있던 직장에 사표를 내고 2~3년 계획으로 세계 여행 중이었

촐라패스 초입의 자갈길

촐라패스 오르는 길. 바윗길이 끝나면 눈길이 이어진다.

다. 요즘 일본의 젊은이들은 전 세계 대륙 횡단이 유행이라서, 몇 년씩 장기 휴가를 얻어 전 세계를 누빈다. 그녀와의 대화는 나의 발걸음에 더 많은 용기와 의미를 부여해 주었다.

다이닝룸 창문을 통해 내가 넘어온 고개가 어스름이 보였다. 아직도 그곳에 당도한 사람이 있었다. 그 역시 고개를 선뜻 넘지 않고 등 뒤 석양을 받으며 한참 동안 이쪽을 바라보았다. 마치 서부 영화에서 황야의 무법자가 말을 타고 급히 고개에 올라가서는 건너편 마을을 관찰하느라 말고삐를 이리저리 잡아당기고, 준마는 가던 관성을 줄이느라고 앞발을 번쩍 치켜드는 것처럼.

아침 일찍 가와나베는 렌졸라패스$_{5,360m}$를 넘어갔다. 초콜릿을 하나 사서 선물로 주었다. 그녀는 손을 흔들며 호숫가 길로 들어섰다. 렌졸라패스를 넘고 아프리카로 가서 킬리만자로를 오를 것이다.

가와나베와 헤어지고 1시간 만에 도착한 제4 호수는 참으로 평화로웠다. 완만한 곡선이 만들어 내는 광경은 그동안의 나의 흥분과 긴장을 많이 누그러뜨려 주었다. 호수 북쪽으로 서양의 고성을 연상시키는 봉우리$_{5,757m}$ 하나가 잔잔한 호수와 잘 어울렸다. 필립(63세, 남, 영국)이 빠른 걸음으로 지나가다가 혼자 셀프셔터를 누르는 나를 보고 멈추었다. 나를 여기저기 배경으로 세워놓고 사진을 찍어 주었다. 제5 호수에서 에베레스트 정상을 손가락으로 가리키며 찍은 사진도 그의 아이디어였다. 쾅충웨스트$_{6,090m}$와 쾅충이스트$_{6,050m}$가 나란히 뾰족하게 서 있다. 필립은 그중 한 봉우리를 등정한 바 있다고 자랑했다.

필립은 캐룬을 그냥 지나치는 나에게 조그만 돌멩이를 손에 쥐어 주면서 올려놓으라고 했다.

사랑은 그냥 보며 감탄하는 것이 아니다. 탈에서 곰파 관리인이 진심으로 절을 하고, 차메에서 순다르가 허름한 초르텐이라도 반드시 그 왼편으로 돌고, 종에서 조슬리나가 초르텐을 지날 때는 마니를 돌리듯이 그들의 삶을 존중해야 한다. 아름답다는 말은 사랑한다는 말의 다름 아니다. 나는 얼마나 이 아름다운 히말라야를 사랑하게 되었을까?

필립은 걸음이 빨라 제6 호수까지 갔고 나는 제5 호수를 지나 조금 오르다가 돌아왔다. 제6 호수까지는 왕복 10시간 이상 걸리는 거리였다. 호숫가 로지에 가 보았으나 오늘도 도미니크는 없었다.

히말라야는 높아서 외롭다. 그래서 그들은 짝이 필요하다는 것을 알았다. 탐세르쿠는 캉테가와 비슷한 모양으로 나란히 하고 있다. 타보체와 촐라체, 쾅충이스트와 웨스트, 눕체와 로체, 하물며 멀리 떨어진 푸모리와 초오유는 뾰족한 닮은꼴로 다른 산의 산등성이 너머로 서로를 바라보고 있다. 그에 반해 혼자 서 있는 외로운 아일랜드피크. 그 많은 봉우리들 사이에서 닮은 이 없어서 외롭다. 앗! 아니다. 아일랜드피크에게는 임자 호수가 있다.

고쿄리$_{5,357m}$에서 바라보는 히말라야는 최고의 파노라마였다. 초오유, 걍충캉$_{7,952m}$, 푸모리, 에베레스트, 눕체, 로체, 마칼루, 촐라체, 타보체, 말랑풀랑$_{6,573m}$, 캉테가, 캬샤르$_{6,769m}$, 탐세르쿠의 저마다 개성 있는 얼굴들이 동쪽 산군을 이루었다. 그중 마칼루가 자신의 큰 키를 살려 로체 오른편에서 모습을 보여준 것은 참으로 고마운 일이었다. 떠나기 전 멀리서나마 대면했으니 다음에 만나면 더욱 반가운 구면이 될 것이다. 에베레스트가 나의 오랜 여정에 보답이라도 하려는 듯 매끄러운 북

제4 호수. 산봉우리가 서양의 고성을 연상시킨다.

서면을 보여주었다. 텡보체에서 보여준 반대편에 해당된다. 이렇게 환희가 끝나자 차분한 감정으로 지금까지의 여정을 정리하게 만들었다. 발아래로 에베레스트 지역이 다 펼쳐진다. 탐세르쿠부터 타보체, 촐라체 등이. 처음에 나는 지금은 너무도 익숙한 탐세르쿠라는 이름도 생소했었다. 탐세르쿠는 트레킹 둘째 날 불쑥 나타나서 별 비중 없는 봉우리인 줄 알았다. 이제 이를 분별할 수 있게 되었다. 지금은 지도를 보며 멀리 봉우리들을 확인해 보는 경지에 이르렀다.

하나하나 이름을 되짚어 본다. 트레킹이 끝날 무렵이면 마을과 산봉우리들의 이름을 하나씩 되뇌는 것이 이제 습관이 된 듯하다. 역시 만나야 한다. 만나서 서로 이름을 불러 보아야 한다. 아무리 예쁜 '꽃'도 이름을 모르면 영원히 타인으로 남는다. 이제 히말라야의 모든 이름들을 돌아가서도 하나하나 떠올리며 부를 수 있게 되었다. 아주 생생하게.

"얘들아, 고백할 게 있는데 들어봐 줄래? 나는 초등학교 때 부모와 헤어져 서울에 혼자 유학 왔었어. 서울에 온 날 내 어린 시절은 끝났으며 동시에 내 이름도 망각의 저편으로 사라져 버렸지. 아무도 시골에서 온 나의 이름을 불러주지 않았던 거야. 편의상 한 사물에게 불려지는 이름일 뿐이었지. 그런데 방학해서 시골집 마당에 들어서자 어머니는 '동규야앗!' 하고 불렀어. 어머니 품속에 얼굴을 묻고 깨달았지. 내 이름이 없어진 것은 아니었어. 어머니는 계속 내 이름을 부르고 있었던 거야. 사투리 억양이 들어간 나의 이름. 내 이름은 이렇게 불러주는 어머니가 있어 없어질 수 없었던 거지. 사랑하는 히말라야! 외로워하지 마! 돌아가서도 잊지 않고 너희들 이름을 불러줄게!"

발걸음을 붙잡는 몽라 고개

11월 3일(15일째) 마체르모(4,400m, 7시 30분) – 돌레(10시) – 포르체탱가(3,680m, 11시 30분, 점심) – 몽라 – 쿰중 – 샹보체 – 남체(3,440m, 16시 30분, 벨리뷰 로지)

11월 4일(16일째) 남체(3,440m, 7시) – 몬조(8시 30분) – 팍딩(10시 30분) – 루클라(2,840m, 2시 50분) – (비행기) – 카트만두

바짝 엎드려 있던 나무들이 조금씩 일어나기 시작한다. 이제 내리막만 있을 줄 알았는데 오산이었다. 히말라야는 그렇게 쉽게 놓아주지 않았다.

"꽃이 아름다운 것은 우리가 정성을 들인 시간 때문이에요."

몽라$_{3,970m}$ 고개가 나의 경쾌한 발걸음에 뭔가 뒤틀렸는지 뜻밖의 투정을 해왔다.

몽라 고개의 초르텐. 세상을 향해 팔을 벌리고 있다. 타르초 사이로 아마다블람이 보인다.

"그렇게 쉽게 갈 수는 없어요. 그래서는 나를 다 잊어버리고 말 거예요."

그녀에게 화를 낼 수는 없다.

"그래, 나도 그래. 이렇게 얼토당토않게 투정해 주는 네가 고마워. 결코 잊지 못할 거야."

이렇게 마지막 남은 나의 힘을 다 빼놓더니 그녀의 구체적인 실체인 초르텐은 세상에서 자기가 가장 중심이라는 듯 오색의 타르초를 온 세계를 향해 뻗쳐 놓았다. 도도한 그녀가 투정만 한 것은 아니었다. 표고차 300m를 올라 나타난 몽라 고개는 마지막으로 한 번 더 히말라야를 보고 가라고 좋은 경관을 제공했다. 이제 나는 안다. 그 얼토당토않은 불합리에 사랑이 있다는 것을. 사랑하는 사람과 있는 곳이 세상의 중심이라는 사실도.

아! 아마다블람. 트레킹 초입, 남체를 넘어서자 나를 맞이한 것은 아마다블람이었다. 추쿵과 아일랜드피크로 가는 길, 추쿵리, 어디서나 나를 지켜보던 아마다블람. 종라에서 작별인사를 한 줄 알았던 아마다블람이, 고쿄리에서 아쉬움에 살짝 고개를 내밀었던 아마다블람이, 몽라에서 다시 완전한 모습으로 나타났다. 몽라를 넘어서는 더 이상의 투정은 없었다.

티베트에서 출생한 텐징 노르가이가 수년간 일했던 곳 쿰중Khumjung으로 접어들었다. 쿰빌라5,765m의 품 안에 자리 잡은 마을은 그 규모가 지금껏 본 어느 마을보다도 압도적이었다. 남체는 트레커들을 위한 숙소로서 최근 커진 도시라면 쿰중은 인근 넓은 벌판을 생활터전으로 하는 자립 도시였다. 마을 광장에는 힐러리경의 기념 초르텐이 5분 거리에 있다는 표지판이 있었으나 대신 힐러리스쿨을 구경했다. 힐러리와 그의 히말라얀 재단에서 1960년에 지었으며 이는 쿰부지역에서 최초의 학교였다. 현재 우리나라 한국산악회에서 기증한 컴퓨터 교실이 있는 곳이다. 상황을 들어 보니 이 지역의 부유한 셰르파들은 자신의 자녀들을 카트만두 학교에 보내고 있었다.

3천m 이상 고산지대에 거주하는 셰르파족은 고소적응이 뛰어나 텐징 노르가이가 1953년 에드먼드 힐러리와 함께 에베레스트 산을 오른 이래 최근 트레킹과 산악 관련 활동으로 삶의 영역을 넓혔다. '셰르파Sherpa'란 티베트어로 동쪽을 뜻하는 '샤르shar'와 사람을 뜻하는 '파pa'의 합성어로 '동쪽에서 온 사람'을 말한다. 500년 전에 동티베트에서 이주한 이들은 어느 종족보다 높은 곳에서 살아온 덕분에 자녀들을 대도시에 보내 교육을 시키고 있을 정도의 부를 소유하게 되었다.

쿰중을 벗어나 샹보체로 가는 언덕에 올라 뒤돌아보니 아마다블람이 아직도 나를 배웅하고 있었다. 그는 내가 샹보체로 넘어서는 것을 확인하고서야 사라졌다. 샹보체 활주로에서 헬리콥터가 먼지를 일으키며 떠올랐다. 나는 걸음을 멈추지 않았다. 발아래에서 남체가 나타났다. 남체를 보는 순간 눈물이 왈칵했다. 남체하고 무슨 인연이 있었다고 이런 감정이 생기는 것일까? 돌아온 탕아. 모든 것을 다 잃은 탕아가 자기 고향의 모습이 보였을 때 마음이 이랬을까? 마을 여기저기 굴뚝에서 연기가 피어올랐다. 날씨는 포근했다.

에베레스트 트레킹 마지막 날 나의 만찬은 풍성했다. 야크 스테이크에 위스키 한 병을 앞에 놓으니 한순간 한순간이 파노라마처럼 떠올랐다. 온통 하염없는 길만 펼쳐질 뿐 잠 못 이루어 뒤척이던 밤은 벌써 보이지 않았다.

아침 공기가 상쾌했다. 다이닝룸에는 호주의 한 젊은이가 고소 때문에 트레킹을 포기하고 헬리콥터를 기다리고 있었다. 헬리콥터 비용은 보험으로 해결되어 문제가 아니었으나, 이상이 없어 보이는데 쉽게 포기하는 것이 안타까웠다. 반면 한 무리의 젊은이들이 왁자지껄 나름의 에베레스트 트레킹 뒤풀이를 즐기고 있었다. 경쟁하듯 달밧따카리(쌀, 야채, 스프로 된 네팔의 주식)를 현지인들처럼 손으로 먹는 것은 이 아름다웠던 순간들을 잊지 않기 위함이리라.

로지의 맘씨 좋은 사우지는 계산을 마치고 하산을 서두르는 나를 붙들더니 하얀 '카타'를 목에 걸어 주었다.

당초 계획보다 일찍 트레킹을 마쳤다. 몬조에서 하산 도장 Exit stamp 을 찍었다. 돈을 내면 에베레스트 트레킹 증명서를 발급해 주고 있었지만 필요하지 않다고 대답했다.

언덕 아래에서 짐을 운반하는 좁게 일행이 올라오고 있었다. 공교롭게도 마부는 트레킹 첫날 보았던 아저씨였다. 반가웠다. 그도 나를 기억하고 있었다. 뒤이어 트레커들이 경쾌한 발걸음으로 올라왔다. 팍딩에 도착하자 약속대로 히말라얀 어드벤처 호텔에 들렀다. 니키는 나를 보자 사랑하는 오빠를 에베레스트 원정대에 보내놓고 무사히 돌아온 것에 안도하는 표정이었다. 로지 벽에 붙여 놓은 거울을 들여다보았다. 두 달간 수염은 착실히 자라 삼국지의 장비 모습이었다.

니키는 여러 종류의 야채를 듬뿍 넣어서 정성스럽게 음식을 만들어 주었다. 그녀의 애정 어린 만류에도 불구하고 후식으로 사과와 토마토도 먹고 루클라 공항으로 향했다. 마침 바로 떠나는 비행기가 있어 올라탔다. 멀리 히말라야 산맥의 하얀 띠가 비행기 날개보다 더 높았다.

에베레스트 트레일에서는 목욕 한 번 하지 못했다. 세수도 낮에 겨우 한 번 하는 정도였다. 에베레스트에서는 추워서 슬리퍼 신을 일도 없어서 랑탕 마지막 날 빠빠지에게 준 것은 잘한 일이었다. 텡보체 이래 아침저녁으로 하루에 다이아막스 2알씩 먹었다. 역시 4천m 이상에서는 잠자는 시간보다 깨어 있는 시간이 더 많았다. 그러나 나는 확신한다. 힘들었던 기억은 날이 갈수록 희미해지고 환희는 더욱 선명하게 남으리라는 것을.

이제 계획된 일정을 모두 마치게 되었다. 그동안 걸으면서 내가 상상하지 못한 세상에 놀랐고, 알지 못한 사람들을 만나면서 완벽한 자유를 느꼈다. 스스로 결정하고 발길 닿는 대로 걸어보고 60일이라는 기간 동

다시 내려온 루클라. 햇볕이 화사한 가을 풍경이다.

안 집을 떠나서 완전 혼자서 지냈다는 점에서 내게는 신기록이었다. 30년 동안의 직장생활을 마무리하면서 두려움도 있었지만 새로운 인생을 시작한다는 기대감도 있었다. 퇴직하면서 일본 열도를 걷는 꿈을 꾸었지만 후쿠오카에서 도쿄까지 20일 여정으로 나를 달래었고, 히말라야를 장기간 걷겠다는 꿈도 안나푸르나 베이스캠프에 다녀오는 것으로 또 스스로와 타협했다. 잠시 재취직하긴 했었지만 6개월 만에 퇴직했다. 큰 문제는 아니었지만 무력감이 올 수도 있었다. 그때 나는 두 달간 혼자서 걷겠다는 계획을 세웠다. 참아왔던 꿈이었다.

생각해 보면 우리 인류의 역사는 걷는 것이 아니었을까? 아프리카에서 출현한 인류가 4만km(지구 둘레)에 이르는 지구를 걸으면서 진화하지 않았을까? 걷는다는 것은 행복한 일이다. 그래서 걷다가 저 세상으로 건너가는 사람은 지혜로운 사람이다.

제2부

마나슬루·무스탕 이어 걷기 30일

1. 마나슬루 라운드

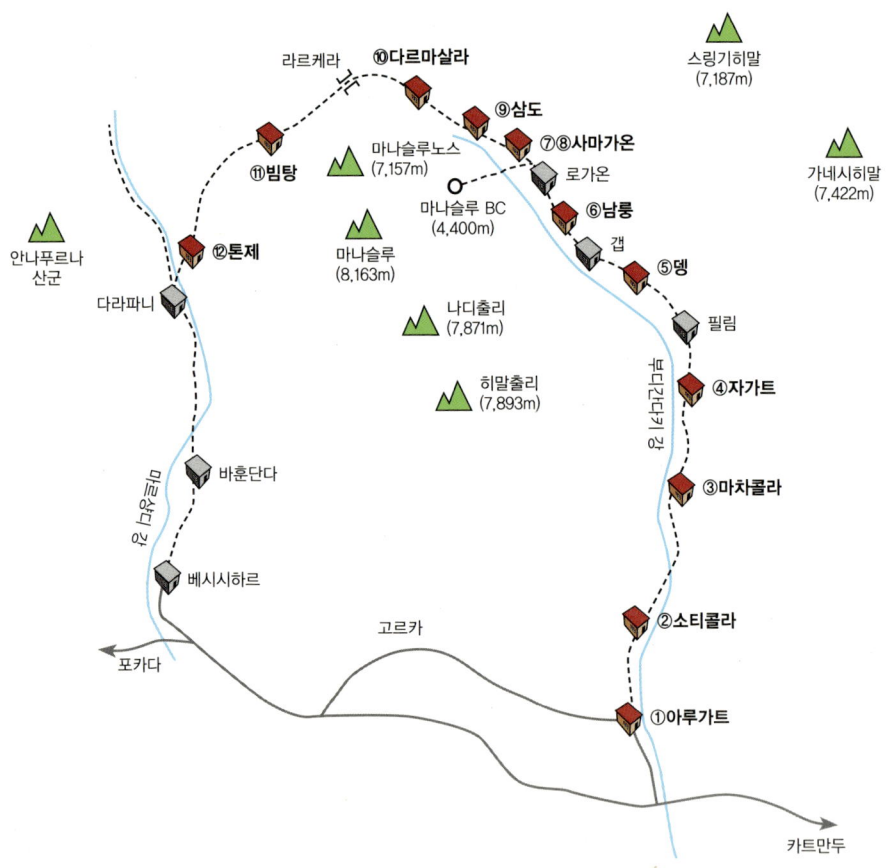

또다시 거울 속으로

5월 13일(1일째) 카트만두(8시) - (버스) - 아루가트(570m, 17시)

5월 14일(2일째) 아루가트(570m, 8시 30분) - 아루게트(620m, 11시 도착, 점심, 12시 출발) - 소티콜라(730m, 15시 30분, 호텔 ABC)

"목요일이에요."

우리의 가이드 푸르바에게 악수를 청하자 이렇게 뜬금없는 말이 날아왔다. 발음이 어색한 것보다 상황이 맞지 않는 인사말에 당황할 수밖에 없었다.

"하하, 놀라셨죠? 제 이름입니다."

"목요일이?"

"제 이름, 푸르바는 셰르파어로 목요일이라는 뜻입니다. 제가 그날 태어났기 때문이죠."

그동안 무슨 일이 있었는지 카트만두 시내는 깨끗했고 시내 외곽 간선도로도 말끔하게 재포장되어 있었다. 덕분에 카트만두 터미널을 출발한 버스는 작년 가을보다 흔들림이 적었다. 나와 유 선생은 맨 뒷좌석에 앉고 가이드 푸르바와 포터 카말이 바로 앞에 앉았다. 이번 마나슬루와 어퍼무스탕에 필수적으로 요구되는 가이드는 지난 가을 알게 된 카트만두 현지 여행사를 통해 구했다.

어퍼무스탕은 두 명 이상의 트레커에게만 허가를 해준다는 또 하나의 조건이 있었다. 여행 동료를 구하는 일은 쉽지 않을 수도 있었다.

유 선생은 일본 관련 사업을 하는 분이다. 나는 작년에 히말라야 트레킹을 잡지에 연재했고 이를 본 그는 기회가 있으면 꼭 동행하게 해달라고 당부했었다. 일본어를 배우다 만난 우리는 그동안 '유 사장님'과 '김 지점장님'이란 호칭을 사용했으나 이번 일을 추진하면서 '유 선생'과 '김 선배'로 바뀌었다. 일을 떠난 관계가 된 마당에 '사장'이나 '지점장'이란 호칭은 나를 계속 회사에 묶어 놓는 속박으로 느껴졌다. 유 사장은 일본 문화에 정통하고 세상 이치에도 밝아 나는 '유 선생'으로 부를 것임을 통고했고, 유 사장 역시 히말라야 선배인 나를 '김 선배'라고 부르겠다고 했다. 대신 나이가 비슷하므로 '님' 자는 떼기로 했다.

"유 선생, 히말라야는 열악한 곳입니다. 선진국만 찾아다니던 유 선생이 감당할 수 있을지 걱정됩니다."

"김 선배, 무슨 소리입니까? 선진국 문물은 제게 더 이상 의미가 없습니다. 빨리 눈들이 사는 곳으로 데려다 주십시오."

이렇게 새로운 호칭으로 한마디씩 대화를 나누니 우리는 어느덧 자유인으로 변해 있었다.

카트만두 계곡을 벗어나는 나그둥가 고개를 넘기 직전에 마주 오던 트럭이 전복되는 사고가 있었다. 차 안에서 콜라 병이 쏟아져 나오고 커다란 트럭은 길을 가로로 누워 도로를 점거했지만 우려와는 다르게 신속하게 경찰들과 크레인 차가 와서 상황은 1시간 만에 정리되었다.

가고 서고를 반복하던 버스는 어느새 말레쿠Malekhu에서 카트만두 포카라간 국도를 벗어났고, 미혼인 포터 카말은 카트만두에서 TV를 사오던 18세 소녀와 나란히 앉아 즐거운 시간을 보내고 있었다. 다딩베시Dhadingbesi에 도착한 시간은 오후 1시. 거기서부터는 비포장도로인 임도를 따라 차는 요동치기 시작했다. 굽이를 돌 때마다 '빠라빠라바'를 연발하던 버스가 잠시 평온한 초원을 가로질러 부디간다키 강가에 자리 잡은 마을 아루가트Arughat에 도착한 시간은 오후 5시.

로지는 아루가트 마을의 남쪽 초입 버스 정류장 바로 옆에 위치하고 있었다. 새 건물인 마나슬루뷰 호텔은 시설도 좋고 전망도 좋았다. 2층 테라스에서 부디간다키 강 계곡 저 멀리 설산이 보였다.

항상 이렇게 트레일 초입은 설렘으로 가득하다.

"국경의 긴 터널을 빠져나가자 눈의 나라였다."

갑자기 유 선생의 입에서 가와바다 야스나리의 소설 『설국』의 첫 대목이 흘러 나왔다. 그때 나는 멀리 가네시히말을 바라보며 『나니아 연대기』나 『오즈의 마법사』를 생각하고 있었다. 옷장 속이나 거울 속을 잘못해서 들어가야만 펼쳐지는 세계. 신비의 세계다. 그러나 두려움도 함께한다. 벌써 몇 번 반복된 일이지만 항상 성공하리라는 보장이 없다. 이

아루가트의 아침. 한 소녀가 신들을 위해 집 앞을 꽃잎으로 단장하고 있다.

제 다시 거울 앞에 서서, 튕겨질까 두려움에 떠는 아이의 마음이다.

건너편 건물 2층 베란다에서 동네 아이들이 머리를 나란히 하고 고개를 내밀어 신기한 듯 우리를 바라보고 있다. 로지가 서울에 있어도 이상하지 않을 정도로 최신식이어서 잠깐 잊고 있었지만 아이들의 표정을 보며 이곳은 이미 우리가 속했던 곳이 아님을 깨달았다. 이미 우리는 우리가 속한 세계의 옷장을 통해 이곳으로 곤두박질쳐지며 거울 너머의 세상으로 들어온 것이다.

마나슬루 라운드 첫걸음을 시작했다. 소티콜라Soti Khola까지는 버스가 운행되고 있다는 사실을 알게 되었지만 개의치 않았다. 아마 아루가트가 주는 차분한 분위기가 우리들 마음을 느긋하게 해준 듯했다. 서둘러 가야 할 이유도 없고, 평온한 마을길은 그만한 가치가 있다.

아루가트를 갓 벗어난 길에서 결혼식장으로 향하는 신랑 일행을 보는 행운을 가졌다. 어느 마을에서 출발했는지 그 마을 사람들이 총출동했다. 앞줄 가운데 현대식 양복을 입은 신랑은 풀잎을 엮어 만든 넓적한 장식을 목에 두르고 있었다.

보무도 당당한 신랑의 행진을 멈추게 할 수도 없어서 뒷줄에 따라가는 주민 한 사람을 세워 몇 가지 물어보는 것으로 아쉬움을 달래야 했다. 유 선생은 뭐가 더 궁금했는지 일행과 한참 동안 대화를 나눈 후에 따라왔다.

"뭐, 더 알아낸 것 있습니까?"
"아뇨, 나와 얘기하던 저 아가씨, 꿈꾸는 듯한 눈빛을 가졌어요."
꿈꾸는 눈은 어떤 눈일까?

길은 느릿하게 이어졌다. 벌써 따가운 햇볕으로 길가의 바나나는 긴 잎을 축 늘어뜨렸고, 길가 조그만 집의 토방에서 웃통을 벗어젖힌 노인 한 분이 우리에게 눈길을 주었다. 유 선생은 발걸음을 멈추더니 배낭을 뒤져 뭔가를 꺼냈다. 폴라로이드 카메라였다. 즉석에서 자신의 모습을 본 할아버지는 어린아이 표정이 되었다.

수돗가에 있던 할머니가 다가오고, 마침 카트만두에서 다니러 온 며느리가 밀크티를 들고 나타났다. 어디선가 동네 사람들이 몰려오고, 염소 풀을 등에 지고 지나가던 할아버지도 멈추어 섰다. 폴라로이드 인화지 열 장은 금방 바닥났고, 인화지를 흔들어 대는 사람들 틈에서 유 선생은 싱글벙글했다.

날은 더웠다. 길가의 언덕 쪽에 돌을 쌓고 대나무 마디를 파서 만든 호스에서 시원한 물이 철철 흘렀다. 길가는 사람들을 위한 고마운 물줄

아루가트 가는 길에 만난 사람

기였다. 유 선생과 나는 호스에 입을 대고 물을 벌컥벌컥 마시다가 아예 웃통을 벗고 등목을 했다. 자두색 인도 옷을 입은 두 아주머니가 지나가다가 멈춰 섰다. 우리 일행을 바라보는 눈빛이 신기한 것이라도 발견한 양 흐뭇했다. 어디 잔치에라도 초대되어 모처럼의 외출인 듯 목걸이, 팔찌, 반지로 치장이 화려했다. 햇볕을 받아 투명해진 핑크와 연두색 양산 속에서 여자들의 하얀 치아가 반짝였다. 상의의 폭 파진 목 선과 드러난 배가 그 웃음을 더욱 시원하게 했다.

로지 음식으로는 밥맛이 없을 것 같아 준비해 온 김치와 누룽지를 들고 강가로 갔다.

'누룽지 원정대.'

식사하면서 유 선생이 생각해 낸 말이었다. 비록 가이드와 포터를 포함해 네 명뿐이지만 스스로를 '누룽지 원정대'라고 칭하고 나를 대장으로 추대했다. 아쉽게도 누룽지는 그 후 며칠을 못 가서 떨어졌고 원정대장의 감투도 유명무실해졌다.

더운 탓일까? 단 하루 걸었을 뿐인데도 기력이 소진된 듯 축 늘어져 버렸다. 소티콜라에 도착해서 영양 보충을 위해 토종닭을 한 마리 잡아 백숙 요리를 먹었다.

유 선생이 경험해 보고 싶다고 해서 동네를 뒤져 사 온 창(막걸리 일종)은 시어서 마시기 어려웠다.

"갑자기 카트만두 작은 별에서 마시던 똥바가 생각납니다."

'작은 별Small Star'은 카트만두 구왕궁 근처의 똥바를 마실 수 있는 싸구려 선술집이다. 어떤 극성 한국인이 똥바를 마시고 감동하여 간판을 직접 걸어주었는지 버젓이 한국어 간판도 있다. 똥바란 독특하여 설명하기 어려운 네팔의 술인데 도수가 낮아서 간단히 네팔 맥주라고 한다. 원료는 고도Millet를 쪄서 일정기간 발효시킨 것이다. 뚱바를 마시려면 생맥주 1천cc 정도 크기의 나무로 된 통에 발효된 고도를 가득 넣고 뜨거운 물을 부어 빨대로 빨아먹는다. 나는 문화 체험을 시켜 준다며 카트만두에 도착하자 유 선생을 그곳에 데려갔었다. 애주가인 그는 고도에서 나오는 향이 좋다고 세 번이나 물을 부어 우려 마셨다.

이곳에 뚱바를 만드는 집은 없었다. 대신 맥주로 갈증을 풀었다.

온몸을 감싸듯 빨아들이는 부디간다키 강

5월 15일(3일째) 소티콜라(730m, 7시 30분 출발) – 라푸베시(880m, 11시 도착, 점심, 13시 출발) – 마차콜라(930m, 16시, 마운틴 에베레스트 호텔)

5월 16일(4일째) 마차콜라(930m, 8시 출발) – 따토파니(990m, 11시 도착, 점심, 12시 출발) – 자가트(1,410m, 17시 30분, 마나슬루상티 호텔)

"아루가트까지 자동차 도로가 없었을 때는 고르키가 마나슬루 트레킹의 시발점이었습니다."

푸르바의 설명을 들으니 네팔 왕조의 발상지인 고르카가 더욱 궁금해졌다. 1769년 작은 산악국가 '고르카 왕국'은 당시 박타푸르, 카트만두, 파탄의 세 왕국으로 분열되어 있던 카트만두 계곡과 나머지 50여 개 소국을 통일하고 수도를 카트만두로 옮긴다. '샤' 왕조의 정복 사업은 계속되어 무스탕 지역을 편입하고 네팔의 영토는 서부로는 까슈미르에 동부로는 시킴에 이르게 된다. 마침내 영국령 인도 제국과 충돌할 수밖에 없었고, 패전하여 1816년 체결된 조약으로 일부 지역을 상실하고 오늘

날의 국경선이 확립된다. 1930년 국호를 '네팔'로 바꾼다.

푸르바는 용병에 대하여 자세히 알고 있었다.

"1814년 전투를 치르면서 당시 최신 화기를 갖추고 전쟁 전술까지 몸에 익힌 영국 군인들을 무려 800명이나 전사케 했습니다. 고르카족의 무기라고는 오직 쿠쿠리 칼이 전부였고 전술은커녕 재래식 훈련 한 번 받아보지 못한 평범한 민간인이었지만 사망자 수는 520명에 불과했습니다. 이 전쟁에서 오합지졸로 보였던 이들에게 참패를 당하자 영국은 관심을 갖게 되었으며, 용병 계약을 하기에 이릅니다."

구릉족인 포터 카말에게 용병이 되면 고소득이 보장되고 연금도 받을 수 있다는데 용병 모집 시험에 응한 적이 있는지 물었다.

"체격과 체력 등 다양한 테스트가 실시됩니다. 그중에는 달리기가 제일 중요한데 망태기에 돌을 넣어 달리는 것도 있습니다. 이 자체도 어려운 일이지만 저는 영어 테스트에 붙을 자신이 없어 응시한 적은 없습니다. 뿐만 아니라 최근에는 용병의 수도 급격히 줄었고요."

체구도 나을 것이 없는 이들에게 그런 체력과 투지가 있다는 것이 놀라울 따름이다. 카말이 무거운 짐을 지고도 항상 우리보다 앞서 가서 기다리는 것도 경외 자체이다. 아마 그 힘의 원천은 그들이 날마다 먹는 달밧따카리가 아닐까 싶다.

달Dal, 녹두스프, 밧bat, 쌀밥, 그리고 따카리Tarrkari, 야채라는 이름 그대로 쌀밥과 녹두 스프, 그리고 기름에 볶은 야채가 한 식기에 함께 나오는 음식이다. 커다란 감자칩이 곁들여 나오기도 하며, 별도로 주문하여 계란 프라이나 닭튀김을 얹어서 먹을 수도 있다. 또한 리필이 가능하다. 반쯤 접시를 비우게 되면 사우니가 옆에 지켜 서서 일일이 음식을 보충해

주는데 네팔인들은 최소한 두 번씩은 먹는 것을 볼 수 있다.

카말이 달밧따카리를 맛있게 먹는 모습을 보고서도 우리는 모두 입맛이 신통치 않았다. 마을을 나서기 직전 채소가게에서 양배추를 발견하고 점심에 데쳐 먹을 생각으로 하나 사서 배낭에 집어넣었다.

달밧따카리

10시를 넘으니 벌써 무더웠다. 가다 보니 네팔인 몇 명이 노상에서 아침 식사 준비를 하고 있었다. 처음엔 네팔인들의 식사시간이 맘에 안 들었으나 딱 이해가 되는 순간이었다.

그들은 아침에 간단한 밀크티 정도만 마시고 바로 일을 시작한다. 그리고 10시경 제대로 된 아침 식사를 한다. 안나푸르나 첫날 버스 정류장에서 식사를 하지 않아서 베시사하르까지 가는 동안 배고팠던 기억이 있다. 토롱라를 넘기 전 만난 바랏이 그랬다. 그래서 나중에 바랏과 카트만두에서 만나서도 점심 식사는 함께할 수 없었다. 우리도 아침 5시경 일어나서 시원한 아침에는 바로 걷고, 가다가 좀 더워지면 식사하는 것이 좋을 텐데, 오래된 습관을 이길 수는 없을 것이다.

궁금하여 다가가 보았다. 돌로 임시 화덕을 만들고 그 위의 솥단지 틈으로 하얀 김이 씩씩거리며 솟구치고 있었다. 그들은 어딘가 로지를 지으러 가는 인부들이었다. 곧 준비가 가능하니 조금만 기다렸다 함께하기를 권했다. 앞서 가던 유 선생이 멈춰 서서 뒤돌아보았다. 일행이 있는 나는 권유를 받아들일 수 없었다. 만약 나 홀로 트레커였던 작년이라면 어땠을까? 그들이 권하지 않더라도 배가 고프지 않더라도 그 옆에 앉았을 것이다. 차를 마시고 간식을 먹으며 그들과 대화를 나누고, 또 그들을 졸졸 따랐을 것이다. 애써 인연을 만들고 싶었으니까.

아버지에게는 토란이 만병통치약이었다. 배가 아프다고 말하면 토란을 구워서 주고, 머리가 아프다면 토란을 가마솥에 쪄 주었다. 신통하게 효과가 있었다. 지금 나에게는 걷기가 그렇게 되었다. 배가 더부룩하거나 머리가 아프거나 마음이 우울하거나 아니면 모든 성인병에 나는 걷기를 권유한다. 아침에 유 선생은 설사통증을 호소했다. 그는 어제부터 계속 설사기가 있었는데 내가 걱정할까 봐 내색 않고 있었다. 마을길을 걷자고 했다. 하지만 효과가 없었다. 갑자기 유 선생은 숙소까지 돌아가기도 힘들 만큼 급하여 바로 앞집에 양해를 구하여 일을 볼 정도였다. 아, 효과가 있었다. 마을에서 약국을 발견했다. 출근 전인 약사가 달려왔고, 처방을 받았다.

유 선생의 컨디션이 좋아지길 기다리느라 늦게 출발했다.

부디간다키 강을 따라가는 길은 온천이 있는 마을 따토파니와 로지 건설에 분주한 유루콜라 Yuru Khola를 지나고, 온종일 유유자적하던 강은 유루콜라 물줄기를 오른쪽으로 받아들이고 강바닥을 드러냈다.

유루콜라 마을. 항아리에서 럭시가 달구어지고 있다.

점점 빨려들 것 같은 부디간다키 강

강물은 게으름을 피우며 흘러갔고 강물 소리도 본분을 잊고 묵묵했다. 우리의 발걸음도 이에 젖어 마냥 한가했다. 가까이 오는가 싶던 풍경은 다가갈수록 뒷걸음쳤다. 그 흐릿해진 풍경이 살짝 방향을 오른쪽으로 틀어 모습을 감출 때 유 선생 입에서 한마디 멘트가 튀어나왔다.

"뭔가 강인한 흡인력이 우리를 빨아들이고 있어요."

정말 무엇엔가 빨려드는 느낌이다. 조금씩 조금씩 3일째 우리를 빨아들인 강이 이번에는 왼쪽으로 살짝 방향을 틀었다. 커다란 도마뱀이 나의 발걸음에 놀라 달아났다. 이내 강은 깊은 협곡을 만들어 거대한 바위산들을 병풍처럼 솟아나게 했다. 그 풍경을 올려다보느라 꺾인 목을 바로 하니 돌로 바닥과 담을 꽤 정성스레 쌓아 놓은 마을 자가트Jagat에 이르렀다.

로지에 도착하자 유 선생은 설사 증세는 없어졌으나 온몸이 저린 증상을 호소했다. 팔다리가 저리고 얼굴까지 경직되면서 심각했다. 아침에 처방받은 약이 너무나 강력한 것이라고 결론을 내리고 복용을 중지하기로 했다.

룽다는 바람이 타고 가는 말

> **5월 17일(5일째)** 자가트(1,410m, 7시 10분 출발) – 에클레바티(1,600m, 11시 도착, 점심, 13시 출발) – 뎅(1,800m, 17시, 마나슬루 트레커홈스)

> **5월 18일(6일째)** 뎅(1,800m, 7시 30분 출발) – 갭(2,160m, 12시 도착, 점심, 14시 출발) – 남룽(2,660m, 17시, 남룽 게스트하우스)

동쪽으로 가네시히말을 보면서 힌두교의 가네시 신을 생각했다.

힌두교의 많은 신 중에서 가장 인기 있는 신은 가네시Ganesh이다. 몸은 배불뚝이 인간, 머리는 상아가 하나뿐인 코끼리에 손이 4개나 되는 오동통한 체형의 신으로, 그가 코끼리 머리를 갖게 된 데는 재미있는 유래가 있다. 파괴의 신 시바와 아내 파르바티Parvati 여신 사이에 세 아들이 있었는데 장남이 가네시였다. 수려한 용모에 고지식할 정도로 굳은 의지를 가진 그는 부모의 말을 잘 따라 사랑을 독차지했다. 어느 날 파르바티 여신이 목욕을 하면서 그로 하여금 아무도 엿보지 못하도록 지키라고 지시했는데 마침 아버지 시바 신이 들어왔다. 고지식한 가네시는 어머니가 아무도 들어오지 못하게 했다는 이유만으로 그마저 가로막자 성정이 과격한 파괴의 신 시바는 격노하여 그만 칼을 빼내어 아들의 목을 쳐 버렸다. 여신이 이 사실을 알고 불같이 화를 내자 당황한 시바는 마침 지나가는 코끼리의 목을 베어 아들의 머리에 붙여 주었다.

"비록 우스꽝스런 용모를 지녔지만 가네시는 아버지 시바 신이나 어머니 파르바티 여신보다 더 인간들로부터 숭배를 받고 있습니다. 사업가나 장사꾼들은 가네시가 빼어난 슬기와 지혜로 인간들이 처한 어려움을 잘 해결해 줌으로써 장애를 극복하게 하여 사업을 번창케 해준다는 의미에서 가게나 회사에 가네시 상像을 모셔둡니다."

푸르바의 설명이 끝나자 기다렸다는 듯이 유 선생의 한마디가 날아왔다.

"시바 신은 여자가 얼마나 무서운지 몰랐나요? 결국 다시 붙여야 하는 일인데 말이죠."

"…."

"아무리 강력한 신도 죽은 뇌세포를 다시 살릴 수는 없었군요. 항상 머리를 조심합시다."

점심 식사 후 가네시히말 트렉과 춤벨리 트렉과 헤어져 다시 강을 건넜다. 오르막을 지나 대나무 숲을 통과했다. 유 선생은 머리 위를 보는 횟수가 많아지더니 멀찍이 떨어져 뒤따라왔다. 이유를 물어보았다.

"이런 곳에는 거머리가 있을 우려가 있어요. 이놈들은 대나무 잎에 붙어 있다가 사람이 지나가면 체온을 감지하고 떨어져 달라붙습니다. 서로 떨어져서 걷는 것이 좋겠습니다."

유 선생은 여기 오기 전에 많은 연구를 했던가 보다. 본격적인 우기라면 가능한 얘기였다.

"스타킹을 신어도 소용없고 심지어는 등산화 끈의 작은 구멍으로도 파고들어 온대요. 물려서 피를 빨고 있어도 거머리의 침에는 마취 성분이 있어 모를 수 있어요. 물렸을 때는 거머리를 그냥 손으로 잡아떼면

살점도 떨어지니까 소금을 묻히거나 성냥을 켜서 떼어내야 합니다."

유 선생은 라이터를 켜 보이기까지 하며 대비책을 설명했는데 내심 거머리와 조우하기를 바라는 눈치였다. 나 역시 지난 가을 랑탕계곡 초입에서 꿈틀대는 힘 없는 거머리를 보았을 뿐 아직 제대로 혼난 경험이 없었다.

길가에 무심히 피어 있는 '시스누Sisnu'라는 쐐기풀은 잎이 뾰족뾰족하고 볼록볼록한 보푸라기의 생김새가 좋지 않다. 그 잎에 찔리기라도 하면 벌에 쏘인 듯 심하게 아프다.

또한 이를 식용으로 사용하기도 한다. 티베트의 성인 밀라레파

쐐기풀 시스누. 찔리면 벌에 쏘인 듯 아프다.

도 동굴에서 수행할 때 이것을 끓여 먹으며 몸이 파랗게 되도록 수행하여 마침내 깨달음에 이르렀다.

앞서 가던 유 선생이 갑자기 '앗' 하고 소리를 질렀다. 시스누에 찔린 것이다. 미리 주의를 주지 않은 것이 화근이었다. 현지 주민처럼 콧물을 발라 보라 하니 그렇게 했다. 곤혹을 치른 유 선생은 혼잣말처럼 투덜투덜하며 다시 앞서 갔다. 무슨 소리냐고 물었더니 이렇게 답했다.

"장미는 너무 예뻐 자신을 보호하기 위해 가시를 지니고 있다는데, 시스누는 어떤 약점이 있길래 가시를 가졌을까요?"

들어보니 투덜투덜이 아닌 오히려 시스누에 대한 연민이었다.

저녁 숙박지 뎅Dyang 마을의 공기는 벌써 서늘했다. 위스키 한 병을

시켜 유 선생과 대작했다. 쐐기풀 시스누에 찔렸음에도 불구하고 측은지심을 드러낸 유 선생의 그 좋은 심성을 칭찬하자 그의 심오한 철학이 이어졌다.

"저는 이곳 사람들에 비하면 아무것도 아닙니다. 이들은 룽다를 바람의 말(風馬)이라고 한다죠? 모래를 품고 눈앞으로 달려드는 바람은 피하고 싶은 원수 같은 존재일 텐데 오히려 측은하게 본 셈이죠. 거칠고 넓은 황야를 달리려면 바람은 얼마나 힘이 들까 염려하여 그들에게 타고 갈 말을 제공하고 있으니까 말이죠?"

나는 여태 수직으로 꽂힌 깃발이 말의 갈기와 같다고 해서 풍마인 줄로 알고 있었는데 심오한 이야기였다. 그의 말은 계속되었다.

"여행에는 항상 장애가 따르기 마련이죠. 거머리, 시스누, 설사도 그렇고요. 쥘 베른의 『80일간의 세계일주』를 보면 픽스 형사가 장애입니다. 거기서 보듯이 장애는 어느 순간 여행을 도와주는 요소이기도 합니다. 이런 장애들이 있어서 여행을 여행답게 하는 것이지요."

유 선생과 책 이야기를 하다가 내가 작년 랑탕에서 두 번씩이나 화를 냈던 일이 떠올랐다. 주인공 필리어스 포그는 면도할 물의 온도가 평소와 1도가 다르다고 하인을 해고할 정도로 규칙적이고 빈틈없는 일상을 살아가는 사람이었다. 또 약속한 80일이 하루라도 늦어지면 파산해야 할 입장이었다. 그런 그가 이 모든 걸 무시하고 인도 여행 중 화형에 처해질 여자 '아우다'를 구하는 모험을 감행한다. 그에게는 엄격한 규칙으로 무장된 것 같지만 어느 순간 이를 무시하고 한 사람의 목숨을 구하게 된다. 정작 어떤 원리, 원칙, 신념도 절대 선은 아니었던 것이다.

하물며 일정에 아무런 구애도 없었던 랑탕 트레킹에서의 내 행동은 포그에게 용서를 빌 일이었다. 이곳 초르텐의 다양성만이라도 눈이 아닌 마음으로 인식했더라면 그런 행동은 없었을 것이다.

고도 2,660m의 남룽Namrung의 밤은 추웠다. 아마 마지막 샤워가 될 듯하다. 남룽 게스트하우스 다이닝룸은 트레커들의 식사가 끝나자 주민들 차지가 되었다. 텔레비전을 보기 위해서였다. 텔레비전 화면은 인근의 마을 축제 모습을 보여주었다. 평소 어두운 색깔이 아닌 색동옷의 화려한 의상으로 무리를 지어 춤추고 노래하는 동작이 환상적이었다. 한 무리가 어깨동무한 상태에서 앞으로 디디며 한 발을 들어 올리고 뒤로 물러서 발을 내려놓는 단순한 동작이 경쾌했다.
"단순한 동작이 경쾌합니다."
유 선생은 대답 대신 핸드폰 화면으로 사진 한 장을 보여 주었다. 초기 농경 사회에서 사용했을 곡식을 담는 동그란 도기 주위를 사람들이 손을 맞잡고 춤을 추는 그림이 그려져 있었다.
" 강강술래네요."
" 예, 저는 저 화면을 보면서 이 그림을 떠올렸습니다. 제가 중국 서부 지역을 여행하다가 서녕西寧 시의 박물관에서 찍은 사진입니다. 유목민들의 춤은 현란한 기교가 들어 있는데 반해서 농경사회 춤의 공통점은 단순하다는 것입니다."
"왜 그럴까요?"
"유목민들에게는 과거 사냥을 하여 먹고 살던 풍습이 남아 있습니다. 개인기가 중요한 요소였지요. 농경사회는 달리기를 잘한다든지 돌멩이를 잘 던진다든지 하는 어떤 특출한 기술보다는 무조건 협력이 필요합니다. 누구나 평등한 것이지요."

"누구나 함께 출 수 있어야 한다는 것이 무엇보다 중요했군요."

이야기는 흘러 우리나라의 현대 춤으로 넘어왔다. 추석날 밤 추는 강강술래는 옛날 이야기가 되어 버렸다. 김연아의 빙판 위의 신들린 춤은 많은 사람들에게 용기와 희망을 주었지만 그보다 몇 배 많은 사람들에게는 좌절을 안겨 주었을지도 모른다. 단순 반복적인 네팔 음악의 가락이나 춤에는 여전히 못난 사람 잘난 사람 구분 없이 함께 가겠다는 평등사상이 있었음을 알았다.

여행에 동행자가 있다는 것은 이렇게 보는 눈이 두 배로 늘어난다는 의미가 있다. 혼자 여행한 작년이었더라면 모르고 지나쳤을 히말라야 춤의 의미를 알게 되었다. 작년 안나푸르나 나왈 마을의 축제가 흥겨웠던 것은 바로 이런 이유가 있었던 것이다.

싸목싸목 걸어서 마나슬루 베이스캠프

5월 19일(7일째) 남룽(2,660m, 7시 10분 출발) - 로가온(3,180m, 12시 도착, 점심, 13시 출발) - 사마가온(3,530m, 17시, 마운트마나슬루 호텔)

5월 20일(8일째) 사마가온(3,530m, 7시 30분) - 마나슬루 BC(4,400m, 13시) - 사마가온(16시 30분)

쇼가온Syogaon 마을에 들어서자 파란 산 능선 위로 하얀 마나슬루가 드디어 모습을 드러냈다. 뾰족한 두 개의 봉우리가 틀림없는 마나슬루였다.

마나슬루는 산스크리트어의 'Manasa' 즉 '영혼, 정신'이라는 뜻으로

로가온에서 본 마나슬루

'지혜Intellect의 산' 또는 '영혼이 깃든 산'이다. 사마가온 마을에서는 이 토지의 수호신이 사는 신성한 지역을 누구도 침범할 수 없다고 생각했고 초등정을 목표로 한 일본 원정대는 수년에 걸쳐 현지 주민의 집요한 방해를 받게 된다. 그러나 마나슬루 정상은 1956년 일본 원정대의 방문을 허용했고, 이는 일본 국민들에게도 패전의 아픔을 딛고 자신감을 심어주는 계기가 되었다.

그 사실을 모르고 있던 고등학교 때, 마나슬루는 우리나라 형제 산악인의 집념 어린 도전으로 나에게 처음으로 히말라야 고봉을 알게 해준 산이다. 그 전까지 히말라야는 관념에 불과했는데 구체적으로 다가온 것이다. 마나슬루는 우리나라 원정대가 처음 도전한 8천m급 봉우리였고 가장 많은 희생을 치른 산이다. 주인공 김정섭은 박철암 대장이 이끈 우리나라 최초 히말라야 원정대의 대원으로 참가한, 일찍이 고봉 등정의 꿈을 키워온 분이다. 1971년 김정섭을 대장으로 한 마나슬루 원정대는 7,600m까지 도달하지만 동생 김기섭은 정상 공격 중 돌풍에 휘

말려 추락사한다. 형 김정섭은 이듬해 재도전했지만 또 다른 동생 김호섭을 눈사태로 잃는 비운을 겪는다. 그는 1976년에도 다시 도전했지만 악천후로 후퇴해야 했다. 그가 쓴 『집념의 마나슬루』는 그의 숭고한 정신을 잘 보여주고 있다.

"인류가 오늘과 같은 고도의 문명사회를 이룩한 것은 오로지 보다 나은 미래의 세계를 건설하려는 끊임없는 인간의 집념과 창조 의욕이었지 저절로 앉은 자세에서 이루어진 것은 아니었다고 생각한다. 나는 소위 오늘의 선진국이 있을 수 있는 이면에는 반드시 그에 합당한 탐험과 개척정신이 뒤따랐다는 것을 알 수 있었다. 그들은 미지의 세계를 향해 일찍이 아프리카, 히말라야 혹은 '극지'를 탐험하고 개척했으며 바다의 항로를 열었다. 여기에는 고귀한 희생이 뒤따랐다. 그러나 그들은 그러한 바탕 위에서 오늘과 같은 부강국을 이룰 수 있었던 것이다.

가치 있게 살다가 가치 있게 가는 길. 이는 죽음이 아니라 영원히 사는 길인 것이다. 나는 기필코 마나슬루 정상에 태극기를 휘날리고 말겠다. 이것은 절대로 가능하며 성공하지 않을 수 없다."

3차 원정 실패 후 다음 해 봄, 우리나라는 대망의 에베레스트를 등정했다. 슬픔과 집념의 마나슬루는 1980년 동국대 산악부가 등정에 성공하여 한을 풀었다.

숙연한 마음에 로가온Rhogaon 마을 너머의 마나슬루를 한참 바라보았다. 산은 날렵하게 좁아지면서 윗단은 두 개의 하얀 봉우리로 남았다. 로가온의 파란 들판 위에서 수석처럼 의연한 모습이다. 왼편의 계곡으로부터 두 무리의 구름이 유유히 몰려오며 그 수석의 하단을 감았다. 구름은 오른편을 지나면서 하늘로 치솟고 엷게 흩어졌다. 뾰족한 두 개의 봉우리는 눈을 떼지 않고 바라보는 로가온 곰파의 경건한 마음을 모르는지 오로지 하늘만 향하고 있다. 승려가 쓴 고깔이다. 그 안에서 파르라니 깎은 여승의 머리가 보였다. 영혼이 춤을 추고 있었다.

누구는 정상을 밟고 누구는 돌아서며 후일을 기약했다. 그것이 저 영혼에게 무슨 의미가 있을까? 단순히 인간들끼리의 생각인 것이다. 저 영혼은 누군가에게 허용한 적도 없고 누군가에게 모질게 거부한 적도 없다. 지금까지 그랬듯이 앞으로도 내면에서 무아지경에 빠져 순결한 춤을 출 것이다.

멀리 가네시히말의 은은한 미소를 받아가며 밀밭이 부드럽게 출렁거렸다. 아름다운 곰파 위로도 한 줄기 흰 구름이 흘러갔다. 그 하늘 끝에서 마나슬루가 들판을 향하여 휘이익 숨을 내쉬었다. 룽다와 타르초가 허공에서 춤을 췄다. 바람은 경전을 읽고 가며 허어어 소리를 냈다.

사마가온Samagaon 초입을 알리는 초르텐을 통과하자 드넓은 벌판이 펼쳐졌다. 야크들이 한가로이 풀을 뜯고 있는 들판을 지나는데 한참이 걸렸다.

커다란 캐니게이트에 위압감을 느끼며 통과하고 나타난 마을은 거창한 화산이 폭발하여 온통 회색의 화산재를 뒤집어쓰고 있는 모습이었다. 집들은 지형을 변경시키지 않고 계곡의 틈에 자리 잡고 있어 바람의 심기를 건드릴 마음이 전혀 없었다. 이제 집안에 들어가서 수천 년 동안 화산재에 화석이 되어 버린 서로 부둥켜안고 있는 남녀, 아이를 가슴에 꼬옥 껴안고 있는 모녀, 이들이 금방 나누고자 했던 밥상의 식기와 음식물을 발굴하여 분석하면 되었다. 어쩌다 누구와 마주친다면 그것은 분명 좀비일 것이며 조심하지 않으면 집들은 금방 허물어져 가

사마가온 마을. 마을 안은 좀비라도 나올 듯 괴기스럽다.

루로 변할 것이다.

　사마가온의 그 커다란 케니게이트도 자신의 임무를 다하고 있었다. 수천 년 동안 좀비는 눈 부릅뜬 초르텐을 통과할 수 없었고 덕분에 아이들도 아랑곳하지 않고 재미있게 뛰어놀 수 있었다. 바람도 마을에서 준비해 준 말을 타고 멀리 돌아갔기에 오래되어 허름하기 이를 데 없는 마을은 다치지 않았다. 늙은이나 젊은 사람들이나 환하게 웃는 모습을 보니 그 큰 마을을 다 건너갈 즈음에는 회색빛 분위기는 어느덧 잊혀졌다.

　로지는 그런 마을이 끝났음을 알리는 반대편 케니게이트를 막 지나서 있었다. 마을의 분위기와는 다르게 멋진 로지였다. 대형 로지는 아직도 완성이 안 되어서 마당에서는 돌 다듬는 소리가 요란했다. 뿐만 아니라 인근에 다른 로지들도 계속 지어지고 있어서 이곳이 사마가온의 신도시임을 알 수 있었다.

마나슬루 베이스캠프를 오르면서 보이는 풍경은 설산으로 가득했다. 비렌드라 호수가 잘 내려다보이는 곳에 이르자 마나슬루가 나디출리 7,871m와 히말출리 7,893m를 거느리고 성큼 앞으로 다가왔다. 마나슬루 급경사면을 흐르는 빙하도 선명했다. 눈사태를 일으키는 소리가 천지를 진동시켰다. 시야에 들어오는 눈덩이는 별것 아닌 것처럼 보이는데, 이어서 들려오는 굉음은 귀청을 찢어놨다. 과거 김정섭 대원들이 느꼈을 공포가 생생하게 전해졌다.

사마가온에서 마나슬루 베이스캠프의 표고 차는 900m에 이르러서 길은 가팔랐다. 하얀 가스가 산 아래로 내려오고 빗방울도 몇 방울 떨어졌다. 앞서 가던 트레커 일행이 되돌아 내려왔다. 앞으로도 5시간은 더 가야 하는 거리였다.

느긋하던 유 선생의 발걸음이 급해지기 시작한다. 몇 걸음 성큼성큼 오르다가 멈추어서 숨을 몰아쉰다. 갈 길이 멀다는 것을 알고부터 조급해졌기 때문이다.

마나슬루 베이스캠프

"유 선생, 급할수록 거북이가 되어야 합니다. 보폭이 커졌어요."

"예, 깜빡했네요."

"유 선생, 가만히 서서 제 자리에서 숨쉬기가 편할까요? 아니면 걸으면서 숨쉬는 것이 편할까요? 걸으면서 숨쉬는 것이 훨씬 편합니다. 숨쉬기와 발걸음이 일체가 될 때 온몸으로 깊게 숨을 쉴 수 있습니다. 숨이 흩트려지지 않도록 발걸음을 맞추십시오."

천천히 걷는다. 걸으면서 충분히 숨을 쉬기 때문에 별도로 쉴 필요가 없다. 이것이 거북이 걸음의 원리이다. 토끼는 쉬어야 하지만 거북이는 쉴 필요가 없다. 대신 다리 근육이 강해야 한다. 경사져서 부득이 보폭이 커야 할 곳에서도 숨이 차지 않도록 천천히 발을 이동한다. 그 사이에 한 번 숨도 쉰다. 다리 근육이 강하지 않은 사람은 성큼 오르기 마련이다. 그리고 그 오른 시간 이상을 숨을 쉬며 쉰다.

힘들어 하는 유 선생을 내려 보내고 나는 가이드와 천천히 오르기로 했다.

장딴지에 이어 허벅지까지 뻐근했다.

'싸목싸목.'

어릴 때 어머니가 해주던 '싸목싸목 걸어라'란 말이 밑도 끝도 없이 생각났다. 이 말은 '천천히'란 말과는 좀 다르다. 좁은 보폭으로 조금씩 걷되 결코 쉬어서는 안 된다는 뜻이며, 조급함만 없으면 결국은 모든 걸 해낼 수 있다는 말이기도 하다.

빗방울은 눈가루가 되어 휘날렸다. 정말 싸목싸목 걷다 보니 어느새 모퉁이가 나타나고 하얀 눈의 세상으로 들어서게 되었다. 흰 눈 속에서 원정대들의 울긋불긋한 텐트들이 동화의 나라처럼 펼쳐졌다. 영혼을 만나러 가는 사람들이었다.

다르마살라에서 달밧따카리를 손으로 먹다

> 5월 21일(9일째) 사마가온(3,530m, 7시 10분 출발) – 삼도(3,690m, 11시 30분, 야크 호텔)

> 5월 22일(10일째) 삼도(3,690m, 7시 10분 출발) – 다르마살라(4,470m, 11시 30분)

간밤에 한 아이와 했던 약속을 기억해 냈다. 유 선생은 폴라로이드 카메라로 어제 동네 아이들의 사진을 찍어주었는데, 소문을 늦게 들은 한 여자아이가 찾아왔을 때는 상당히 어두워져 있어서 아침에 다시 찾아오도록 했다. 밤새 잠 못 잤을 아이는 정말 일찍부터 기다리고 있었다. 멋지게 단장하고 때때옷을 입고 온 아이는 그 예쁜 모습을 두 개나 간직할 수 있게 되었다. 그 아이는 마을 밖까지 배웅하며 손을 흔들어 주었다. 아름다운 답례였다.

삼도Samdo에는 오전 중에 도착했지만 다음 날 라르케라5,106m를 순조롭게 넘기 위해 휴식을 취했다. 삼도의 뒷산은 에베레스트의 쿰부 빙하를 벗어나기 직전 두클라 모퉁이처럼 좀처럼 자리를 뜨지 못하게 하는 곳이었다. 사마가온부터 지나온 길이 한눈에 들어오고 부디간다키 강 계곡을 지나던 순간들이 선명하게 떠올랐다. 내일 갈 길을 짐작할 수 있었고, 우리의 최대 난관이 될 라르케라의 위치도 대강 파악할 수 있었다.

저녁엔 65세의 베테랑 한국인 트레커를 만났다. 며칠 전부터 앞서 있던 우리의 소식을 듣고 부리나케 달려와서는 짐도 풀지 않고 우리를 찾

사마가온에서 본 마나슬루

았다. 전직 교사였던 그는 웬만한 곳은 다 다녀보아서 그런지 이제 침낭도 소지하지 않은 채 가이드와 함께 티하우스나 홈스테이 방식으로 트레킹을 하고 있었다. 마을 마을을 돌며 순박한 사람들과의 만남이 트레킹의 목적이었다.

경험이 없는 트레커들은 현지 사정을 모를 뿐 아니라 본인 신체의 적응 여부도 알 수 없으므로 트레킹 전문 여행사를 통할 수밖에 없다. 경험이 쌓이면 본인이 직접 가이드나 포터를 대동하여 로지에서 숙박하는 형식의 트레킹도 가능하다. 체력에 자신감이 생기면 내가 작년에 했던 가이드나 포터 없는 나 홀로 트레킹도 시도해 볼 만하다. 나 홀로 트레킹은 안나푸르나, 랑탕, 에베레스트 지역에 제한되며 그 이외의 지역은 안전을 이유로 가이드와의 동행이 요구된다.

더 나아가서는 로지가 없는 지역을 찾아가는 캠핑 트레킹을 시도하게 될 것이다. 이 방식은 가이드와 포터 이외에 쿡과 키친보이 등 많은 승무원이 필요하여 비용도 만만치 않으므로 그룹에 적합하다. 이 경우

승무원에 대한 의복 등 장비 지급 문제에 대한 책임 소재라든지 상세한 조건을 담아서 에이전트와 계약해야 한다.

개인에게 가장 이상적인 형태는 가이드와 함께하는 홈스테이(민박) 방식이다. 트레커 자신이 히말라야 문화에 대해 이해해야 하며, 트레킹 목적이 높은 지역을 올라 경관을 보는 것이 아닌 산간 지역의 사람을 만난다는 것에 의미를 두어야 한다.

베테랑 트레커의 경험담은 저녁 내내 계속되었다.

"로지가 없는 곳은 트레커들이 자주 오지 않는 지역이어서 사람들이 순박하기 그지없습니다. 한 번은 민가에서 숙박하는데 자기들도 사용하지 않고 아껴둔 새 담요와 이불을 꺼내 주지 않겠습니까? 너무 고마워서 돈을 주니 당연히 받지 않지요. 이제는 간단하나마 선물을 준비하여 이렇게 가지고 다니고 있습니다."

한국적 냄새가 물씬 나는 자개를 박은 담뱃값과 손거울이었다.

"우선 가이드와 맘이 맞아야 합니다. 홈스테이 트레킹에서 가장 중요한 요소입니다. 이 가이드는 나의 친구입니다. 식사는 물론 잠자리도 함께합니다. 처음 알게 된 후 저의 네팔 히말라야 트레킹의 변함없는 동반자입니다."

내가 동경하고 있는 방식으로 여행하고 있는 그는 많은 질문에 거침없는 답을 쏟아냈다. 옆에 있는 가이드도 흡족한 표정이었다. 높은 곳이 아닌 낮은 곳으로의 그의 여행은 계속될 터였다.

다음 날 어제 예고한 대로 그는 가이드와 함께 새벽에 출발하여 보이지 않았고, 우리는 늦은 식사를 하고 다르마살라 Dharmashala로 향했다.

"다르마살라는 티베트 망명정부가 있는 북부 인도의 다람살라와도 이름이 같네요."

유 선생의 지적을 받고 나서 중요한 사실을 떠올렸다.

"그렇지요. '다르마'는 '달마대사' 할 때의 그 '달마'가 아닐까요?"

푸르바에게 확인한 결과 '다르마'는 진리라는 뜻이고, '다르마살라'는 신성한 곳, 즉 '성소'의 의미였다.

힘 잃은 햇볕과 쓸쓸한 바람의 다르마살라는 성소와는 거리가 멀었다. 두 명의 젊은 청년이 지키고 있는 다르마살라 로지 지붕은 무거운 돌멩이에 의지해 바람을 이겨내고 있었고, 배정받은 방은 헛간이라 표현해야 할 정도로 참담했다. 방안은 컴컴해서 한낮에도 랜턴을 켜야 하고 축축한 시트는 긴 밤을 예고했다.

이 로지가 4년 전에 생겼기에 나는 마나슬루 트레킹을 감행할 수 있

다르마살라 로지. 벽과 바닥이 흙뿐으로 열악하다.

있는데 직접 와서 보니 굳이 이곳에서 숙박하지 않고도 삼도에서 직접 넘을 수 있는 구간이었다.

내일 올라갈 라르케라 쪽을 산책하던 중에 히말라야 마멋을 만났다.

"아프리카의 두더지와 같긴 한데 그들처럼 불쑥 서지는 않네요?"

"아프리카처럼 넓은 초원이 아니니까 굳이 불쑥 설 필요는 없겠지요."

"산소가 희박한 높은 곳이다 보니 무엇보다 천적 자체가 없지 않을까요?"

"어쩌면 인간이 오기 전까지는 이들에게 다르마살라였을지 모르겠네요."

"이제 그들에게도 더 이상 다르마살라는 아니고요."

마멋은 무엇하러 이곳까지 와서 귀찮게 하느냐는 듯 슬금슬금 뒤돌아보며 굴속으로 사라졌다. 길가의 굴은 천적을 피하기 위하여 여기저기 파놓은 도피로이겠지만 지나가는 트레커들을 골탕먹이기 좋았다.

로지에 되돌아오니 블루쉽(야생 염소)이 떼 지어서 근처를 기웃거렸다. 먹이를 찾아 내려온 것 같은데, 우리의 기척을 듣고 황급히 산으로 도망쳤다.

다르마살라의 오후는 길었다. 움막 같은 방에 들어가 있을 수도 없고 시간을 때우고자 식당에서 가이드, 포터들의 카드게임에 합류했지만 금세 흥미를 잃었다. 다시 밖으로 나와 마당의 평상에 앉았으나 쓸쓸한 햇살에 심란함만 더할 뿐이었다.

마당에는 서양 트레커 몇 명이 지붕에 옷가지들을 널어 돌로 눌러 놓고 각자 뭔가에 몰두하고 있었다. 독일에서 혼자 온 청년은 꼼짝 않고

책을 읽고 있었다. 책 제목은 『롱 워크Long Walk』. 시베리아에서 히말라야까지 걸은 이야기였다. 다르마살라의 햇살을 받아 빛나는 청년의 눈동자에는 지구 전체를 다 걸어보겠다는 원대한 꿈으로 가득했다. 평상 한 쪽에는 프랑스 노부부가 자리 잡고 있었다. 그들의 묵직한 기운에 끌리어 옆에 앉았다. 할머니는 돋보기를 코끝에 걸치고 자수를 놓고 있었는데, 들여다보니 가네시 신을 그려 놓은 천이었다. 무릎에 올려놓고 정성껏 자수를 놓는 표정은 마치 가네시 신과 대화하고 있는 듯했다.

"아, 가네시 신이네요?"

내 말에 머리가 하얀 할머니는 천천히 수판을 들면서 말문을 열었다.

"힌두교에서는 수천 년 전부터 코끼리를 숭배해 왔지요. 가네시 신은 잘못하여 코끼리 머리를 갖게 되었지만 덕분에 장애를 제거해 주는 능력을 얻었습니다. 사람들은 어려움이 있을 때 가장 먼저 가네시 신에게 기도를 올린답니다. 카트만두 타멜 거리에서 이 자수를 발견한 것이 나에겐 행운이었습니다."

화를 잘 내는 남편이 애지중지하는 아들의 목을 베었다가 대신 코끼리 목을 붙여 주었다는 신화를 말한 것이었다. 그 가네시가 다르마살라에서 완성을 앞두고 있었다.

스스로 불구이기도 한 가네시는 어떤 능력을 지녔기에 우리 인간의 장애를 제거해 줄 수 있는 것인가? 그 의미를 깊이 생각해 보았다. 최선을 생각하는 인간의 머리가 아닌 느릿느릿 급할 것이 없는 코끼리의 머리를 지녔기 때문일 것이다. 그렇다. 모든 것을 그대로 받아들이는 코끼리에게 무슨 장애가 있을 것인가? 영원히 변하지 않는 진리, 즉 다르마는 코끼리의 머리를 갖는 것이다.

　할머니의 손끝에 다르마살라의 느린 시간이 머물러 있었다. 그녀의 말투에는 오늘 밤 빈약한 숙소에 대한 걱정은 전혀 없었다. 그녀의 주름진 얼굴에서 문뜩 다르마살라를 느꼈다. 얼굴의 주름 하나하나에 내가 그동안 길에서 만난 다르마가 지나가고 있었다. 안나푸르나 '종' 마을에서 조슬리나가 아이처럼 마니벽의 마니차를 굴리던 오른손, 에베레스트 고쿄에서 필립이 초르텐에 올려놓으라고 내 손에 꼬옥 쥐어주던 돌멩이 하나, 딩보체에서였던가? 아침으로 주는 먹이를 통을 굴리며 맛있게 핥아 먹던 야크, 그리고 남체에서 마지막 날 아침 달밧따카리를 끈끈하게 묻힌 젊은이들의 손가락.

　나는 저녁 식사로 달밧따카리를 주문했다. 로지 청년이 들고 나온 둥근 스텐 쟁반에는 가득한 쌀밥을 중앙에 두고 녹두가루 물에 감자를 넣고 걸쭉하게 끓인 스프가 별도의 종기에 담겨져 뭉클한 김을 내고 있었고 다른 한쪽에는 기름에 살짝 볶은 야채가 놓여 있었다. 쟁반이 식탁에 놓이자 밥 위에 걸쳐 있던 숟가락을 한쪽으로 천천히 치웠다. 미리 냇물에 가서 씻은 손으로 야채를 반쯤 덜어 밥 한구석에 올려놓았다. 스프를 반쯤 기울여 그 위로 쏟았다. 엄지, 검지, 중지, 세 개의 손가락으로 오물조물 정성스럽게 섞이도록 했다. 오물조물 오물조물. 푸석푸석 날아갈 것 같던 밥알이 하나하나 생기가 돌기 시작했다. 밥알은 내 손가락의 체온을 받아 점점 끈끈해지더니 마침내 꼬물꼬물 생명을 전해왔다.

마나슬루, 밤새 사자춤을 추고 숨을 고르다

> **5월 23일(11일째)** 다르마살라(4,470m, 6시 30분 출발) – 라르케라(5,106m, 11시) – 빔탕 (3,720m, 16시, 호텔 포카라마운틴)

> **5월 24일(12일째)** 빔탕(3,720m, 8시 출발) – 톤제(1,900m, 16시)

라르케라는 눈이 많다는 이야길 들었다. 고개를 넘어서 내려가는 길은 급한 낭떠러지여서 자일이 필요하다는 사람도 있었다.

다르마살라에서 라르케라를 오르는 길은 하염없는 측빙석 지대였다. 처음에는 마른 빙하를 살짝 피하여 우측 계곡 밑길을 향하다가 본격적인 빙퇴석 지대를 걷게 되었다. 길은 꺾어지는 지점에 철제 막대기를 세워 놓아 찾기가 쉬웠다. 빙퇴석 지대의 눈은 아이젠이나 스패츠를 착용할 필요까지는 없었다. 오르는 구간은 힘들었지만 위험하지는 않았다. 측빙석이란 빙하 옆으로 쌓인 돌무더기를 말하며, 빙퇴석(모레인, Morain)이란 빙하가 녹으면서 그 위로 드러난 돌과 자갈들을 말한다. 온난화와 함께 생긴 현상이다.

라르케라의 묘미는 멀리 서쪽으로 안나푸르나 산군을 조망하는 것인데 막상 라르케라에 도착해서는 구름에 가려서 아무것도 보이지 않았다. 아쉽게도 타르초로 뒤덮인 고개에서 사진만 몇 장 찍고 내려갈 수밖에 없었다.

고개를 내려가는 길은 가파르고 위험했다. 아마도 이 구간 때문에 자일이 필요하다는 이야기를 했을 것이다. 적설기라면 아이젠은 필수일 듯했다.

라르케라에 올라 뒤돌아본 모습. 마른 빙하로 인하여 하염없는 모레인(moraine) 지대다.

　라르케라를 장시간 오르는 도중에 이미 힘을 다 빼서 발걸음이 흔들렸다. 혹시 나도 모를 고소가 온다면 낭떠러지로 떨어질 수 있다는 생각에 한순간도 긴장을 늦출 수 없었다.
　위험한 구간을 다 내려오고 거의 평지로 들어섰는데도 유 선생의 발걸음이 영 나아가질 못했다. 그러고 보니 유 선생은 어제 다르마살라에서 영 음식을 들지 못했다. 간밤 고소로 고생했던 것이 틀림없었다. 포터 카말과 함께 천천히 오도록 하고 푸르바와 마을로 달려가서 즉각 말을 수배하여 올려보냈다.

　유 선생은 하룻밤 자고 나더니 멀쩡했다. 그러지 못했던 사람도 있었던가 보다. 헬리콥터가 날아와 앉더니, 기다리고 있던 한 일행을 급히 태우고 계곡 사이로 사라졌다. 어제 고소에 약한 한 여자 트레커가 말을 타고 라르케라를 향하다가 깜빡 졸아 말에서 떨어지면서 머리를 다친 모양이었다. 헬멧도 쓰지 않은 상태에서 돌에 머리를 부딪쳤기 때문에 그들은 밤새 걱정했다고 한다.

헬리콥터의 요란한 소리가 사라진 빔탕Bimtang의 푸른 초원은 평온 그 자체였다. 로지 뒷산에는 때늦은 랄리그라스(네팔의 국화)가 화사하게 피어 있었고, 로지 사우니의 표정도 넉넉했다.

산뜻하게 새로 지어진 로지는 지친 트레커들의 피로를 풀어주기에 충분했고, 넓은 초원이 있는 전원 풍경의 마을이었다. 부엌에 앉아 있으니 사우니는 우리를 위해 특별히 보리개떡을 만들어 주었다. 이름하여 '짬바', 보릿가루를 밀크티로 반죽해서 만든 것이다. 거칠면서도 담백했다.

사우니가 내주는 티베티언티를 마시며 마나슬루 뒤편을 바라본다. 쇼가온에서 맞이한 마나슬루의 뾰족한 두 봉우리가 하얀 고깔을 쓴 모습으로 새초롬히 춤사위를 시작하려는 여승이었다면, 이른 아침 빔탕

빔탕에서 본 마나슬루

에서 본 마나슬루의 뒷모습은 굵직한 어깨와 목선이 건장한 남성을 연상케 했다. 밤새 온 산이 들썩이게 사자춤을 추고 난 후 이제 가만히 숨을 고르는 모습이었다. 이렇게 마나슬루는 우리가 잠든 저녁마다 한바탕 춤을 추어 액운을 쫓아내고, 복을 불러들이고는 아침에는 아무 일 없었다는 듯이 여명을 맞이했다.

마나슬루와 작별을 고할 시간. 마나슬루 산군의 웅장함을 마주하면서 성취감과 함께 아쉬움이 스쳐갔다. 우리는 다라파니로 향했다. 12일 동안 함께했던 부디간다키 강은 라르케라와 함께 기억의 저 건너편에 존재하게 되었다.

이제는 두드콜라Dudh Khola 강줄기가 우리와 나란히 하고 있다. 마나슬루 라운드를 마치면 어떻게 할 것인가? 이제 유 선생의 컨디션이 문제였다. 사실 그는 식도락가였다. 입맛이 안 나서 괴로웠을 텐데 내색하지 않을 뿐임을 짐작할 수 있었다. 그가 처음 나를 따라 히말라야에 오겠다고 했을 때 음식 사정을 설명하지 않았고 여분의 밑반찬 등을 충분히 가져오지 않은 것은 불찰이었다. 앞으로도 보름이나 남은 일정이므로 일단 카트만두로 돌아갔다가 재정비하여 남은 일정을 소화시켜야 할지 판단이 서지 않았다.

"선생님, 어떻게 해요?"

푸르바가 우리말로 한 자씩 틀리지 않게 꾹꾹 눌러쓰듯 또박또박한 말투로 물어왔다. 그동안 그의 한국어 실력은 비약적인 발전이 있었다. 그것은 유 선생이 알아듣든 못 알아듣든 끊임없이 한국어로 말을 건 효과였다.

푸르바의 말은 유 선생의 체력 저하를 염려하여 일단 카트만두로 되돌아가 재정비 후에 다시 와야 되지 않겠느냐는 이야기였다.
　유 선생은 푸르바의 말을 들었는지, 나의 마음속을 들여다보았는지 뜻밖에도 정확한 답변이 왔다.
　"컨디션이요? 멀쩡합니다. 이제 저도 라르케라를 넘었으니 어엿한 히말라야 맨입니다. 자 이제부터는 토롱라를 넘어서 무스탕으로!"

2. 어퍼무스탕

바람의 나라

> 6월 1일(1일째) 좀솜에서 휴식
> 6월 2일(2일째) 좀솜(2,720m, 10시 출발) – 카그베니(2,800m, 13시, 닐기리뷰 호텔)

스스로를 호기심 많은 모험가로 정의했던 사나이는 대규모로 진행되고 있는 티베트 불교 사원과 건축물이 파괴되는 상황에 분개했다. 석기시대의 원시성과 현대적 세련됨이 섞여 있는 독특한 문명을 바라보며 안타까운 마음으로 기록에 매진했다. 그가 무스탕 초입에 해당되는 칠사 벼랑길에서 예상 밖의 풍경을 만나 기술한 내용이다.

"내 앞으로 깊은 계곡이 있는 황토색 사막이 펼쳐졌다. 바싹 말라 지옥 같은 흙이 바람에 깎인 낭떠러지는 대형 모래더미에 깊은 상처를 낸 듯하여 소름이 돋았다. 매서운 바람이 귓가를 스쳤다. 건조한 풍광을 채찍질해 대며 모래를 토해냈고, 계곡 속에서는 우르릉거리다가 언덕을 만나면 강한 펀치를 날렸다. 나는 잔뜩 열이 올라 있었다. 여기가 무스탕이란 말인가! 나는 미쳤던 거야. 여기서 황폐함 이외에 무엇을 찾아낸다는 말인가?"

라다크를 말할 때 스웨덴 여성 언어학자 헬레나Helena Norberg-Hodge를 빼놓을 수 없듯이 무스탕을 이야기할 때 빼놓을 수 없는 사람이 프랑스 인류학자이자 탐험가인 마이클 피셀Michel Georges Francois Peissel, 1937~2011이다. 마나슬루 김정섭 대장이 말한 가치 있는 삶을 산 사람이고 지금도 많은 사람들에게 회자되며 영원한 삶을 사는 사람이다.

하버드 대학에서 경영학을 공부하던 피셀은 21세 때인 1951년에 멕시코를 여행하게 되고, 돌아와서는 인류학으로 전공을 바꾼다. 1959년에는 에베레스트 지역 셰르파를 연구하기 위해 하버드대 친구들과 최초의 히말라야 원정대를 꾸린다. 그는 평생 20권의 책을 저술했다. 대부분 히말라야와 티베트에 관련된 것이다. 그가 1964년부터 무스탕을 여행하고 1967년에 발간한 『잃어버린 티베트 왕국A Lost Tibetan Kingdom』은 세계적인 베스트셀러가 되었다. 무스탕에 관한 탁월한 안목으로 상세히 기술된 그 책을 서양 트레커들은 지금도 가지고 다닌다.

마이클 피셀의 책은 절판되었다고 알려졌으나 카트만두 서점에서 찾을 수 있었다. 이에 피셀의 책과 더불어 지난 가을 구입한 사진집 『무스탕 파라다이스 파운드Dinesh Shrestha와 Mark Whittaker』 공동 저자 를 소지할 수 있었다. 간단한 정보가 곁들인 사진집은 보면 볼수록 내 가슴을 두근거리게 했다. 나는 마나슬루 라운드 중에도 그 책을 보며 어퍼무스탕을 기다렸다.

그동안 마나슬루 라운드를 통과하는 데 12일이 걸렸다. 안나푸르나 라운드의 통과는 톤제Thonje에서 하루 휴식 후 7일이 소요되었다. 이렇게 해서 계획된 일정보다 빨리 좀솜에 도착했다.

좀솜에 도착하자마자 가이드 푸르바는 서둘러 지역 행정관청으로 향했다. 우리가 미리 잡아 놓았던 무스탕 입경 날짜를 앞당겨야 했기 때문이다. 대부분 다른 지역의 시작 날짜는 체크포스트의 확인만으로 별다른 조치가 필요 없으나 무스탕 지역은 좀솜 지방관청에서 페널티 1천 루피를 내고 사전 조정을 받아야 했다.

푸르바는 성과 없이 돌아왔다. 우리가 도착한 날은 네팔의 공휴일인 토요일이었다. 대신 일요일은 정상 근무여서 트레킹 일정에는 아무 문제 없었다.

네팔은 휴일이 일요일이 아닌 토요일인 것이 궁금했으나 그 답을 아는 사람은 없었다. 네팔은 독특한 것이 많은 나라이다. 국기의 모양도 사각이 아닌 삼각이고 그것도 두 개씩이나 된다. 시차도 다른 나라가 그리니치 천문대와 한 시간 단위로 정하는 법인데 우리와는 3시간 15분 차이로, 굳이 분 단위까지 달리 정하는 것도 그렇다. 생각이 여기까지 미치자 나는 보편성과 획일화에 질겁하는 나라, 사람 수만큼이나 진리를 가지고 있는 나라, 그리고 세계화에 안달하지 않는 나라에 와 있음을 알았다. 의연한 나라에서 조급하지 말아야 할 것인데 이미 오랫동안 걸은 탓에 기력이 소진된 것은 염려스런 부분이었다.
　좀솜의 오후 거리는 모래가 바람을 타고 마음껏 휘젓고 다녔다. 토롱라 높은 곳에서 조신하던 햇볕이 이번에는 모래바람에 기가 꺾이어 비틀거렸다. 50년 전 27세의 피셀도 이런 바람과 마주했으리라. 나는 겨우 열흘 이내에 훌쩍 되돌아올 것이지만 장기간 머물 예정이었던 그의

카그베니와 닐기리

마음이 어떠했을지 짐작되었다.

좀솜에서 카그베니에 이르는 길은 모래바람이 사정없이 휘몰아쳤다. 멀리서 다가오는 카그베니는 심하게 부는 바람으로 투명 마술 유리공 속에서 모습을 자유자재로 바꾸는 요술도시로 유혹했다. 길가에 서 있는 긴 장대에 걸친 룽다가 유난히 시끄러운 소리를 냈다. 장대 사이에 매달아 놓은 긴 타르초도 이에 질세라 바람에 화답했다.

문득 히말라야는 룽다와 타르초라고 말할 수 있으며 궁극적으로는 바람이라는 사실을 깨달았다.

"유 선생, 타르초의 다섯 가지 색깔이 청색, 흰색, 붉은색, 녹색, 노란색인 것 알고 계십니까?"

"예, 그런 거 같습니다. 각각 상징하는 의미가 있다지요?"

"청색은 물을, 흰색은 하늘을, 붉은색은 불을, 녹색은 바람을, 노란색은 땅을 상징합니다. 이것들은 우주의 구성 요소인데 바람이 들어가 있다는 것이 특이하지 않습니까?"

"김 선배, 정말 그렇네요. 이렇게 심한 바람을 맞고 보니까 바람이 빠질 수가 없다는 생각이 드네요."

"그런데 이들은 우주의 구성 요소일 뿐 아니라 우리 인체의 구성 요소이기도 합니다. 피와 체액은 물에서, 청각 같은 감각기관은 하늘에서, 체온과 빛깔의 형상은 불에서, 호흡은 바람에서, 살과 뼈는 땅에서 비롯되었습니다."

"일리 있습니다. 우리가 숨을 쉴 수 있는 것은 바람 덕분이었군요."

"예. 그래서 유 선생이 마나슬루 라운드 중 룽다는 바람이 타고 가는 말이라고 한 말이 기가 막히다는 생각을 했습니다. 우리 인간에게 생명을 주는 바람에게 그 정도 보답은 해야겠지요."

지금까지 나는 바람은 귀찮은 존재로만 알았다. 알고 보니 이렇게 휘몰아치는 바람이 있었기에 내 존재도 가능했던 것이다. 유 선생 특유의 결론이 나왔다.

"우리가 죽으면, 우리의 숨은 바람이 되어 히말라야를 떠돌고 다니겠네요."

"예, 저렇게 룽다와 타르초에게 신호를 보내오는 바람은 누군가의 숨입니다. 타르초에 쓰인 빼곡한 경전은 그들을 위한 것입니다. 언젠가 우리도 바람이 되어 경전을 읽을 날이 있겠지요."

카그베니로 가는 길에서 우리는 서서히 히말라야의 사상에 젖어들었다.

카그베니는 마을이 하나의 집이고 골목은 통로였다. 역시 바람 때문일 것이다. 푸르바는 이런 나의 과학적 견지에서 바라보는 관념을 수정해 주었다. 나는 손으로 만질 수 없고 눈으로 보지 못한 세계는 존재하지 않는다고 믿으며, 신은 인간의 창조물로서 분석의 대상일 뿐이다. 즉 부처님을 만나면 기도를 올리지만 근본적으로는 이 세상의 모든 사회 및 자연현상을 과학적으로 풀이하지 않으면 납득하지 않는 사람이다. 푸르바가 보기에 내가 너무나 메마른 사람으로 보였는지 장황한 설명이 이어졌다. 그의 설명은 신으로부터 시작했다. 신을 보지 못하면 무스탕도 로만탕도 못 본다는 것이었다.

이곳 모든 마을이 그렇듯 카그베니도 마을 입구에 케니게이트가 있다. 마을로 들어가는 사람들은 교각이 둘인 게이트를 걸어서 통과해야 한다. 이때 여행자의 지친 등에 붙어 있던 귀신은 그 밑을 통과하기 두

카그베니를 지키는 케니. 악귀가 마을로 들어가는 것을 막는다.

려워하여 떨어져 버린다. 카그베니는 또 하나의 장치가 있다. 마을 양쪽 초입의 케니가 그것이다. 남쪽은 커다란 유방을 노출한 여자 케니가, 북쪽은 무서운 모습의 성기를 불끈 세운 남자 케니가 지키고 있다.

만약 케니게이트와 케니가 실패한다 해도 또 하나가 있다. 집을 들어가는 작은 대문이 그것이다. 대문이라고 부르지만 문은 120cm도 안 되어서 어린아이라 하더라도 몸을 굽히지 않고는 들어갈 수 없다. 그것이 중요한 점이다. 사람은 죽어서 귀신이 되어도 다시 집으로 들어오고 싶어 한다. 그런데 죽은 귀신은 허리를 굽히지 못하여 걸음을 걸을 때는 깡충깡충 뛸 수밖에 없는 중국 영화의 '강시' 모습이어서 좁은 문을 들어올 수 없다. 더구나 중국 강시보다 더 불리한 것이 양팔이 앞으로 뻗어 있는 것이 아니라 양옆으로 뻗어 있다는 점이다. 강시는 문으로 들어가다 머리를 다치게 되고 팔이 부러지고 다시 죽고 나서야 미련을 버리고 저 세상으로 가는 것이다.

사정이 이러하니 새로 집을 지을 일이 있어도 마을 밖에서 별도로 짓는 것은 꿈도 꾸지 못한다. 누가 보호막을 벗어나서 귀신과 대적하겠는가? 그러나 마을 안에는 여분의 공간이 없기 때문에 새로 집을 지을 사람은 남의 집 지붕 위를 이용할 수밖에 없다. 이리하여 카그베니의 집들이 모두 3층 구조로 되어 있지만 층마다 세대가 다를 수 있다.

"자기 집 지붕에 집을 짓게 해줍니까?"

푸르바의 대답은 간단했다.

"럭시를 큰 통에 가득 가지고 가면 돼요. 집주인과 술을 나누어 마시면 이야기는 끝난 겁니다."

마을 끝에 있는 카페 '애플비스'에 다시 앉았다. 작년 가을 무스탕 방향을 한없이 바라보고 잊었던 이곳을 이렇게 빨리 찾을 줄은 몰랐다. 마음은 당장이라도 달려가고 싶지만 바람이 불지 않는 내일 아침으로 미루었다.

샴발라를 향하여

> **6월 3일(3일째)** 카그베니(2,800m, 6시 30분 출발)-축상(2,980m, 11시 도착, 점심, 13시 출발)-사마르(3,660m, 16시, 호텔 안나푸르나)

칼로파니(검은 물)가 흐르는 칼리간다키 강. 검은 물의 원류를 향해 간다는 상념에 잠겨 있을 때 유 선생이 말했다.

"초콜릿 물."

난 그저 강물이 칙칙하다는 느낌이 있었는데 유 선생은 달콤한 초콜

칼리간다키 강을 흐르는 칼로파니(검은 물)

릿으로 보았던 것이다.

　유 선생의 표현에 말없이 감탄하고 있을 때 또 한마디 날아왔다.

　"요즘은 예티Yeti, 雪人 이야기는 쏙 들어갔지요?"

　나 역시 예티에 대한 호기심은 없었다. 작년 에베레스트 트레킹 마지막 날 쿰중 곰파에 예티의 유골이 안치되어 있다는 사실을 알고 있었지만 내가 그곳을 찾지 않은 것도 그런 이유였다.

　"예, 히말라야 하면 그 깊은 곳에 산다는 설인이 실재로 존재하느냐 여부가 궁금했습니다. 초기의 히말라야 원정대들의 보고서에는 등정보고와 더불어 예티 이야기가 빠지지 않습니다. 우리나라 박철암 대장의 『히말라야 다울라기리 산군의 탐사기』에도 셰르파로부터 들은 목격담이 실려 있고요."

　"지금은 예티 항공이나 예티 호텔의 이름에서밖에 찾아볼 수 없어요."

"사실상 암스트롱이 달에 발을 디딤으로써 토끼가 사라졌듯이 힐러리가 에베레스트에 등정함으로써 예티는 사라졌다고 봐야지요."

실제로도 그랬다. 에베레스트 등정 후 쿰부를 자주 찾던 힐러리는 1960년 쿰중 곰파의 철제 캐비닛에 보관되어 있던 유골을 미국으로 가져가 조사하여 예티의 것이 아님을 밝혔다. 그 사실을 말하자 유 선생이 결론을 내렸다.

"그것은 예티의 유골이 아니라는 것이지 예티가 존재하지 않는다는 증명은 아니지요."

끝까지 희망을 잃지 않으려는 유 선생의 심정이 담긴 말이었다. 예티의 이야기가 마무리되자 이번에는 샹그릴라 이야기기가 나왔다.

"제임스 힐턴의 소설에 나오는 '샹그릴라'는 티베트의 전설 샴발라 Shambhala에서 유래한 것이죠?"

"예, 티베트 서쪽 어딘가에 있다고 전해지는 가상의 왕국이지요."

"인간이 갈구하고 있는 이상향의 파라다이스라고 하는데 우리가 가는 길에서 찾을 수 있을까요?"

"예, 희망을 가지고 가 봅시다."

어제 오후 내내 심하던 바람이 잠잠했다. 조물주가 어제는 미안해서 그 보상으로 고요한 아침을 선사하는 것인가? 당신은 역시 많은 걸 생각하고 있었던 것이다. 시도 때도 없이 모래바람을 불어 대면 누가 이곳에 살면서 당신에게 제물을 올리겠는가? 어디서나 당신의 존재를 잊지 않게 하는 정도의 시련을 주고 또 시련 후에는 당신의 고마움을 생각할 수 있을 정도로 베풂을 주는 것이다.

칼리간다키 강의 지류인 길룽프 콜라가 갈라지는 지점에 초르텐 세 개가 나란히 서 있다.

아무리 사막이지만 염소들이 뜯어 먹을 풀은 매일 자란다. 거칠고 메마른 땅에서 돋아난 초라한 풀들이지만 염소들에게 충분한 자양분이 되고 있었던 것이다. 강 건너 티리Tiri 마을을 보며 감탄하고 있을 때 갑자기 산 위에서 머리통만 한 돌들이 굴러 떨어졌다. 비탈길 위의 염소들 소행이었다. 낙석은 우박이 떨어지듯 계속되어서 자칫 아찔한 순간이었다. 보이지도 않는 염소치기 할머니에게 항의할 수도 없고 무스탕 통과의례로 생각할 수밖에 없었다.

낙석구간을 벗어나자 길은 평평한 벌판 한가운데로 반듯하게 난 지프 길과 구불구불한 도보 길로 나뉘었다. 물론 우리는 지프 길을 따라갈 이유가 없다. 발걸음은 가벼웠다. 햇볕은 따사하고 바람 한 점 없이 고요했다. 칼리간다키 강은 폭이 좁아지면서 계곡으로 바뀌었다. 계곡 건너편 티리 마을이 황폐한 사막 속에서 녹음이 울창했다.

이곳은 모래만 있는 사막은 아니었다. 적은 강수량 때문에 초지가 빈

약하게 자랄 뿐, 물만 공급해 주면 언제든 녹음으로 우거질 준비가 되어 있는 비옥한 땅이었다. 지금까지 거쳐온 묵티나트, 좀솜, 카그베니 등 많은 로우무스탕을 보면 알 수 있었다. 마을은 반드시 지류Khola가 통과하는 곳이었다. 사람들은 물길을 잘 이용해서 생활용수와 농업용수로 사용하고 있다. 마을을 벗어나면 아무것도 없는 허허벌판이지만 마을은 미루나무로 넘쳐났다.

이런 관개 시설이 강을 중심으로 한 마을 단위를 벗어나서 벌판 한가운데까지 시작되는 조짐을 확인했다.

탕베Tangbe의 황무지에도 사과밭이 있었다. 큰 규모여서 국가의 시설이겠거니 했으나 개인 소유였다. 밭은 높은 흙벽돌 담이 둘러쳐져 있어서 가까이 가서도 사과밭인지 정확히 알 수 없었다. 마침 정문 옆에는 티하우스가 있어서 배낭을 내려놓으니, "안녕하세요?" 하는 우리말이 들려왔다. 나도 이제 네팔 사람들의 유창한 한국말에 어느 정도 익숙하게 되어 "아니 어떻게 한국말을 잘하세요?"라고 묻는 대신에 내 궁금증부터 물었다. 사과밭은 시작한 지 얼마 되지 않아 아직 1m도 안 되는 묘목에 불과했다. 40대로 보이는 그는 그곳에서 사과나무에 물을 주는 인부였다. 한국에서 불법취업 중 적발되어 돌아왔으며 김치와 삼겹살을 그리워했다.

점심을 위하여 들른 브리쿠티Bhrikuti 로지 주인은 아들이 7년간 한국에 나가서 일하고 있다며 우리를 반겨주었다. 가장 오지라는 무스탕에 오히려 비율상 더 많은 사람이 우리나라에서 일한다는 생각을 했다. 좀솜의 네루 게스트하우스의 주인도 한국에서 몇 년 동안 일한 경력이 있는 사람이었다. 더 나아가 좀솜에서 만난 사람 중에는 자기의 고향 무스탕을 찾아간다는 사람이 있었는데 현재 뉴욕에서 호텔 사업을 하고 있었다.

"김 선배, 세계에서 가장 오지라고 하는 무스탕이 가장 세계적이라는 생각이 드네요. 그 이유가 무엇일까요?"

유 선생의 의문을 접하고 듣고 보니 작년 안나푸르나 자가트에서 학교 선생님에게 들은 이야기가 새삼 이해되었다.

"유 선생, 무스탕은 험준한 설산을 넘지 않고 티베트 고원과 인도 대륙을 넘나들 수 있는 통로입니다. 그 덕에 일찍이 남북으로 교역이 발달했습니다."

"그러니까 묵티나트가 힌두교와 불교 교도에게 모두 성지라는 사실이 이해가 되네요. 서로 왕래가 잦아서 북쪽의 불교와 남쪽의 힌두교가 공존하게 되었던 거군요."

"예, 아주 오래전부터 칼리간다키 강을 따라 따토파니에서 좀솜에 이르는 지역의 타카리족은 중개무역을 통해 부를 소유할 수 있었어요. 심지어 그들은 19세기에는 정부에서 소금 무역 독점권을 따내기도 했습니다. 뿐만 아니라 자금을 모으는 수단도 대단했습니다. 매년 마을 사람들이 일정 금액을 모아 필요한 사람이나 추첨하여 한 사람에게 몰아주었습니다. 그 돈을 받은 사람은 사업을 일으키거나 로지를 엽니다. 물론 이자도 없고, 나중에 원금만 갚으면 됩니다."

"그래서 이 지역 사람 중에 사업가가 많았군요."

칠레Chele에서부터는 칼리간다키 강을 벗어나 오르막이 시작되었다. 사막의 모습이 더욱 황막해지더니 길은 깊게 파인 벼랑에 걸리었다. 계곡 사이를 빠져나온 바람이 으르렁거리며 지나가자 피셀이 묘사한 지

칠사 벼랑길

옥 같은 사막임을 알았다. 수직의 벼랑에 용케도 걸쳐 있는 길은 위험하기 이를 데 없었다.

이름이 무엇인지 지도를 보았으나 별도로 명한 이름은 없었다. 다만 길 중간 중간에 타클람라 Taklam La, 3,624m 와 다조리라 Dajori La, 3,735m 두 고개가 표시되어 있을 뿐이었다.

'칠사 벼랑길.'

유 선생이 붙인 이름이다.

"나는 이 길을 칠레-사마르의 첫 자를 따서 '칠사 벼랑길'이라고 부르겠습니다."

생각해 보니 이곳에서 길 이름은 중요하지 않다. 이렇게 힘한 구간도 그들에게는 아무런 장애가 아니어서 별도로 구분할 필요가 없다. 그렇다면 무엇이 중요할까? 고개이다. 고개를 넘느냐 못 넘느냐만 중요한 것이다. 고개만 넘으면 그들은 어디든 간다. 고개의 명칭이 지역에 따라서 반장, 라, 단다, 패스 등 다양하다. 예를 들어 무스탕 지역의 라(고개)는 다른 곳과는 다르게 금방 눈에 띄지 않았지만 이름을 가지고 있었다. 우선 당장 칠사 벼랑길 내의 두 고개도 그렇거니와 무스탕까지 가는 길에 만나는 많은 '라'들이 특별히 솟아 있지도 않아서 그곳에 장식된 타르초를 보고서야 고개라는 사실을 인지할 정도였으니 말이다.

칠사 벼랑길 건너편의 갸카르Ghyakar 마을은 계곡의 바로 벼랑 위에 위치하고 있었다. 굳이 그런 곳이 아니더라도 땅은 많은데 하필 벼랑 쪽으로 마을이 조성되었을까? 보는 내가 더 아찔했다. 그들은 이쪽 길에서 계곡을 통과하여 건너는 길을 지형지물을 잘도 이용하여 만들어 놓았다. 벼랑을 파고, 어떤 곳은 굴을 파서 길을 연결시켜 놓기도 했다.

"주변은 온통 황무지인데 마을은 녹음이 우거지고 에덴 동산처럼 가꾸어 놓았네요."

나의 감상에 유 선생이 응수했다.

"티베트 민족만큼 적응력이 뛰어난 민족은 없을 겁니다. 해발 3천m가 넘는 고원에서 사는 민족이니 어딘들 못 가겠습니까?"

듣고 보니 퇴직하기 전에 여행했었던 중국의 사천성 쓰구낭산에서 보았던 초르텐이 떠올랐다. 반듯한 순백색의 초르텐은 이곳 어디에서도 흔히 보는 것과 똑같았다.

"예, 티베트 민족은 중국의 사천성 일대까지 뻗쳐 있으니 세계 어느 민족보다 널리 퍼져 살고 있는 셈이네요."

"김 선배, 맞는 말입니다. 히말라야 지역만 해도 그렇습니다. 인근의 사람들이 감히 엄두도 못 내는 곳에 반대쪽에 사는 티베트인들이 산을 넘어와 살고 있으니까요."

 이야기가 티베트의 정령들에게 옮겨가자 우리도 그들의 영향권에 있음을 깨달았다. 모든 사물에 정령이 깃들어 있던 나라 티베트. 그 정령들은 점점 더 자손을 번성하여 그 옛날 사막을 넘고 산을 넘어 우리나라에 왔고 일본에도 건너갔다. 일본의 정령들은 바다에 갇힌 섬에서 아직도 행복하게 그 소임을 다하고 있지만, 우리나라에 정착한 정령들은 모두 사라지고 말았다. 어린 시절 부엌에서, 장독대에서, 대문에서, 마을 어귀를 지키던 그들은 다 어디로 갔을까? 소문에 의하면 티베트의 정령들도 마구잡이로 들이닥친 현대화에 포위되어 불안에 떨고 있다고 한다. 음식을 먹기 전에 반드시 그 일부를 떼어 마당이나 들에 던지던 풍습이 생각났다. 곳곳에서 우리를 지켜주고 있는 정령들에게 감사의 음식을 올리는 의식이다. 무스탕의 정령들은 우리나라에서는 없어진 고수레라도 제대로 받고 있을까?

 갸카르 마을에서 눈을 떼자 아찔하여 더 이상 밑을 보기 싫었다. 길은 두 사람이 충분히 교행할 수 있을 정도로 넓었지만 끝 쪽으로는 가고 싶지 않았다. 길은 발자국이 두 갈래로 나 있었다. 현지인들이 만든 평평한 바깥쪽의 발자국을 피해 약간 경사져 있지만 심리적 안정감을 주는 안쪽의 발자국을 따라 걸었다.

 칠사 벼랑길이 끝나자 주황색 산과 초록이 섞인 불그스레한 들판이 우리를 맞이했다. 그 들판 비탈면으로 사람들의 발자국으로 만들어 낸 느릿한 길도 파스텔 톤의 그런 풍경에 합세했다. 미안한 일일까? 고마운 일일까? 나 역시 그 길로 뛰어들어서 하나의 풍경이 되었다.

 축상Chhuksang에서 끊겼던 지프 길이 베나Bhena에서 다시 시작되었다.

칠사 벼랑길을 통과한 다음 나타나는 파스텔 톤의 풍경

마을에는 트레커들을 위한 지프가 한 대 주차되어 있기도 했다. 지프 길이 있는 베나부터는 티베트에서의 물자 수송이 더 쉬웠던 모양이다. 베나 로지에는 티베트 제품인 라싸Lasa 맥주가 진열되어 있었다. 라싸 맥주가 목을 타고 넘어가자 로만탕이 성큼 앞으로 다가온 듯했다.

정령들은 무얼 먹고 사나?

> 6월 4일(4일째) 사마르(3,660m, 7시 30분 출발) - 샹보체(3,850m, 11시 30분 도착, 닐기리호텔, 점심, 13시 40분 출발) - 길링(3,570m, 15시, 뉴쿵가 호텔)

> 6월 5일(5일째) 길링(3,570m, 7시 30분 출발) - 개미(3,520m, 11시 도착, 점심, 13시 30분 출발) - 닥마르(3,820m, 15시 30분, 닥마르레드힐 게스트하우스)

호텔 안나푸르나 사우니의 친정아버지(74세)와 간밤에 많은 대화를 나누었다. 그 역시 다른 네팔 사람들처럼 '코리아'에서 왔다는 나의 대답에 "북한이냐 남한이냐?"로 되물었다. 아마도 이런 질문은 네팔과 남북간의 국교 관계 등의 영향 때문일 것이다. 이렇게 남한보다는 북한을 먼저 인식했을 그의 머릿속에는 트레커 중 북한 사람을 한 명도 마주친 일이 없었을 텐데 여전히 그렇게 묻고 있었다. 나는 그에게 무스탕에 고수레의 풍습이 남아 있는지 물었다. 물론 말이 잘 안 통하므로 보디랭귀지로 주고받은 그의 말을 유추하면 이랬다.

"이곳도 요즘은 없어졌다고 봐야지요. 아침에 향을 피우고 정화수를 올리는 것은 남아 있지만 고수레 풍습은 아쉽게도 없어졌습니다."

그가 오늘도 일찌감치 이쪽으로 출근했다. 꼬마둥이 손자도 할아버지를 졸졸 따라왔다. 할아버지가 이쪽으로 호출된 것은 우리가 주문한 짬바를 만들어 주기 위한 것이었다. 보릿가루 사발을 받아든 그는 티스푼으로 물을 조금씩 부어가며 젓고 있었다. 우리는 불안했다. 이제 곧 그 시꺼먼 손으로 밀가루를 주무를 것임이 틀림없었기 때문이다. 고민

사마르 마을

끝에 "할아버지 힘드실 텐데 저희가 할게요" 하는 말이 튀어나오고 말았다. 반죽을 멈추던 그의 손에서 자존심이 상했음을 짐작할 수 있었다. 난감한 상황이었다. 우리가 한다 한들 잘할 리도 만무했다. 마침 사우니의 여동생이 들어와서 사발을 뺏어 드는 바람에 사태는 잘 마무리되었다. 그런데 그는 직접 밀가루를 꺼내 오더니 조금씩 물을 부어가며 반죽하여 보기 좋은 짬바를 완성했다. 갑자기 생각났다는 듯 짬바의 한쪽 끝을 손으로 떼어내 '고수레' 하며 바닥에 던졌다. 그리고 자기 하나, 손자 하나 하는 식으로 맛있게 먹어 치웠다.

무스탕 모든 도시가 그렇듯이 마을은 계곡에 있고 마을에서 머무른 다음에는 다시 언덕을 한참 올라야 했다. 사마르를 출발하고 정확히 표고 200m를 올라서 베나라Bhena La 고개에 도착했다. 마침 트레킹 온 네팔 아가씨 네 명과 함께할 수 있었다. 그들의 배낭은 단출했다. 불안하여 막상 이것저것 잔뜩 넣어 가지고 오는 우리와 달리 필요한 것만 지니기 때문일 것이다.

이곳의 사막은 가볍고 평온한 마음을 준다. 치타의 얼룩무늬 같은 초록빛이 가미된 느릿한 곡선은 카메라를 어떻게 맞추어도 하나의 그림이다. 바탕은 주황색을 띠고 있으므로 신방에 온 듯한 푸근함도 있다. 길가에 나란히 서 있는 조그만 초르텐이 앙증맞다.

이곳의 초르텐 건축가들은 서머싯 모옴이 19세기 후반에 나타나서 개성 없는 예술가들을 질책할 것임을 예상하고 있었던가? 이미 충분히 초르텐의 다양한 모습을 접했다고 생각한 나에게 작은 초르텐 세 개가 울긋불긋 황야에서 못난이 삼형제처럼 나란히 서 있을 줄은 전혀 예상하지 못했다. 서머싯 모옴은 『달과 6펜스』에서 말했다.

"예술에서 가장 흥미로운 부분은 예술가의 개성이 아닐까 한다. 개성이 특이하다면 나는 천 가지 결점도 기꺼이 다 용서해 주고 싶다."

예술가들이 고뇌하는 '천 가지 결점도 용서받을 수 있는 개성'이란 자연에 순응하면 되는 별것 아닐지도 모른다. 신이 지켜 주는 붉은색, 행복을 가져오는 흰색, 그리고 불행을 막아주는 검은색의 초르텐을 보면 이곳 산과 들의 풍경들과 닮아 있음을 알 수 있다.

무스탕의 역사는 14세기부터 시작된다. 그들의 지도자가 산꼭대기에 성채를 세우고 동굴에 살던 거주자들이 밖으로 나오는 시기이다.

티베트 황제의 증손자 암팔Ame Pal은 그 지역 세력가(후에 역사책에서 '악마 흑 원숭이'라고 명명한다)에게 요새를 짓겠다고 요청하여 허락을 받아냈다. 그러나 암팔이 지은 산꼭대기에 위치한 요새의 한 모서리는 흑 원숭이의 성을 겨냥했다. 당연히 흑 원숭이에게 모욕이었고, 암팔을 '거지 자식'이라고 욕하며 허물도록 했다. 암팔은 그의 요구에 응하는 척하면서 그 자리에 더욱 견고한 성을 새로 지었다.

암팔의 막내아들 '체트신 트란둘Tsetsin Trandul'은 행실이 좋은 사람은 아니었다. 트란둘은 16세 때 이미 많은 업적을 쌓기도 했지만 나쁜 일도 많이 했다. 만나는 여자마다 때리거나 잠을 잤다. 어느 날 흑 원숭이하고 싸움이 붙었는데, 트란둘이 그를 죽여 버린 사건이 있었다. 사람들은 경외심을 갖고 절을 했으며, 그들의 우두머리가 되어 줄 것을 요청했다. 그는 3년 후 왕이 되었고 계곡의 성곽을 하나하나 정복해 나갔다. 이렇게 해서 무스탕 사람들을 그의 휘하로 한데 모으게 된다. 학자들은 이때가 1380년이라고 본다.

무스탕 왕국이 세워지고 '쿵가Ngorchen Kunga'라는 유명한 스님을 초빙했다. 그는 신 왕국 무스탕에서 새로운 생활양식을 제시하는 등 정신적 지주 역할을 했다. 조그만 왕국이 라싸와 같은 불교 신봉 국가로 알려지게 되는 데 많은 기여를 했다.

우리가 묵었던 숙소의 이름이 '뉴 쿵가'였다. 이를 알게 된 유 선생이 한마디 했다.

"대륙에서 떨어진 섬나라 일본이 그랬듯이 산골짜기 무스탕 왕국이 외래 문명에 뒤지지 않으려는 노력이 얼마나 컸는지 알 수 있네요."

개미Ghami의 호텔 로얄무스탕 여주인 사우니는 깨끗하고 고왔다. 다이닝룸에는 일본 족자도 두 개씩이나 걸려 있었는데 이곳에 거주하던 어느 일본인이 주고 간 것이었다. 지도상에 일본인 병원이 표시된 것으로 보아 병원 자원봉사자였을 것이다. 내온 음식에는 선물로 받아 애지중지했을 일본 간장도 끼어 있었다. 그녀가 우리에게 호감을 보여서 대화를 많이 나누었다. 이렇듯 친절한 사우니도 헤어질 때는 그 자리에서 작별인사를 하자마자 즉각 돌아서는 여느 네팔인과 똑같았다. 환대를 받아 고마움 가득한 여행객의 마음을 섭섭함으로 돌려놓는 순간이었다. 잔뜩 베풀었던 것이 허사가 되고 마는 그녀의 엉망인 대차대조표를 고쳐줄 필요를 느꼈다.

"한국을 좋아한다고 해서 알려주는 것인데 적어도 대문까지는 배웅하는 것이 한국의 관습입니다."

그러자 정말 한국의 정 많은 아낙으로 돌아와 마을 밖까지도 배웅해 주었다.

거칠 것이 없는 사우니가 손을 흔들어 배웅하는 모습은 고맙고 기분

개미 호텔의 화려한 주방

좋은 일이었지만 이상한 생각이 들었다. 왜 이곳 사람들은 배웅에 인색할까? 작년 안나푸르나 샹제폭포의 사우지도, 헬람부의 나의 사티 마타라마도, 그리고 마나슬루 빔탕의 사우니도 그렇게 친절하더니 막상 헤어질 때는 금방 돌아서서 자신의 일로 돌아갔다. 이런 이야기를 하자 유 선생이 생각에 잠기더니 한참 만에 입을 열었다.

"헤어질 때 나도 어색했습니다. 그런 태도에는 뭔가 이유가 있겠지요. 우리가 이해하기에는 너무 짧은 기간이 아니겠어요. 다만, 만남과 헤어짐에 호들갑을 떨지 않는 것은 비움이라는 철학을 일상에서 표현하는 것 아닐까요? 이들은 깨달음을 얻은 스님들의 경지에 있다고 보아야 하겠습니다."

"듣고 보니 성직자들의 행동을 생각하면 금방 상상이 되는군요."

이렇게 답하고 보니 생각나는 것이 있었다. 작년 랑탕에서 마타라마의 딸에게 아버지 안부를 전하고 선물을 주었을 때 크게 고마워하지 않

닥마르 초입

앉았다. 반대로 생각하면 섭섭해 하지도 않을 것이며 소중한 것을 잃었을 때도 크게 불행해 하지 않겠다는 자세일 수 있었다. 히말라야라는 대경전을 매일 접하고 사는 사람들의 삶의 태도였다.

  다시 길은 계속되었다. 주황색 길과 치타의 푸른 얼룩무늬는 파스텔 톤의 그림을 더욱 더 강렬하게 그려 갔다. 언덕을 올라서자 초록의 숲이 있는 마을 뒤로 붉은 바위벽이 나타났다. 그것은 임금님 용상 뒤편의 해와 달이 있는 병풍처럼 풍경을 제한하고 단정히 하여 시선을 집중시키는 효과를 주었다. 우리는 그 병풍 앞에서 최면에 걸린 호랑이 앞의 토끼처럼 한동안 꼼짝 못했다. 눈길을 고정한 채 서서히 그 앞으로 다가갔다.

꿈의 평원

> **6월 6일(6일째)** 닥마르(3,820m, 7시 출발) – 가르곰파(3,950m, 9시 30분 도착, 점심, 11시 30분 출발) – 로만탕(3,810m, 15시 30분, 로터스홀리데이 인)

아침에 일어나 캠핑장으로도 사용하고 있는 초지를 가로질러 붉은 절벽으로 가까이 가 보았다. 벽 위에는 드문드문 구멍이 뚫려 있었다.

사진집 『무스탕 파라다이스 파운드』에서는 칼리간다키 강 및 지류의 모든 계곡에서 동굴이 발견된다고 기술하고 있었다.

인도-유로피안족이 최초로 높은 계곡을 점유했고, 3천 년 전 티베트 고원에서 온 티베트-부르마Tibeto-Bruma 언어족이 그들을 대체한다. 그들이 처음 동굴을 파기 시작했는데 아마도 성채로 사용된 것으로 보인다. 동굴 거주자들은 양모 가죽을 입고 활과 창을 사용했으며, 철이나 구리 장식물을 소유했다. 사람이 죽으면 시체를 면으로 싸서 한 침대에 차곡차곡 쌓아 놓았다가 침대가 꽉 차면 굴의 다른 곳으로 옮겼다. 곡식을 저장하기 위한 돌상자가 있었다.

서기 1천 년 무렵 티베트 문화가 당시 동굴 문화를 대체한다. 희미하나마 당시 동굴의 벽화를 보면 12세기 불교 양식을 나타내고 있다. 이는 표범, 호랑이, 원숭이 그림이 있는 분명한 인도 양식으로 남쪽으로부터 강력한 영향을 받았다는 것을 암시한다.

외부에 철저히 숨겨져 있었다고 생각되던 무스탕이, 사실은 일찍이 남쪽의 인도와 북쪽의 티베트의 중요한 통로 역할도 하고 있었던 것이다. 아주 오래전부터 칼리간다키 강이 하이웨이로 사용되었으며, 그들은 중개무역을 통해 많은 부를 소유하고 있었다.

닥마르의 캠핑장

그들은 누구인가? 어떤 방법으로 그 높은 동굴로 올라 다녔을까? 로프인가? 아님 지금은 닳아서 없어졌지만 절벽에 파 놓은 계단이 있었던가? 지금까지도 여전히 수수께끼로 남아 있다.

길이란 어느 누구 한 사람이 단번에 만들어 놓았을 리가 없다는 것을 알고 있지만 참으로 신기했다. 닥마르를 넘어서는 길이 그랬다. 도저히 길이 없어 보이는 붉은 절벽 사이로 길은 있었다. 마술사같이 절묘하게 그 벽을 통과하자 다른 세상이 펼쳐졌다. 평원 위로 낮은 산들이 친근하게 솟아 있었다. 그 산들이 4천m는 넘을 거라는 푸르바의 설명이 없었더라면 우리나라 제주도에 온 듯한 착각에 빠질 뻔했다.

고개를 올라서니 건너편 산 밑으로 폐허가 눈에 들어왔다. 집들이 허물어져 있고 고사목은 밑동만 남아서 없어진 마을을 지키고 있었다. 산등성이가 깊게 파인 거대한 산사태 지역을 보니 그쪽으로 흐르던 물줄기가 방향을 바꿔버린 탓이었다. 가르곰파Ghar Gomba는 폐허 마을에서 이주한 마을이었다.

가르곰파 일대는 초르텐이 유난히 많았다. 곰파 초입에 빨간색의 초르텐들이 나란히 서서 가로막고 있었다. 마침 내가 입은 상의가 자주색이라 스틱을 머리 위로 들고 나란히 서서 내 스스로 초르텐 흉내를 내 보았다.

곰파가 트레킹 길목을 차지하고 있었는데 마침 스님들이 모여 있어 가까이 가 보니 초르텐 내부의 탱화를 다시 그려서 점안식點眼式을 하고 있었다. 우리는 안내를 받아 커다란 초르텐 내부를 들어가 보게 되었다. 중앙에는 커다란 종이 있었는데 둥근 면에는 진언이 새겨져 있는 커다란 마니였다. 종은 너무 커서 혼자서 돌리기는 힘들었고 손을 더듬어

가르 곰파의 점안식

종 벽의 진언을 느끼면서 도는 수밖에 없었다. 사면의 벽에는 눈동자가 없는 여러 부처님들이 화려한 색으로 그려져 있었고 그 앞에는 팝콘, 콜라, 그리고 우리나라 제품인 초코파이가 공양되어 있었다.

"눈동자를 그린다는 의미는 부처님에게 혼魂을 불어넣는다는 의미이지요. 여태까지는 단순한 그림에 불과했고요. 혼은 모든 육체가 완성된 후에 마지막으로 들어오는 것입니다. 세상 이치가 그런 것 아닐까요? 혼이 들어오기 전까지는 오랫동안 인내하고 기다려야 합니다."

나는 다시 유 선생의 다음 말을 기다렸다.

"이렇게 짧은 기간에 내가 히말라야나 무스탕을 보았다고 할 수는 없겠지요?"

"작년에 두 달간 있었지만, 나 역시도 아직 네팔을 잘 안다고는 말할 수 없을 것입니다."

점안식이 끝나자 스님들은 우리 일행에게도 카타를 걸어주고 공양 올렸던 음식도 내놓았다.

마을과 떨어진 곰파는 트레커들에게 티하우스 역할도 했다. 행사장에서 시중을 들던 두 여인이 우리를 곰파로 데려가 점심을 만들어 주었다. 식사 후에는 8세기에 세워져서 그 모습을 그대로 간직하고 있다는 곰파를 구경했다.

우리에게 낯익은 석가모니부처는 조그맣게 구석에 자리하고 있고 가장 중요한 중앙에는 파드마삼바바Padmasambhava가 차지하고 있었다. 그 양옆에는 두 배우자인 보살이 모셔져 있었다. 그동안 트레킹하면서 많은 불교 사원을 보았다. 여태까지 겉모습만 훑어보았을 뿐이었는데 비로소 불상의 배치도 보이기 시작했다. 티베트 불교가 파드마삼바바를 석가모니부처 이상으로 받들고 있는 현장을 확인한 것이다.

티베트는 송챈감포松贊岡保 왕, ?~649 때 중국의 문성공주에 의해 불교가 도입된다. 왕실과 권력층에서는 받아들였지만 토착종교인 본Bon교를 믿고 있던 일반 민중은 거부하기 마련이다. 이때 인도의 큰 스님 파드마삼바바가 초빙되고, 그가 본교와 인도의 불교를 접목한 티베트 고유의 불교를 창시함으로써 일반 민중의 마음을 움직일 수 있었다. 파드마삼바바는 후에 '보석 같은 최고의 성인'이라는 의미의 구루 림포체Guru Rimpoche라는 이름을 갖게 된다.

곰파는 이 지방의 자랑거리였다. 파드마삼바바가 사메Samye에 가는 중 세웠다는 것, 무엇보다 티베트에서 첫 번째 세웠다는 사실 때문이었다.

가르곰파를 벗어나서 보이는 풍경은 지금은 폐쇄된 한라산 남쪽 면과 흡사했다. 이번 무스탕 코스 중 가장 높은 모랑라Morang La, 4,230m의 타르초가 만국기처럼 펼쳐져 있는 돌무더기 앞에서 북쪽을 바라보고 앉으니 로만탕이 보이는 듯했다.

건너편 계곡Thulung khola을 넘고 마지막 고개를 넘으면 로만탕이 보인다고 푸르바가 말했다. 나는 천천히 로만탕을 상상하며 걷고 싶어 먼저 일어나 그쪽으로 향했다. 계곡을 건너고 다시 산 옆구리를 돌며 비스듬히 오르는 오르막을 걷고 있을 때 유 선생이 뒤에서 급히 따라왔다.

"여태 같이 와 놓고 김 선배 혼자 먼저 로만탕을 본다는 것은 말이 안 되지요."

로라Lo La 고개까지 발걸음을 맞추어 하나 둘 셋 하고 나란히 걸었다. 그러나 '짠' 하고 나타나야 할 로만탕은 아직 보이지 않았다. 약간의 내리막이었지만 각도상으로 직선일 수밖에 없는 우리의 시선을 산등성이

로만탕을 바라보다. 흰 산으로 둘러싸인 그늘진 곳이 로만탕이다.

가 가로막고 있었던 것이다. 거기서부터 한 걸음 한 걸음 조심조심하며 걸으니 이번에는 정말 '짠' 하고 나타났다.

 2013년 6월 6일 14시, 내가 처음으로 로만탕을 육안으로 본 시각이다. 드넓은 평원, 많은 무리의 염소 떼들이 풀을 뜯고 말들도 여기저기서 한가로웠다. 초원은 광활하여 과연 그들이 일찍이 명한 꿈의 평원The Plain of Aspiration이었다.

 무스탕 제국을 통일한 암팔과 그의 젊은 왕은 그에 걸맞게 새로운 수도를 건설하기로 한다. 여기에는 두 가지 설이 있다. 내가 언덕 끝에 서서 감탄하며 넓은 평원 및 지류 등을 보고 "과연 명당이다" 하고 있을 때 푸르바가 또 '신'을 잃은 나를 바로잡아 준 이야기이다.

 암팔은 공언한다. 염소 떼를 풀어 이들이 정착한 곳에 수도를 세우겠노라고. 그곳이 바로 지금도 많은 염소 떼가 풀을 뜯고 있는 이곳이다. 다른 하나는 이렇다. 암팔은 말한다. 성곽에서 황금 공을 던져서 떨어지는 곳에 수도를 건설하겠노라고. 과연 마력을 지닌 공은 수 km를 날아가서 소위 '꿈의 평원'에 떨어졌다. 그곳이 바로 이곳 로만탕이다.

 재미있는 설명이었다. 그러나 나는 대뜸 '그래, 아직 단단히 기반도 잡지 못한 왕으로서는 지역 호족들의 이해관계가 첨예한 수도를 정하기가 쉽지 않았겠지. 신의 계시라고 하면 누구도 반발할 수 없었겠지' 하는 몹쓸 생각이 또 떠올랐다. 푸르바에게는 말하지 않았다.

 하얀 산을 배경으로 한 벽의 도시 로만탕을 대하면서 약간은 당혹스러웠다. 아마 내 마음속에는 금빛 찬란하고 거창한 성을 기대했던가 보다. 버젓한 망루가 솟아 있는 성 같은 것은 보이지도 않았다. 왜소한 사각의 마을은 당장 오늘 밤 우리들이 지낼 숙소가 걱정될 지경이었다. 그동안 입에 맞지 않는 음식과 열악한 숙소를 왕이 사는 로만탕에서 보상 받을 수 있을 것이라는 희망이 무너지는 순간이었다.

　로만탕이 가까워 올수록 공터에 주차해 있는 트럭과 현대식 골조공사가 진행 중인 대형 건물이 눈에 들어왔다. 마을길에서는 어디선가 물자를 싣고 오는 말 몇 마리를 앞으로 보내고 서서히 다가갔다. 먼저 보리밭이 시야에 들어왔다. 보리는 마나슬루 로가온의 그것처럼 풍성하지 않고 키가 작고 어떤 곳은 자라지 못해 바닥이 드러나기도 했다. 감자밭과 메밀밭도 여기저기 보였다. 신기하게 밭에도 흙벽돌로 담이 둘러쳐져 있었다. 더구나 커다란 문을 달아 놓고 자물쇠까지 채워져 있었다. 밭 가운데는 주황색이 칠해진 조그만 바위가 하나씩 있었는데 밭을 지키는 초르텐이었다.

　2013년 6월 6일 15시 30분, 우리는 로만탕에 발을 들여 놓았다. 나는

로만탕의 밭들은 흙담과 초르텐으로 보호받고 있다.

이 은둔의 땅 로만탕에 들어온 몇 번째 사람일까?

국왕을 알현할 때는 존경의 표시로 혀를 내밀어라

6월 7일(7일째) 로만탕(3,810m, 로스터홀리데이 인)-시내 관광

무스탕이 서양에 최초로 알려진 것은 1793년이다. 영국인 커크패트릭WJ Kirkpatrick이 최초로 네팔 방문을 허용 받아 카트만두에 있으면서 칼리간다키 강 원류에 무스탕이 있다는 말을 듣게 된다.

그러나 무스탕을 감싸고 있는 티베트와 네팔 양국은 외국인에게 출입을 허용하지 않고 있었다. 1800년 중반경 영국은 가끔 인도인 스파이를 보내 지도를 그리도록 했다. 그는 지팡이에 감춰 놓은 온도계를 꺼내 끓는 물의 온도를 보아 고도를 측정했으며, 발걸음 숫자를 108개가 아닌 100개의 염주로 세어 거리를 재서 매일 밤 마니휠Prayer wheel에 숨겨 온 종이에 지도를 작성했다.

무스탕이 외국인에게 개방된 것은 극히 최근이다. 1952년 스위스인 지질학자 토니 하겐Toni hagen이 처음으로 무스탕에 발을 딛지만 로만탕 입성까지는 허용되지 않았다. 로만탕을 방문한 최초 외국인의 영예는 같은 해 방문한 이탈리아 고전학자 기우세프 투치Giuseppe Tucci가 차지하게 된다. 극소수나마 일반인에게 개방된 것은 1992년이다. 최근에 이곳을 찾는 방문객은 연간 2천 명에 이른다.

성 안의 체크포스트 사무실 벽에 걸린 도표를 보고 확인한 일이지만 연도별 방문자의 숫자를 대충 합산해 보니 나의 로만탕 방문은 대략 2

만 번째라고 해도 되었다. 방문객 2만 번의 영광을 안고 – 이곳 무스탕 왕국이 그것을 몰라주므로 스스로 타이틀을 차지할 수밖에 없다 – 드디어 로만탕 왕국을 둘러보기로 했다.

성곽은 남북이 긴 직사각형으로 천천히 한 바퀴 도는 데 1시간 가까이 걸릴 거리였다. 어제 초입의 언덕에서 본 것보다 훨씬 컸다. 우리가 묵는 숙소 '로터스홀리데이 인'은 성 밖의 남동쪽 모서리에 해당되었다. 성 밖의 집들은 나중에 지은 것으로 추정되고 주로 로터스홀리데이 인과 같은 라인에 집중되어 있었다. 또 하나 성 밖의 건물로 언급해야 할 것은 어제 마을로 내려오면서 본 서쪽 모서리 부분에 건설 중인 현대식 콘크리트 건물이었다. 호텔 건물로 규모도 상당하고 주인이 현재 국왕의 아들(정확히는 친아들이 어려서 죽어 조카임)이기 때문에 내가 묵는 이곳의 가장 좋은 호텔 '로터스홀리데이 인' 주인은 긴장해야 할 듯했다.

성문은 동쪽 중간 벽에서 자연스럽게 휘어져 들어가도록 되어 있었다. 초르텐 모습을 한 성문 양편에 앉아 있던 마을 어른들이 두리번거리는 나에게 성문임을 가르쳐 주었다.

"국왕을 알현할 때는 존경의 표시로 혀를 내밀어라."

왕궁 앞에 다다르자 푸르바는 생뚱맞은 소리를 했다. 국왕을 알현할 때의 전통적 예법은 머리를 긁적이고 혀를 내밀 것을 요구한다는 것이다. 이런 관습이 생긴 연유는 티베트 황제 랑다르마Langdarma, 831~841 시대로 거슬러 올라간다. 황제는 불교 사원으로부터의 예속을 단절할 목적으로 불교를 박해한다. 불교 신앙과 사원의 명예가 손상되어 모욕을 느낀 한 승려가 자신을 왕의 모습으로 가장했다. 그는 숯으로 백마를 검게 칠하고 역시 흰 망토를 검게 칠해 걸치고 황제가 살고 있는 라싸로 달려

갔다. 변장한 승려가 황제를 발견했을 때 그 앞에 엎드린 척하다가 황제의 가슴에 활을 쏘았다. 황제는 쓰러지고 혼란스런 와중에 그는 말을 타고 강을 건너 다시 흰 망토와 흰 말이 되어 추적을 따돌렸다.

암살사건은 티베트를 진공상태로 몰아넣었다. 왕족들은 서로 왕권을 노리고 싸워 제국은 혼란에 빠지고 마침내 작은 영토로 쪼개졌다. 겉모습은 인간이지만 두 뿔은 머리 양쪽 땋은 머리에 감추고 검은 혀는 입 안에 감추고 있던 악마를 못 알아본 것이 문제였다. 그때부터 왕족을 알현할 때는 혀를 내밀어서 검지 않다는 것을 밝히고, 뿔이 없다는 뜻으로 머리 양쪽을 긁어서 자신이 악마의 자손이 아니라는 사실을 증명해야 했다.

오늘날 무스탕 왕을 알현할 때 외국인은 100루피를 입장료로 내야 한다. 그러면 30루피짜리 카타를 제공받고 그것을 왕에게 드린다. 이제는 자기의 머리를 평평하게 하거나 혀가 핑크빛이라는 사실을 증명할 필요는 없다. 다만 약간의 머리 긁적임은 애교로 받아들인다.

궁전은 여느 일반 집과 다를 바 없었다. 출입이 금지되어 있다지만 궁금했다. 돌계단을 타고 올라가서 들여다본 내부는 곧바로 나무 계단이 2층으로 이어졌는데 허름하기 짝이 없었다. 국왕이 사는 왕궁이지만 내가 지금 묵고 있는 로지보다 더 좋은 곳에서 산다고는 볼 수 없었.

궁전과 건너편 체크포스트를 사이에 두고 돌을 깔아 잘 포장된 넓적한 광장이 있다. 해마다 5월이면 티지Tiji 축제가 열리는 곳이다. 무스탕 사진집에서 본 그 축제의 모습은 세계 어디에 내놓아도 뒤지지 않아 보였다. 축제 기간 중 광장 벽에 걸리게 되는 파드마삼바바의 대형 초상화, 공연자들이 입고 있는 의상과 가면, 승려들의 연주, 어느 것 하나

왕궁 앞의 광장. 5월이면 파드마삼바바의 대형 초상화를 걸어 놓고 티지 축제가 열린다.

칭찬하지 않을 수 없었다.

티지 축제는 봄에 농작물 심기를 모두 마쳐서 이를 축하하고 가뭄을 끝내고 비를 재촉하는 의미가 있다. 축제는 '악귀 몰아내기' 이야기이다. 이 험준한 곳에서 악귀가 한번 들어오면 물리칠 수 없는 큰 재앙이다. 그래서 집집마다 창틀에는 악귀가 들어올 수 없게 하는 검은색을 진하게 칠해야 하며, 심지어 밭 한가운데도 조그만 초르텐을 만들어 놓고 담을 쌓고 자물쇠까지 채워 놓는 것이다.

도르제 조노Dorje Jono라고 불리는 자는 악귀(이상하게 도르제의 아버지)이다. 악귀는 가뭄을 가져오고 사람과 동물에게 재앙을 일으킨다. 이 악귀를 물리치기 위해서 춤꾼은 52가지의 마법의 춤을 춰야 하는데, 매번 다른 가면과 복장으로 바꿔 입어야 한다. 이렇게 힘들고 기술적으로 어려운 정례적인 일을 완수하는 춤꾼은 항상 로만탕의 상위 승려가 담당한다. 춤꾼으로 선정된 승려는 3개월간 사원 내에 칩거하면서 진언을 암송하고 몸과 마음을 정화한다. 3일에 걸쳐서 진행되는 축제는 폭죽과 장총 발사를 통해 절정에 이른다.

광장을 둘러본 우리는 무려 1인당 800루피를 내고 사찰을 관람했다. 마침 예배시간이었던지 이미 개미의 곰파에서 보았던 모습대로 예배를 드리고 있었다. 특이한 것은 연로한 할머니들이 배석하여 같이 염불을 드리는 장면이었다. 그중에 얼굴이 고운 신도회 회장은 해탈한 얼굴로 별도의 좌석을 차지하여 그들의 격을 높여 주었다.

3개의 주요 곰파Jhampa, Thupchen, Chhoede는 20년 전부터 전문가들에 의해 복구가 진행되고 있다고 하는데 내가 갔을 때 그런 모습을 찾을 수는 없었다. 사찰마다 별도의 박물관을 운영하고 있었다. 입구에 들어서는 순간 타임머신을 타고 아주 먼 옛날로 돌아간 느낌이었다. 15세기 유물도 많았다. 숨겨진 왕국은 도시 자체가 하나의 타임캡슐이었다. 타임머신을 타는 것은 아직 요원한 일이므로 며칠씩 골짜기를 넘고 벼랑길을 지

체와 초르텐이 들어 있는 초르텐

나 꿈의 평원에 오는 것은 그래도 쉽게 타임머신을 타는 셈이었다. 먼 과거이기도 하지만 우리가 가야 할 미래이기도 했다. 이곳을 오는 것은 과거나 미래로의 제약 없는 타임머신을 타는 일이었다.

남결 곰파 입구의 초르텐 내부에는 조그만 도기 초르텐으로 꽉 채워져 있었다.

"저 안에는 체와Chaewa라는 도기로 된 조그만 초르텐들이 있습니다. 체와는 10만이라는 뜻으로 많은 수를 의미합니다. 그 안에는 죽은 사람들의 유골이 들어가 있습니다."

푸르바의 설명을 듣고 보니 이곳에 살았던 많은 사람들이 죽어서도 그 영혼은 무스탕을 지켜주고 있는 셈이었다. 체와는 마을의 집 대문의 위턱에서도 보였다.

"유명한 사람들은 저렇게 반듯한 초르텐에 모셔지지만 그렇지 않은 일반인들은 자기 집에서 나름대로의 방법으로 모시고 있습니다."

무스탕이 아직도 옛 모습을 간직하며 보존되어 온 것은 산 자든 죽은 자든 합심한 까닭이었다. 로만탕으로 돌아오는 길, 주변의 높은 산봉우리마다 지금은 폐허가 된 옛날 성채였지만, 여전히 경계를 늦추지 않고 있음을 알 수 있었다.

저녁 식사 시간, 서양인들이 식사 후 계산하는 모습에 눈길이 갔다. 친구들인 그들은 먹은 메뉴도 제각각이고 계산도 따로따로 하느라 시간이 걸렸지만 아랑곳하지 않았다. 그들에게는 그런 시간들이 또 하나의 즐거운 순간이었다. 그들은 내일 가르푸Garphu로 간다고 했다.

우리도 그럴 예정이었다. 그러나 당초의 거창한 계획은 눈앞에 아른거리는 포카라의 삼겹살과 상추쌈을 이겨낼 수 없었다. 내일 일찍 로만탕을 떠나기로 했다. 그것도 걸어서가 아닌 지프를 이용해서.

그레이트 히말라야 트레일(GHT)을 생각하며

> **6월 8일(8일째)** 로만탕(3,810m, 6시 출발)-(지프, 13,000루피)-차랑-베나(10시 10분)
> -사마르(11시 20분 도착, 12시 20분 출발)-축상(14시 30분 도착, 16시 출발)-(버스)-좀
> 솜(18시, 네루 게스트하우스)

로만탕의 아침은 탑돌이 하듯 성벽을 도는 것으로 시작한다. 도시 외곽의 벽이 하나의 대형 초르텐이다. 마니휠을 돌리며 불경을 외우며 시계 방향으로 세 바퀴를 돌아야 비로소 아침 일과가 시작된다.

국왕도 건강했을 때는 평범한 복장을 하고 일반 백성과 같이 그렇게 돌았다. 평소에 방문객을 잘 맞아주는 국왕은 지금은 연로하고 병환 중이라 알현하지 못했다. 사진으로나마 유심히 국왕을 관찰할 수밖에 없었다. 실권도 없는 말뿐인 국왕, 아침이면 털모자를 쓰고 잠바를 걸치고 손에 염주를 들고 주민과 함께 성벽 돌기를 하던 국왕. 범상한 구석이 없지 않았지만 인자한 할아버지 모습이었다. 나는 무스탕까지 걸어오면서 집집마다 걸려 있는 국왕 부부의 사진을 보았다. 나이가 들었어도 앳된 모습을 간직하고 있는 왕비와는 다르게 국왕의 표정은 굳어 있어서 도저히 친근감을 가질 수 없었다. 사진첩에서 건강했을 때의 모습을 보니 몸이 불편해졌기 때문으로 이해되었다.

반면 사진집에서 보는 5월 축제 행사장에 나타난 미래의 왕의 모습은 딴판이었다. 전통 모자와 선글라스, 주먹코, 그리고 하얀 이를 드러낸 자신감 있는 웃음이 나는 거북스러웠다. 무스탕에 들어오던 날 건설하

위에서 바라본 로만탕의 성 모습

고 있던 최신식 호텔의 주인이 국왕의 아들이라는 사실이 나를 불편하게 했을까? 국왕이 다른 주민과 영리사업으로 경쟁을 벌인다면 지금까지의 존경이 가능하지는 않을 것이다. 물론 허울 좋은 존경보다는 그것이 더 낫다고 판단할 수도 있겠지만 이곳 무스탕의 왕국이 계속 유지되었으면 하고 소망해 보는 나로서는 왠지 불안했다.

아침 성안에서 밤을 보낸 말들과 염소 떼가 주인의 재촉을 받으며 풀밭으로 나갈 무렵 우리는 로지를 나섰다. 항상 마당의 흔들의자와 일체가 되어 드디어 돌아가야 할 천국 샴발라를 기다리고 있던 병들고 나이 든 할머니는 부산한 우리에게 무감각했다. 대신 어제 폴라로이드 사진기 인화지에서 자기의 예쁜 모습을 확인한 여자아이가 지프 앞까지 나와서 열심히 손을 흔들었다.

이내 지프는 차랑Tsarang으로 진입했다. 차랑에는 무스탕 제2의 궁전

제2부 마나슬루·무스탕 이어 걷기 30일　**289**

을 개조한 박물관이 있었지만 대신 길가에 서 있는 대형 초르텐을 보는 것으로 만족했다.

그렇게 갈망했던 무스탕을, 이제 다시 오기 어려울 텐데 이곳을 서둘러 떠나는가?

역시 30일 동안 계속해서 걷는 것은 무리였다. 마나슬루 라르케라를 넘고 또다시 안나푸르나 토롱라를 넘고, 무엇보다도 누구보다 잘 적응한다고 자신했던 나 역시 음식이 힘들었다. 입맛에 맞지 않아 음식을 충분히 섭취 못하니 체력이 고갈되고 고소적응도 힘들었다. 마나슬루 라운드를 끝내고 포카라에서 한 며칠 쉬었다 왔더라면 이렇게 서두르지는 않았을 것이다.

이렇게 아쉬움이 남아 있지만 결국 해냈다. 여한 없이 걸었다. 앞으로 내 인생의 종착역까지 이렇게 걸을 수만 있다면….

사실 내가 이렇게 마나슬루 라운드, 안나푸르나 라운드 그리고 어퍼 무스탕을 이어서 걷게 된 것은 그레이트 히말라야 트레일GHT 지도를 보면서 조금이나마 위안을 받기 위해서였다. 지난 가을 2,400km에 이르는 히말라야를 횡단하는 GHT가 있다는 사실을 처음 알았다. 그중 3분의 1에 해당하는 네팔 구간만 160일이 소요된다. 네팔 GHT가 그려진 커다란 지도를 보는 순간 내 가슴은 쿵쿵 뛰었다. 당장 지도를 사들고 와서는 방에 붙여 놓고 날마다 그곳을 통과하는 상상을 했다.

마칼루에서 에베레스트 지역으로 넘어가는 험난한 리지 구간을 넘고 나서는 뒤돌아보며 허허 웃는 모습. 에베레스트 타메Thame에서 출발해 랑탕 랑시샤카르카에 도달해서 느끼는 성취감. 그것은 까치가 만들어준 길을 따라서 견우와 직녀가 만나는 기쁨이다. 그때 에베레스트와 랑탕은 나에게 별개의 산이 아니다. 다시 안나푸르나를 넘어서 황량한 네팔 서부를 터벅터벅 걷는 나의 모습. 마침내 살이 쪽 빠져 해골이 된 얼굴로 국경 마을 힐사에 다다른다.

차랑Tsarang에서 차 한잔 마시고 다시 출발했다.

스무 명쯤 보이는 서양인들이 자동차 길을 따라 무스탕으로 향하고 있었다. 두 시간쯤 경과하여 길링을 지나가는데 한 무리의 포터 일행이 지나갔다. 내 입에서 무심코 한마디가 튀어나왔다.

"저 포터들, 앞선 서양인 일행을 따라가려면 빨리 걸어야겠네."

이 말에 유 선생이 잠시 고개를 갸웃하더니 반문했다.

"누구? 혹시 차랑 전에 마주쳤던 서양인들 말하는 겁니까?"

"예."

유 선생이 폭소를 터트렸다.

"우리가 차를 타고 와서 감각이 없으시군요. 하하하, 그들은 이틀 전에 여길 지나갔을 거예요. 과거로의 여행에서 우리는 너무나 갑자기 빠져나온 겁니다."

찻길이 끝나는 베나에서 지프를 내렸다. 다시 걸어서 칠사 벼랑길로 접어들었다. 과거 무스탕 왕국의 성쇠를 알려주는 길이다. 인도와 중국의 무역 루트였던 이 길 덕분에 금으로 된 문자 경전을 만들고 사원 벽을 예술작품으로 치장했을 정도로 무스탕 왕국은 번영했으며, 이 길을 통해 남북으로 침입을 받게 되어 몰락의 길을 걷게 된다. 결국 18세기 중엽에는 무스탕 왕이 서네팔의 막강세력인 줌라Jumla 왕에게 조공을 바쳐야 했다. 몇십 년 후 줌라는 고르카 왕에게 예속되었고, 무스탕 역시 네팔의 일부가 되었다. 무스탕 왕은 1812년 카트만두로 가서 네팔 왕에게 조공을 바치고 지역 영주로서의 권리를 인정받는다. 1962년까지 무스탕은 896루피(당시 약 13달러)와 말 두 마리를 매년 카트만두 정부에 바쳤다. 2008년 네팔 정부에 의해 무스탕의 공식적인 왕권은 종료된다.

험난한 계곡길은 도보로 3시간 거리의 구간이다. 이 구간만 도로가 건설된다면 무스탕 왕국은 국경을 넘어 남북으로 자동차가 다니게 된다. 현재 네팔 정부는 많은 예산을 책정하여 무스탕 지역에 도로건설 계획을 세워 놓고 있다. 7천여 명에 이르는 무스탕 주민들은 잔뜩 반가워하면서도 이 기회에 토지 보상금이라도 받을까 하는 기대에 부풀어 있다. 황량한 들판에 소유권 등기가 되어 있을 턱이 없겠지만 자기네 조상 대대로 살던 땅이라는 주장에 전혀 일리가 없는 것도 아니다. 어쨌든 무스탕 지역의 난관인 이곳이 도로로 연결된다면 무스탕은 이제 더 이상 은둔의 땅이 아닐 것이다.

다시 칼리간다키 강을 만났다. 철제다리는 자세히 보니 세 개의 다리가 두 개의 교각의 지지를 받고 있었다. 한 개로 된 좁은 다리였다는 내 머릿속의 잔상과 다른 부분이었다. 당연히 하나의 다리겠거니 했다가 길쭉한 다리가 격차를 달리하고, 중간의 다리는 이를 이어주느라고 경사진 다리였다는 사실을 알고는 다시 한 번 기억이라는 것은 믿을 것이 못 된다는 생각을 하게 됐다. 그래도 이런 착오는 양반이었다. 축상 쪽의 계곡 직벽 위로 자로 잰 듯 일렬로 된, 보이는 것만 해도 족히 20개가 넘는 동굴을 나는 보지 못했던 것이다. 그랬으니 똑같은 길이라고 베나까지 지프를 타고 온 우리의 결정은 잘못되었음에 틀림없었다. 내려오는 길은 주마간산이었다.

우리가 보고 온 무스탕은 앞으로 어떻게 내 마음속에 자리 잡을까?

축상에서 칠레로 건너가는 다리. 절벽에는 동굴이 보인다.

"예티가 확실하게 우리의 눈으로 목격된다면 더 이상 예티도 아닐 것입니다. 그렇다고 샴발라나 예티가 없다는 이야기가 아닙니다. 이것들은 우리에게 결코 발견되지 않을 것이고, 그래서 우리는 계속 희망을 가질 수 있는 것입니다."

버스가 카그베니를 지날 때 묵묵히 차창 밖을 내다보던 유 선생이 한 말이다.

히말라야를 걷는다

초판 1쇄 발행　2015년 12월 30일
초판 2쇄 발행　2016년　1월　5일

지은이　김동규
펴낸이　金泰奉
펴낸곳　한솜미디어
등록　제5-213호

편집　박창서 김수정
마케팅　김명준
홍보　김태일

주소　143-200 서울시 광진구 구의동 243-22
전화　(02)454-0492(代)
팩스　(02)454-0493
이메일　hansom@hansom.co.kr
홈페이지　www.hansom.co.kr

값　15,000원
ISBN 978-89-5959-429-0　(03980)